suhrkamp taschenbuch 3486

»Robert Mächler hat die flüchtigen Spuren von Robert Walsers Leben so sorgfältig und verläßlich wie überhaupt gesichert. Wer Robert Walser kennenlernen will, kann sich Mächler anvertrauen. Er findet einen zuverlässigen, umsichtigen Führer, und er wird angesichts dieser sachlichen Dichtervita, dieses Bildnisses eines so armen wie reichen Mannes vielleicht von Erschütterung, gewiß aber von Zuneigung und Bewunderung angerührt werden.« *Jochen Greven*

»Mächler hat geschildert und erfaßt, was es zu erfassen gab. Peinlich und aufregend genau wird vom Biographen Kombination, Möglichkeit und Faktum nebeneinandergestellt. Es wird nichts verschwiegen aus dem verschwiegenen Leben, aus diesem lebenslangen Lebensversteck.« *Karl Krolow*

Robert Mächler wurde 1909 in Baden/Aargau geboren. Nach humanistischen Studien an der Universität Bern war er als Journalist und Schriftsteller tätig. Er starb 1997.

Robert Mächler
Das Leben Robert Walsers

Eine dokumentarische
Biographie

Suhrkamp

Vom Verfasser neu durchgesehene und ergänzte Ausgabe
der 1966 im Kossodo Verlag, Genf und Hamburg,
erschienenen Biographie.

Umschlagfoto:
Robert Walser-Archiv der Carl Seelig-Stiftung, Zürich

suhrkamp taschenbuch 3486
Erste Auflage 2003

Druck: Nomos Verlagsgesellschaft, Baden-Baden
Printed in Germany
Umschlag nach Entwürfen von
Manfred Walch
ISBN 3-518-39986-1

1 2 3 4 5 6 – 08 07 06 05 04 03

Inhalt

Vorwort zur ersten Ausgabe 9
Vorwort zur revidierten Ausgabe 12

Die Herkunft 13
Familienleben in Biel 19
Basel und Stuttgart 39
Der werdende Dichter in Zürich 43
Thun und Solothurn 59
»Die Insel« und ihr Kreis 63
Täuffelen – Winterthur – Bern – Wädenswil 69
Das erste Buch 76
Berlin 80
Biel 114
Bern 146
Vorbemerkungen zur Krankheitsgeschichte 175
Vorzeichen und Ausbruch der Krankheit 203
Heilanstalt Waldau 218
Herisau 225

Verzeichnis der Personen, Zeitungen, Zeitschriften und Werke 259
Zeittafel 268

Beim Schreiben einer Biographie sollte man sich dies merken: das Unwahrscheinliche wird nicht dadurch wahrscheinlicher, daß es wahr ist!

Wolfgang Hildesheimer

Allein und ohne Überzeugungen zwischen den Wahrheiten einhergehen, ist nicht Sache eines Menschen, nicht einmal eines Heiligen, zuweilen jedoch Sache eines Dichters ...

Emile M. Cioran

Seine Ausgänge schließt er, versperrt seine Pforten, er bricht seine Schärfe, streut aus seine Fülle, macht milde sein Glänzen, wird eins seinem Staube. Das heißt tiefes Einswerden.

Lao Tse

Niemand ist berechtigt, sich mir gegenüber so zu benehmen, als kennte er mich.

Robert Walser, »Das Kind«

Vorwort zur ersten Ausgabe

Am Bellevueplatz in Zürich wurde am 15. Februar 1962 der Schriftsteller und Kritiker Carl Seelig tödlich verletzt, als er auf einen abfahrenden Tramwagen aufspringen wollte und stürzte. In seinem Nachlaß fand sich die angefangene Biographie seines Freundes und Mündels Robert Walser, der 1956 gestorben war. Das Manuskript reichte bis zum Ende von Walsers Berliner Jahren, 1913, und für die Fortsetzung hatte Seelig schon viel Material gesammelt. Eine so weit gediehene Vorarbeit ungenützt zu lassen wäre um so widersinniger gewesen, als vieles, was Seelig dank seiner persönlichen Beziehungen zu Walser und dessen Verwandten- und Bekanntenkreis hatte ermitteln können, für einen neuanfangenden Biographen nicht mehr erreichbar gewesen wäre. Aus dieser Erwägung und in Verehrung für den Dichter ließ ich mich vom Nachlaßverwalter Carl Seeligs, Rechtsanwalt Dr. Elio Fröhlich in Zürich, gerne damit betrauen, das Werk unseres gemeinsamen Freundes, dem ich, wie so viele andere, mannigfache Förderung verdankte, auszuarbeiten und fertigzustellen.

Teils um der einheitlichen Sprachform willen, teils wegen inhaltlicher Änderungen, die durch neue Forschungsergebnisse oder abweichende Auffassungen nötig wurden, entschloß ich mich, das Ganze neu zu schreiben. An dem von Carl Seelig beabsichtigten dokumentarischen Charakter des Buches glaubte ich aber festhalten, das heißt die wichtigsten autobiographischen Stellen der Werke und Briefe Robert Walsers sowie bedeutsame Mitteilungen anderer möglichst im Wortlaut aufnehmen zu sollen. Eine vornehmlich deutende Walser-Biographie mag später geschrieben werden. Angesichts der Verstreutheit der autobiographischen Stellen und bei der lükkenhaften sonstigen Dokumentation dieses abseitigen Lebens schien es angezeigt, zunächst den vorhandenen urkundlichen Stoff zum Gesamtbild zu ordnen. Zugunsten eines ausführlichen Charakterbildes ist die Entstehungsgeschichte des Werkes, der Verkehr mit Redakteuren und Verlegern, meistenteils summarisch behandelt worden. Weiteres zur Werkgeschichte findet sich in den Nachworten und Erläuterungen der Gesamtausgabe.

Bei den zitierten eigenen Texten des Dichters stellt sich natürlich die Frage, was Wahrheit und was Dichtung sei. Diese Texte sind ja nicht im gewöhnlichen Sinn autobiographische, sondern vom dichterischen Ausdruckswillen mitgeprägte. In ihnen bekundet sich vielfach Walsers Vergnügen an kleinen Mystifikationen und am Rollenspiel. Anderseits ist der Stoff seiner Prosa unzweifelhaft zum allergrößten Teil das eigene Erleben, mit Einschluß der reflektierenden Selbstschau. Vieles aus seinem Leben ist außerhalb des Werkes nur dürftig belegt – Details und Erlebnisstimmung werden vorzugsweise durch die Werktexte vermittelt. Wo solche also aufgrund eigentlich dokumentarischen Materials als wesentlich autobiographisch gelten können, schien es gerechtfertigt, sie in die Lebensdarstellung einzufügen. Sie geben, wenn auch nicht immer das genaue Was, so doch das einzigartige Wie des Erlebten wieder. Dabei mag an die Meinung eines Autobiographen ersten Ranges, Jean-Jacques Rousseaus, erinnert sein: »Nul ne peut écrire la vie d'un homme que lui-même. Sa manière d'être intérieure, sa véritable vie n'est connue que de lui.« Besonders auf einen Dichter wie Walser trifft das zu.

Manche der von Carl Seelig und ergänzend von mir gesammelten Mitteilungen tragen zum Geistesbild Robert Walsers wenig bei. Aber in ihnen – und auch in manchen zitierten Briefstellen – kommt die gesellschaftliche Wirklichkeit zum Vorschein, in der sich das Genie entwickeln und behaupten mußte, der es sich, um überhaupt leben zu können, bis zu einem gewissen Grad anpassen mußte und in der es zuweilen vom Kampf um den Ausdruck der Innerlichkeit ausruhte. Walser hat, seiner wesenhaften Einsamkeit gemäß, in den Kreisen der geistigen Elite immer nur unverbindlich gastiert und sich ihnen im späteren Leben eher ferngehalten. Nach den Berichten aus der kleinen Umwelt, in der er sich bewegte, wird der nachdenkliche Leser abschätzen können, welcher Kraft es bedurfte, um in solchen Verhältnissen Außerordentliches, Einmaliges zu schaffen. So folgte ich auch hier dem Beispiel Carl Seeligs, der schon in den »Wanderungen mit Robert Walser« und dann in der angefangenen Biographie das »Menschliche« nicht verschwiegen hat.

Dank schulde ich vorab Herrn Dr. Elio Fröhlich für stetige freundschaftliche Förderung der Arbeit. Er hat mir sowohl die gesamte Vorarbeit Carl Seeligs als auch die Manuskripte und in Buchform noch nicht veröffentlichten Drucke von Robert Walser, die sich im Nachlaß Seeligs befinden, zur Verfügung gestellt.

Herrn Dr. Jochen Greven bin ich zu Dank verpflichtet für die Mitteilung seiner werkgeschichtlichen Forschungsergebnisse, für Abschriften von ihm aufgefundener Korrespondenzen und verstreuter Walser-Drucke sowie ganz besonders für die sorgfältige kritische Durchsicht des gesamten Textes.

In Übereinstimmung mit dem Briefband des Gesamtwerks blieben die grammatischen und orthographischen Eigenwilligkeiten Walsers unangetastet. Auch die Zitate aus dem dichterischen Werk wurden aufgrund der bereinigten Texte des Gesamtwerks revidiert.

Herzlich danke ich allen, die durch Auskünfte dazu beigetragen haben, biographische Lücken zu schließen und Unsicherheiten zu beheben.

Der Verfasser

Vorwort zur revidierten Ausgabe

Dem im Februar 1991 verstorbenen Zürcher Rechtsanwalt Dr. Elio Fröhlich verdanke ich es, daß ich die Biographie Robert Walsers schreiben durfte.

Im Geiste der Pietät gegenüber Carl Seelig und in Verehrung für Robert Walser gründete Elio Fröhlich in der Folge die Carl-Seelig-Stiftung und das von dieser finanzierte Robert-Walser-Archiv in Zürich, Ende 1977 übertrug er die Verlagsrechte an Walsers Werk dem Suhrkamp Verlag, der kurz darauf eine Taschenbuch-Gesamtausgabe auf den Markt brachte, nachdem er schon 1977 »Das Leben Robert Walsers« neu aufgelegt hatte.

Das Archiv in der Zürcher Beethovenstraße birgt heute nebst Manuskripten, Werkausgaben usw. eine Sekundärliteratur, die Walsers hohen Rang in der schweizerischen Dichtung der ersten Jahrhunderthälfte belegt. Die beiden hier tätigen Germanisten Bernhard Echte und Dr. Werner Morlang haben als Entzifferer der sogenannten Mikrogramme und Herausgeber der diese Texte enthaltenden Bände »Aus dem Bleistiftgebiet« den Werkbestand und damit auch die biographischen Aspekte vermehrt, darüber hinaus bisher unbekannte biographische Tatsachen ermittelt. Ich danke ihnen für die Erlaubnis, ihre Forschungsergebnisse für die vorliegende revidierte Biographie zu verwenden.

Dr. Siegfried Unseld, dem Leiter des Suhrkamp Verlags, danke ich für den Auftrag zur Revision und Volker Michels für die förderliche Anteilnahme an dieser Arbeit.

Unterentfelden bei Aarau, im Mai 1991 — Der Verfasser

Die Herkunft

Die »Walserfrage«, über die schon viel geschrieben worden ist, betrifft die zum Teil noch ungeklärte Geschichte jener deutschen Oberwalliser, die im Hochmittelalter, unzufrieden mit den Lebensbedingungen der Heimat, auswanderten und im Tessin, in Oberitalien, im Vorarlberg, in Graubünden, später auch im Appenzellerland neue Heimstätten gründeten. Diese Leute besiedelten vorzugsweise den Hintergrund wenig oder gar nicht bewohnter Täler und die Höhe von Berglehnen. Sie hielten an den hergebrachten Freiheiten und Bräuchen fest und errangen sich in einzelnen Gegenden, besonders in Rätien, ein eigenes Recht, das »Walserrecht«.

Die Sippe, aus der Robert Walser väterlicherseits hervorgegangen ist, kam im frühen siebzehnten Jahrhundert aus Graubünden in das appenzellische Vorderland. Vom Stammestypus haben sich die rötlichblonden Haare und die blauen Augen, das kräftige, wanderfrohe Herz und die schlanke Gestalt auf ihn vererbt.

Der Außenseiter Robert Walser hat sich für seine Vorfahren wenig interessiert, aber die überdurchschnittliche Geistesbegabung ist ihm nicht aus dem Ungefähr angeflogen. Von 1625 bis 1694 lebte Johann Conrad Walser-Schefer, Pfarrer in Rehetobel und später in Teufen. Zwei silberne, mit dem Walserschen Familienwappen geschmückte und innen vergoldete Abendmahlskelche, die er kurz vor seinem Tod für die Kirche von Teufen stiftete, sind noch heute im Gebrauch. Einer seiner Söhne war Dekan Gabriel Walser-Zellweger (1655-1730), von dessen Nachkommen sich Gabriel Walser-Zollikofer (1695-1776) einen Namen gemacht hat. Zuerst amtete dieser Mann in Speicher, hierauf in der rheintalischen Gemeinde Berneck als gewissenhafter und toleranter Pfarrer. Er soll sich mit besonderem Eifer der Geisteskranken angenommen haben. Hohes Ansehen gewann er als Verfasser der umfangreichen »Neuen Appenzeller Chronik« und mit selbstgezeich-

neten Atlanten. Er war ein Naturfreund und bis ins Greisenalter ein rüstiger Wanderer.
Der Dichter stammt jedoch nicht von diesem ersten Bücherschreiber der Sippe ab, sondern von einem Onkel desselben, einem jüngeren Sohn des anfangs erwähnten Teufener Pfarrers. Von ihm, dem 1675 geborenen Johann Walser, führt die Linie über zwei weitere Generationen zu Roberts Urgroßvater, dem Arzt und Senator Dr. Johann Jakob Walser (1770-1849), der in erster Ehe mit Anna Graf, in zweiter mit Anna Katharina Eugster vermählt und ein vermöglicher Mann, aber auch Ernährer von einem Dutzend Kindern war. Auch er soll, wie der Geschichtsschreiber und Geograph aus der Seitenlinie, ein tüchtiger Fußgänger gewesen sein. Zudem wurde ihm eine spartanische Genügsamkeit nachgerühmt. In beidem, Marschtüchtigkeit und Genügsamkeit, hat der Dichter ihm nachgeschlagen.

Eine ansehnliche geistige Höhe erreichte das Geschlecht im Großvater des Dichters, Johann Ulrich Walser (1798-1866), dem Erstgeborenen des Senators aus dessen zweiter Ehe. Schon als Theologiestudent in Tübingen veröffentlichte er anonym eine Broschüre, »Das Ladenbüchlein im Lande Utopia«, worin er, gleichsam dem »Gehülfen« des Enkels präludierend, ein satirisches Sittenbild aus dem Handelsleben entwarf. Bald nach der Ordination heiratete der Zwanzigjährige Juliane Hurter aus Schaffhausen und wurde Pfarrer der kleinen Appenzellergemeinde Grub zwischen Heiden und Rorschach. Von Anfang an wirkte er über den amtlichen Pflichtenkreis hinaus für Aufklärung, Freiheit und Fortschritt. Einer von ihm verfaßten Geschichte der appenzellischen Sekten stellte er die Worte voran: »... Wahrheit und nur Wahrheit will ich schildern; das ist die Partei, zu der ich stehe, die Sekte, zu der ich mich bekenne.« Als erster Appenzeller trat er für eine saubere Trennung von Staat und Kirche ein. Im Bekenntnis zu einer christlichen Vernunftreligion fand er einen Gesinnungsfreund in dem ehemaligen mecklen-

burgischen Rittergutsbesitzer Hartwig Hundt-Radowsky (1769-1835), einem Literaten, der als Flüchtling ins Appenzellerland gekommen war. Fanatiker entfachten gegen diesen Mann den Volkszorn. Walser ergriff von der Kanzel herab Partei für ihn und verfaßte die Satire »Sonnenklarer Beweis, daß der Hundt-Radowsky der in der Offenbarung Johannis beschriebene Antichrist oder das Tier aus dem Abgrund mit sieben Häuptern und zehn Hörnern sei«. Indessen konnte er nicht hindern, daß Hundt-Radowsky mancherlei Schikanen und sogar tätliche Mißhandlungen erleiden mußte und schließlich des Landes verwiesen wurde.
Anno 1831 wählte Grub seinen Pfarrer in den Ausschuß für die Revision der außerrhodischen Landesverfassung, wo er an der Seite Landeshauptmann Jakob Nagels und anderer Fortschrittsmänner ausgezeichnete Arbeit leistete. Im gleichen Jahr erschien, wohlweislich ohne Verfassernamen, seine schärfste Kampfschrift, der »Entwurf zu einem weltlichen und geistlichen Reglement im Lande Utopia«. Gegenstand des Hohnes sind hier die veralteten Landmandate und Synodalstatuten. Als Probe diene das Gebet, das der fiktive strenggläubige Verfasser der Schrift als neuen Bestandteil der Liturgie vorschlägt:
»Heilige Dreifaltigkeit, du strenge Wächterin auf dem Berge Zions, du feste Grundsäule unsrer vaterländischen Kirche, ach, komm uns zu Hülfe mit deinem starken Arm; sende feurige Pfeile auf alle Ungläubigen, die das Schifflein Petri mit Gewalt leck machen wollen, und schone ihrer nicht, sintemalen wir selbst, deine Knechte, große Noth leiden. Bewahre uns alle vor dem so schädlichen Gebrauch unserer Vernunft, und nimm uns das sanfte Ruhekissen des Glaubens nicht unter unserm Haupte hinweg! Laß Philosophie, Neologie und Psychologie und die ganze Teufelslogie ferne von uns sein! Hilf denjenigen unter uns, die sich bereits unter den schmalen Mantel der Vernunft begeben haben, daß sie doch bald wieder zurückkehren unter die Schaafsdecke des orthodoxen Glaubens! Schütte du selbst ihnen den Schlaftrunk des rechten

Glaubens ein, daß sie sanft ruhen mögen in dem Bette der wahren Kirche Gottes, als der Braut Christi, bis daß der Tag kommt, wo ihre Geheimnisse sich auf das schönste enthüllen, und die Posaune des Engels alle Rechtgläubigen zur Hochzeittafel einladen wird. Amen.«

Das Wirken in der engeren Heimat scheint Walser auf die Dauer nicht befriedigt zu haben. Er ließ sich nach Liestal wählen, um im Kanton Baselland, wie er in der Gruber Abschiedspredigt vom 13. Januar 1833 erklärte, »den so schön begonnenen Bau der Freiheit vollenden zu helfen«. Die Liestaler Kirchgemeinde, die ihn einstimmig berufen hatte, war aber nicht der Meinung, daß Politisieren die hauptsächliche Amtspflicht ihres Pfarrers sei. Bald gestand er in einem Brief: »Es ist den Liestalern entsetzlich, einen Zeitungsschreiber zum Pfarrer zu haben, und schon zählen sie die Jahre und Monate, da meine fünfjährige Anstellung abgelaufen sein wird.« Tatsächlich wurde er im September 1837 nicht wiedergewählt. Die Liestaler beriefen als seinen Nachfolger einen Sohn des Schriftstellers Heinrich Zschokke, und nach weiteren acht Jahren übernahm Josef Otto Widmann das Amt, der Vater Josef Viktor Widmanns, der sich als erster des Poeten Robert Walser annehmen sollte.

Johann Ulrich Walser, der den geistlichen Beruf wohl nur mit halbem Herzen gewählt und ohne Befriedigung ausgeübt hatte, lebte fortan ganz der journalistischen und politischen Tätigkeit. In einer eigenen Buchdruckerei zu Reinach ließ er im Auftrag des späteren Zürcher Regierungspräsidenten Johann Jakob Treichler den radikalen »Usterboten« und seit 1837, nach zwei weniger erfolgreichen Zeitungsgründungen, das von ihm redigierte »Basellandschaftliche Volksblatt« erscheinen. Er machte aus diesem Organ eine wirkungsvolle Waffe des Freisinns, die sich zumal im Kampf um die neue Bundesverfassung bewährte. Die Druckerei wurde später nach Arlesheim und schließlich nach Birsfelden verlegt. Infolge der Gastfreundschaft, die Walser politischen Flüchtlingen bot, durfte er nicht mehr wagen, französischen und deutschen (badischen) Boden zu betreten. Auch zu Hause mußte er sich vor Anschlägen fanatischer Widersacher in acht nehmen. Als makabre Andenken bewahrte er ein paar Bleistücke auf, die ihm eines Nachts, ohne zu treffen, aus einer altmodischen Büchse ins Schlafzimmer geschossen worden waren. Im Jahre 1866 starb er an der Tuberkulose.

Mit seiner gütigen, aber zur Schwermut neigenden Frau hatte er dreizehn Kinder gezeugt. Er soll ein strenger, ja harter Erzieher gewesen sein, ohne der gemüthaften Wärme ganz zu entbehren. Von den Söhnen durfte der jüngste, Friedrich, studieren. Die älteren, so auch Adolf, der Vater des Dichters, mußten handwerkliche Berufe wählen. Friedrich Walser-Hindermann (1841-1922) wurde als Schüler Gottfried Sempers ein namhafter Architekt. Er erbaute unter anderem die Basler Gewerbeschule und das Haus der Christian-Merian-Stiftung, bürgerte sich in Basel ein und gewann einen Sitz im Großen Rat.

Einige Wesenszüge Robert Walsers sind wohl als Erbteil des Großvaters anzusehen. Politisches Kämpfertum lag dem Dichter fern, aber in seiner Art hat auch er für Freiheit und Recht gekämpft. Er hat nicht so betont dem »heiligen Geist der Vernunft« gehuldigt wie der aufklärerische Pfarrer, jedoch in seiner Dichtersprache viel Vernünftiges gesagt und sich nie einer irrational begründeten Autorität unterworfen. Unbestechlichkeit und der Mut zum eigenen Weg, ferner gewisse Verhaltensweisen, die nach gängiger Auffassung Stolz und Gemütshärte anzeigen, sind sowohl beim Enkel wie beim Großvater festzustellen. An Pfarrer Walser beanstandete sein Zeitgenosse und Landsmann Titus Tobler: »Er wußte (als Mitglied des außerrhodischen Revisionsausschusses) den Vortrag mit Witz zu würzen, mit dem er jedoch allzu freigebig war, so daß er dadurch dem Ernste und der Würdigkeit der ganzen Versammlung bisweilen etwas Eintrag tat.« Ähnliche Vorwürfe sind mutatis mutandis dem Enkel gemacht worden. Beide haben den eigenen Berufsstand kritisiert und ironisiert und ihm schließlich den Rücken gekehrt –

der Pfarrer, um ungehinderter reden zu können, der Schriftsteller, um zu verstummen. »Das wäre das schönste Zeugnis für einen Seelsorger, wenn er seine Zuhörer so weit gebracht hätte, von nun an selbst für ihr Seelenheil sorgen zu können.« So scherzte, nicht ganz unernst, Pfarrer Walser, nachdem er in Liestal nicht wiedergewählt worden war. Wie ein Echo tönt es aus Robert Walsers Mundartspiel »Der Teich«: »Wo chäm e Pfarrer mit sim Gred hi, wenn nid i de Lüt der Pfarrer steckti?« Und in dem Prosastück »Seltsame Stadt« lesen wir: »Das ist gut, wenn Menschen nicht der Künstler bedürfen, um zur Kunst aufgeweckte und begabte Menschen zu sein.«

Die Familie Marti, aus der Elisa, die Mutter Robert Walsers, stammte, war in Schangnau im Emmental heimatberechtigt und wohnte schon vor dem Jahr 1700, als noch kein Bürgerrodel geführt wurde, in Affoltern. Ein Gehöft im Weiler Eggerdingen gehörte ihr. Die Männer waren zumeist Nagelschmiede. Elisas Vater, Ulrich Marti, nach dem Bürgerrodel von Schangnau »Nagler auf dem Wasen«, heiratete 1835 Anna Barbara Schürch aus einer Bauernfamilie, die den Hof »Beim obern Steg« in Sumiswald bewirtschaftete. Das Paar hatte drei Kinder, Johannes, Fanny und Elisa. Die am 7. März 1839 geborene Elisa mußte von Großvater Schürch zur Taufe angemeldet werden; der Vater war im Alter von kaum fünfundzwanzig Jahren gestorben.

Familienleben in Biel

Adolf, das neunte der dreizehn Kinder Pfarrer Walsers, wurde am 18. Januar 1833 geboren, um die Zeit des Liestaler Amtsantritts des Vaters. Nach Lehr- und Fortbildungsjahren in Paris eröffnete er 1864 an der Nidaugasse in Biel ein Buchbinderatelier, dem er in der Folge ein Papeterie- und Spielwarengeschäft angliederte.

Elisa Marti war von Schangnau, wo sie die Kindheit verbracht hatte, als junges Mädchen nach Biel gekommen, um Fanny, der älteren Schwester, im Haushalt und Geschäft zu helfen. Fanny Marti hatte den Bieler Eisenwarenhändler Johann David Rummel geheiratet und führte im gleichen alten Patrizierhaus an der Kanalgasse, in dem dieser seinen Beruf betrieb, ein Seidenwaren- und Merceriegeschäft. Was Elisa bestimmt haben mag, zu der Schwester zu ziehen, die als kalt und hochfahrend geschildert wird und sie von früh auf schlecht behandelt haben soll, bleibt ungeklärt.

Der bescheidene Appenzeller Geschäftsmann Adolf Walser und das hübsche Berner Landmeitschi Elisa Marti wohnten nicht weit voneinander. Die Bekanntschaft führte zum Ehebund, der am 25. Juli 1868 in Herzogenbuchsee geschlossen wurde. Die Braut war neunundzwanzig, der Bräutigam fünfunddreißig Jahre alt.

An Bedingungen zu einem glücklichen Familienleben fehlte es nicht ganz. Aber der Pfarrerssohn Adolf Walser hatte wenig kaufmännische Energie und manchmal zudem kein Glück. Der organisatorisch begabten und auf gesellschaftliches Ansehen bedachten Gattin gelang es bei zunehmender Kinderzahl auch nicht, den geschäftlichen Niedergang aufzuhalten. Man verlegte das Ladengeschäft aus der Nidaugasse in ein kleineres Lokal im Neuquartier, Zentralstraße 52. Als die Mutter gemütskrank wurde und schließlich genötigt war, den Haushalt ihrer Tochter Lisa zu überlassen, mußte das Geschäft mit Verlust verkauft werden. Adolf Walser fing einen Handel mit Wein und Olivenöl an, der ein leidliches Auskommen gewährte. Seine Frau starb am 22. Oktober 1894.

Den herangewachsenen Kindern hatte Vater Walser nicht viel anderes auf den Lebensweg mitzugeben als das Vorbild einer heiteren Resignation. Der jüngste Sohn wußte ihm besonders Dank dafür. Im »Bild des Vaters« und anderwärts hat Robert Walser mit einer Wertschätzung und Innigkeit von ihm gesprochen, wie sie wohl selten ein Dichter seinem Erzeuger dargebracht hat.

»Da er seine Mitmenschen gutwillig nahm, wie sie waren, so glaubte er auch sich selber allzeit geben zu dürfen, wie er war, was auf schöner Gegenseitigkeit beruhte. Schwere Vorwürfe machte er weder den Menschen noch sich selber, wagte vielmehr dem Grundsatz leben und leben lassen vertraulich zu huldigen. Als einer Frohnatur lag ihm jederlei Grübeln völlig fern. Das Leben, dessen warmer Freund er sich wußte, hat er sich, selbst in peinlichen Zeiten, nie zu vergällen verstanden. Immer kam er, wie von selber, auf freundliche ergötzliche Gedanken, die ihn alle Sorgen leichter tragen ließen. Langandauerndem Trübsinn gab er sich nie preis.« (»Das Bild des Vaters«) »Nach seinem Mißlingen trat der Vater quasi in eine bescheidene Ecke. Daß die Leute ihn auf der Straße nunmehr nur noch mit recht schlecht verdeckter Mißachtung grüßten, wobei die Hände träge genug zum Hut hinauf gingen, um besten Falles dessen Rand zu streifen, sah er wohl und merkte er deutlich. Trotzdem ging er ruhig seinen Weg, traf da und dort schlichte Leute an, die nicht das geringste an ihm auszusetzen fanden, die gern mit ihm verkehrten, die ihn fühlen liessen, mit was für Gattung von Menschen er in Zukunft hauptsächlich Umgang zu pflegen habe, womit erklärlich gemacht sein mag, daß er sich im stillen sagte, ein Armgewordener gehöre zu allen andern Nichtbeachteten und Armen.« (»Das Bild des Vaters«) »Mein Vater ist ein armer, aber lebensfröhlicher Mensch, dem es nicht einmal von ferne einfällt, seine jetzigen kargen Tage mit den früheren glänzenden zu vergleichen. Er lebt wie ein Junger von fünfundzwanzig Jahren und gibt sich in keiner Weise Gedanken über seine Lage hin. Ich bewundere ihn und suche ihn nachzuahmen. Wenn er bei seinem schneeweißen Alter noch munter sein kann, so muß es dreißig-, ja hundertmal seines jungen Sohnes Pflicht sein, den Kopf hoch zu tragen und die Menschen mit Augen wie der Blitz anzuschauen.« (»Geschwister Tanner«)

In solcher Gesinnung hat Robert Walser bis ans Ende gelebt, wobei nicht zu vergessen ist, was ergänzend das Prosastück »Poetenleben« vermerkt: »Vom Vater ging unter anderem jedenfalls eine Spur und Portion Ironie auf ihn über, die ihm nachlief und treulich anhing wie dem Herrn oder der Herrin das folgsame Hündchen, das nicht aufhört, folgsam und anhänglich zu sein, obschon es vielleicht manchmal Schläge kriegt.« Auch privat hat er die Verehrung für den Vater bezeugt: »Wie stark ist Papa gewesen. Er hat viel durchmachen müssen, aber er hat stets wieder der Welt seine freundliche Miene gezeigt.« (An Frieda Mermet) Daß ein konträres Empfinden ebenfalls möglich war, gibt das Prosastück »Vater und Tochter« zu erkennen, wo von einer Schriftstellerin gesagt ist: »... man merkte ihr an, daß ihr manchmal der scheinbar so sorglose Vater beinahe widerwärtig vorkam, d. h. in seiner Ergebung in die Bedingungen des Existierens unsympathisch.«

Der »Brief eines Vaters an seinen Sohn« rechtfertigt die eher nachlässige Erziehung, die Adolf Walser dem künftigen Dichter angedeihen ließ. Abschließend heißt es da: »Nimm an, ich hätte dich mustergültig erziehen lassen: Mit was für einer furchtbaren Verantwortungslast auf Kopf und Rücken würdest du dann dastehen. Denn wisse: eine wirklich und in jeder Hinsicht gute, eine sogenannte glänzende Erziehung verpflichtet, sie verpflichtet den Empfänger zu ihr entsprechenden glänzenden Leistungen, sie verpflichtet auch zu der glänzenden Karriere. Sei du glücklich, mein Sohn, daß du wirst atmen dürfen, ohne immer nur an das Emporkommen denken zu müssen. Deine mangelhafte Erziehung verpflichtet dich nicht zu dem Gespenste, zu der Mustergültigkeit, zu dem fürchterlichen Müssen-in-jeder-Hinsicht-hervorragen. Frei wirst du sein. Ein Sohn der Natur, ein Sohn der Welt wirst du sein. Atmen und leben wirst du dürfen. Die da musterhaft sind, die leben nicht, und hiermit grüßt dich überaus herzlich, im Bewußtsein, daß er dir etwas Vernünftiges gesagt hat, dein Vater.«

Der Mutter, an deren seelischem Erbteil Robert Walser schwerer trug, als er wahrhaben wollte, hat er ehrend und verständniswillig gedacht: »Meine Mutter war eine hochgeachtete Frau, und die Hochachtung, die man ihr allgemein entgegenbrachte, war rein und kam aus dem Herzen heraus. Sie hat immer den Eindruck des Ländlichen und zugleich Vornehmen gemacht. Demutvoll und zugleich abweisend, wußte sie jeden Ungehorsam und jede Lieblosigkeit zu dämpfen. Der Ausdruck ihres Gesichts bat und gebot zu gleicher Zeit. Wie scharten sich die Damen in unserer Stadt um sie, und wenn sie spazieren ging, wie viele Herrenhüte wurden vor ihr gelüftet. Dann, als sie krank wurde, fiel sie in Vergessenheit und wurde der Gegenstand der Sorge und der Scham.« (»Geschwister Tanner«) »Die Idee, die vielleicht einem oder dem andern Kind gelegentlich vorflüstern wollte, daß die Mutter durch den Vater unglücklich gemacht worden sei, kann sicher ohne viel Untersuchung als grundunrichtig erklärt werden. Unglücklich ist die Mutter wahrscheinlich gewesen, doch durch ihn, der ein seelenguter, hilfsbereiter Mann war, ganz bestimmt nicht. Vielmehr werden beide unter durchaus ein und demselben Unglück zu leiden gehabt haben, nur daß offenbar der Vater das auf beide herabstürzende, ungewitterähnliche Leid wesentlich leichter trug und ruhiger hinnahm; Ungunst des Himmels, widriger Umstände Zorn und Schicksalsschläge nachgiebiger sich aufladen ließ und alles Schwere gefälliger, schmiegsamer, kräftiger mit sich schleppte, als die idealistische Mutter, die sich, stolzgesinnt und hochgeartet, wie sie war, gleich freilich herrlicher Rebellin gegen das auf sie niedersausende Gewicht und gegen eine gewiß in keinem Sinne verdiente Züchtigung aus tiefstem Grunde edelempfindender Seele empörte.« (»Das Bild des Vaters«)

Acht Kinder hat Elisa Walser-Marti zur Welt gebracht. Das älteste, der 1869 geborene Adolf, starb fünfzehnjährig als Schüler des Progymnasiums. Hermann, 1870 geboren, hätte das väterliche Geschäft übernehmen sollen, erhielt aber von dem Leiter eines Erziehungsinstituts in Grenchen die Mittel geborgt, um sich zum Sekundarlehrer auszubilden. Schon während der ersten Anstellung in Herzogenbuchsee zahlte der gewissenhafte junge Mann die geliehene Summe zurück. Trotz des mühsamen Aufstiegs war er ein hilfsbereiter Sohn und Bruder. Anderthalb Jahrzehnte lang wirkte er als Geographielehrer am Berner Gymnasium, worauf ihm die Universität Bern das Ordinariat für Geographie übertrug. Schon mit der Dissertation über »Veränderungen der Erdoberfläche im Umkreis des Kantons Zürich seit der Mitte des 17. Jahrhunderts« hatte er sich als umsichtiger Forscher ausgewiesen und mit weiteren Veröffentlichungen hauptsächlich die siedlungsgeographische Literatur bereichert. Seine Arbeiten sind in einer schönen, harmonischen, doch ganz der wissenschaftlichen Sachlichkeit beflissenen Sprache abgefaßt. Am deutlichsten zeigt diesen Charakter die für die Sammlung Göschen geschriebene »Landeskunde der Schweiz«. Der Unterschied zum spielerischen, individualistischen Stil des Bruders läßt sich nicht größer denken, obschon auch Hermann als Jüngling Verse geschrieben hatte. In der Scheu vor Umweltansprüchen, in der mangelnden Kontaktfähigkeit war er hingegen dem Bruder nur allzu verwandt.
Auf bürgerlichen Geleisen, ohne sichtbare Erschütterungen, verlief das Leben Oscars, des anno 1872 geborenen dritten Sohnes. Dem Bankfach, in welchem Robert nur ein paar jugendliche Gastspiele gab, blieb er zeitlebens treu. Gleich

Hermann festigte er in jungen Jahren durch seine Hilfsbereitschaft den Zusammenhalt der Familie. In Basel, wo er sich einbürgerte, erlangte er eine Prokuristenstellung. Den Lebensabend bis zu seinem Tod im Jahre 1959 verbrachte er in Lugano. Eine Affinität zum Musischen ist darin zu sehen, daß er Fridolina Schmid, die Tochter eines liberalen Luzerner Regierungsrates und einer Waadtländerin, zur Lebensgefährtin nahm: Seine Frau hat Lyrik und dramatische Dichtungen, das kleine Epos »Vita somnium breve«, Reisebilder und andere Erinnerungen veröffentlicht. »Den besten Gatten nannt' ich mein«, bekennt Fridolina in dem nach seinem Tod erschienenen Gedichtbändchen »Einst und jetzt«.

Ernst Walser, geboren 1873, mußte den Weg ins Dunkel gehen, ohne wie Robert eine fortwirkende Leistung vollbracht zu haben. Er war musikalisch begabt, ein glänzender Klavierspieler, wandte sich aber aus wirtschaftlichen Gründen dem Lehramtsstudium zu, das er als Sekundarlehrer abschloß. Im Landhaus einer Schweizerfamilie bei Neapel war er sechs Jahre lang als Erzieher und Musiklehrer tätig. Ein Reitunfall, bei dem er sich den Kopf verletzte, machte ihn für längere Zeit arbeitsunfähig. In die Heimat zurückgekehrt, nahm er Lehrämter in Nidau und in der Glarner Gemeinde Mollis an, fühlte sich aber nicht befriedigt. Depressionen und andere krankhafte Zustände nötigten schließlich zur Unterbringung in der Heilanstalt Waldau bei Bern. Robert, der dreizehn Jahre danach in die gleiche Anstalt kam, schildert ihn in »Geschwister Tanner« als »das Ideal eines jungen schönen Mannes«: »... Talente besaß er, die eher in das galante, zierliche achtzehnte Jahrhundert hineingepaßt haben würden, als in unsere Zeit mit den viel härteren und trockeneren Anforderungen.« »Wissen Sie, was mein Bruder mir war, mir und Kaspar, dem andern Bruder, uns Jüngeren? Gelehrt hat er uns auf gemeinschaftlichen Spaziergängen Schönes und Hohes zu empfinden, zu einer Zeit, da wir noch die wüstesten Schlingel waren, die nur auf schlechte Streiche ausgingen. Aus seinen

Augen tranken wir das Feuer der Begeisterung für die Kunst. Können Sie sich denken, was für eine herrliche, verständnissuchende, streberische, im schönsten und kühnsten Sinn streberische Zeit das war?«

Die am 13. April 1874 geborene Lisa Walser wurde durch frühzeitig ihr zufallende Pflichten zu einem verantwortungsbewußten, opferbereiten Menschen geprägt. Nach dem Schulaustritt führte sie während sieben Jahren den geldknappen Haushalt, pflegte die kranke Mutter und betreute die jüngeren Geschwister. Sie war ein schönes, umschwärmtes Mädchen. Ein Jüngling aus begüterter Familie ritt oft am Haus ihrer Eltern vorüber, in der Hoffnung, ihr Eindruck zu machen, wurde jedoch zu leicht befunden. Erst nachdem die Geschwister flügge geworden waren, ging sie an die Verwirklichung eines eigenen Lebenszieles. Unter finanziellem Beistand Onkel Friedrich Walsers, des Basler Architekten, besuchte sie das Berner Lehrerinnenseminar. Um dem Verwandten möglichst wenig zur Last zu fallen, gab sie in der Freizeit Klavierstunden.

Karl, geboren am 8. April 1877, galt im Elternhaus und bei den Lehrern als faul und hatte schlechte Schulzeugnisse. Am Progymnasium wurde er, wie Robert, von dem Graveur, Fotografen und Landschaftsmaler Jacob Häuselmann, dem Großvater mütterlicherseits des Bildhauers Hermann Hubacher, im Zeichnen und Malen unterrichtet und durch ihn der Künstlerlaufbahn ansichtig.

Jugenderinnerungen an Karl hat Robert Walser in »Geschwister Tanner« festgehalten. »Weißt Du noch?« schreibt Simon Tanner an seinen Bruder Kaspar. »Es braucht nichts als diesen Aufruf, mit einer Portion gesunden Lachens vermischt, um in Dir Bilder aufzurühren, zu leimen, zu malen, zu heften, die wahrhaftig der Rückerinnerung mehr als wert sind. Wir waren, ich weiß nicht mehr aus welcher Ursache heraus, Todfeinde geworden. O, wir verstunden es, einander zu hassen. Unser Haß war entschieden erfinderisch im Auffinden von Qualen und Demütigungen, die wir uns gegenseitig bereiteten. Beim Eßtisch warfst Du mir einmal, um nur ein einziges Beispiel dieses jammervollen und kindischen Zustandes anzuführen, eine Platte mit Sauerkraut entgegen, weil Du mußtest, und sagtest dazu: ›Da, pack!‹ Ich muß Dir sagen, damals zitterte ich vor Wut, schon deshalb, weil es für Dich eine schöne Gelegenheit war, mich aufs grimmigste zu kränken, und ich dazu nichts sagen konnte. Ich packte die Platte an, und war eben dumm genug, den Schmerz der Kränkung bis zur Kehle hinauf voll auszukosten. Weißt Du noch, wie eines Mittags, es war ein stiller, totenstiller, sommerheißer, vor Totenstille ganz toller Sonntagnachmittag, dann einer zu Dir in die Küche herangezaudert kam und Dich bat, mir wieder gut zu sein. Es war ein unglaubliches Werk der Überwindung, kann ich Dir sagen, sich so durch das Gefühl der Beschämung und des Trotzes hindurchzuwinden, bis zu Dir, der Gestalt des zur ablehnenden Verachtung neigenden Feindes. Ich tat es, und ich bin mir dankbar dafür. Ob Du auch mir, ist mir freudig und duftig egal. Das kann nur ich abschätzen. Geh mir weg, da willst Du mir was dazwischenreden. Einfach nicht möglich. Weg da! – Wie viele köstliche Stunden habe ich von da an mit Dir genossen. Ich fand Dich auf einmal zart, liebend, rücksichtsvoll. Ich glaube, die Wonne der Freude brannte uns beiden auf den Wangen. Wir streiften, Du als Maler, ich als Zuschauer und Dreinreder, über die Matten auf den breiten Bergen, wateten im Duft des Grases, in der Nässe des kühlen Morgens, in der Hitze des Mittags und im feuchten, verliebten Untergehen der Sonne. Die Bäume sahen uns zu, was wir da oben trieben, und die Wolken ballten sich zusammen, gewiß aus Zorn, daß sie keine Macht besaßen, unsere neugebackene Liebe zu brechen. Abends kamen wir gräßlich zerbrochen, verstaubt, verhungert und vermüdet nach Hause, und auf einmal gingst Du dann weg. Weiß der Teufel, ich half Dir wegreisen, als ob ich dazu durch Handgeld verpflichtet gewesen wäre, oder als hätte ich Eile gehabt, Dich verduften zu sehen. Gewiß war es mir eine heilige Freude, Dich abreisen zu sehen, denn Du reistest der großen Welt entgegen. Wie wenig groß ist die große Welt, Bruder.«

Eine auf Wunsch des Vaters begonnene Zeichnerlehre bei einem Bieler Architekten hatte Karl nicht zu begeistern vermocht, er ging nach Zürich, mietete im vierten Stock eines Altstadthauses ein kleines Zimmer und betrieb autodidaktisch die Malerei. In Stuttgart, wohin ihm der jüngere Bruder nachzog, und in München arbeitete er bei Dekorationsmalern und konnte zwischen diesen beiden Aufenthalten dank einem Stipendium die Kunstgewerbeschule in Straßburg besuchen. Nach dem Zeugnis des Zeichners Marcus Behmer, den er in München kennenlernte, malte er in freien Stunden vorzugsweise Landschaftsaquarelle, »meist in Wasserfarben und in bescheidenen Formaten, aber mit viel Fleiß, Beharrlichkeit, Geschick und – Liebe«.*

Die Geschicke Lisas und Karls blieben mit denen des Dichters über die Jugend hinaus verflochten und werden noch öfter zu betrachten sein.

Am 15. November 1882 wurde das jüngste Walserkind, Fanny, geboren. Von ihr berichtet Robert Walser: »Meine bescheidene Wenigkeit war im elterlichen Hause, als kleiner Junge, der noch unglaublich grün und noch ziemlich naß hinter den Ohren war, der bevorzugte Inszeneur, Theaterspieler, Dramaturg, Regisseur und Geschichtenmacher meiner jüngern Schwester, der ich eine Zeitlang immer Geschichten, nicht etwa nur erzählen, nein, machen mußte, wessen ich mich heute glücklicherweise noch deutlich erinnere, da ich sonst diesen interessanten Aufsatz ja gar nicht schreiben könnte. Fanny, so, meine ich, hieß die entsetzliche kindliche Tyrannin, die gebieterisch von mir verlangte, ich solle ein dichterisches Genie sein, um sie mit Vorgängen zu erbauen und mit Geschichten zu unterhalten, wobei sie mir stets, und das war das Schreckliche, drohte, zu Mama zu gehen und mich als Bösewicht zu verklagen, wenn ich mich von Zeit zu

* Hier und anderwärts, wo keine Quelle angegeben ist, sind die Zitate persönlichen Mitteilungen an Carl Seelig entnommen.

Zeit eines so ermüdenden und geistig so aufreibenden Geschäftes, wie das edle Dramatisieren ist, ein wenig entziehen wollte.« (»Fanny«) Die Tyrannin selber mußte Karl, ihrem Lieblingsbruder, mit Darbietungen auf dem Klavier, namentlich mit dem Vortrag von Mozartstücken, gefällig sein. (Hans Trog hat nachmals das Schaffen Karl Walsers als ein dem Geiste Mozarts entsprossenes gerühmt.) Ein Verehrer der jungen Fanny Walser war der ebenfalls in Biel aufgewachsene Dichter, Hodler-Biograph, Archäologe und sozialistische Politiker Hans Mühlestein. In einem 1906 publizierten Gedichtband hat er ihr den Zyklus »Gesänge am Kamin« gewidmet. Fanny bildete sich zur Zahnarztgehilfin aus, zog um die Jahrhundertwende zu ihrem Bruder Hermann nach Bern und heiratete 1926 den aus Roggwil stammenden Kaufmann Arnold Hegi. Sie ging mit ihm nach Lettland, wo er im ländlichen Großbetrieb eines schwedischen Zündholzunternehmens Verwalter wurde. Infolge der politischen Unruhen im Baltikum führten die beiden dort ein wirtschaftlich gedrücktes und unsicheres Dasein.

Keines der acht Kinder von Adolf und Elisa Walser-Marti hat Nachkommen gehabt. Das ist um so mehr zum Verwundern, als der väterliche Stammbaum mehrere sehr große Familien aufweist und die Fortpflanzungsfreudigkeit wohl auch bei den Schmieden und Bauern der mütterlichen Seite nicht fehlte.

Nach dem Geburtenregister wurde Robert Otto Walser am 15. April 1878 nachmittags um drei Uhr im Hause Gymnasiumsgasse 113 (auch Gelb Quartier 113 genannt) geboren. Das Haus gehörte der Witwe Pauline Schaffter, die das Erdgeschoß an die Privatbank Neuhaus vermietet hatte. Es wurde 1969 abgebrochen.

Die von Carl Seelig gesammelten Berichte geben Einblick in ein Familienleben, das vom kleinbürgerlichen Durchschnitt wenig abwich. Lina Marty-Hauenstein, die vertrauteste Jugendfreundin Lisa Walsers, erzählt: »Die Eltern Walser waren sehr kinder- und gastfreundlich. Ihre acht Kinder konnten werktags und sonntags immer Schulkameraden mitbringen. Wir durften Scharaden aufführen und Theater spielen sowie Kisten und Kasten nach ›Garderobestücken‹ durchstöbern; auch bewirtet wurden wir. Fiel uns nichts Neues mehr ein, so führte uns Papa Walser die Laterna Magica vor oder Mama Walser ging in den Spielwarenladen hinunter und kam mit irgendeiner Überraschung zurück. Oft auch mußte sie nach Karl und Robert Ausschau halten, wenn es ihnen in unserer Gesellschaft verleidet war. Meistens verschwanden sie in einen kleinen Hof hinter dem Haus, dem gegenüber sich die Töpferei Weber befand. Dort ergatterten die beiden Buben fast immer einen Klumpen Lehm, mit dem geknetet und geformt wurde. Es entstanden Häuser, Kirche, Ställe und Brücken, wobei mit Wasser nicht gespart wurde. An Händen und Füßen, im Gesicht und in den Haaren verdreckt, erregten sie oft das Entsetzen der Mutter. Aber geschlagen wurden sie in meiner Gegenwart nie. – Als die Familie Walser wegen des Hausverkaufs samt ihrem Basar, ihren Reise-, Geschenk- und Spielwarenartikeln sowie mit der Papeterie-Abteilung von der belebtesten Straße Biels ins Neuquartier umzog, stellte ich mich auch dort in dem viel kleiner gewordenen Geschäft oder in der Wohnung oft als Gast ein. Den Vater Walser habe ich in seinem Buchbindereiberuf nie arbeiten sehen. Er bediente im Laden. Aus irgendwelchen Gründen ging der Umsatz im Geschäft rasch zurück, und man erhielt den Eindruck, daß sich die guten Verhältnisse der hochangesehenen Familie zum Schlimmen gewendet hätten.«

Frau Marie Schaetzle-Ehrensperger, die mit Lisa einem Kinderkränzchen angehörte, ergänzt diese Erinnerungen: »Bei Walsers wurden wir stets liebevoll, aber etwas steif empfangen. Auf den Wunsch des Vaters mußte uns Lisa auf dem Klavier vorspielen. Unterdessen holte Vater Walser eine Flasche Wein und nötigte uns, zu trinken, obwohl wir keinen Geschmack daran fanden. Zuweilen kamen die älteren Brüder in die gute Stube und begrüßten uns zeremoniell; Karl und Robert hörten wir in der Küche Allotria treiben und

Wortgefechte führen. – Einmal gingen wir als Schulkinder mit Röbi zu viert auf den Bözingenberg. Beim Abstieg sagte Röbi: ›Hier spielen wir!‹ Wir stellten große Steine wie Kegel auf. Dann befahl er, die großen Steine mit den kleinen umzuschlagen: die großen, das seien die Bourgeois, die kleinen die Sozi. Später kehrten wir in einer kleinen Wirtschaft ein. Röbi bestellte für alle Wein und Weggli, so daß wir kreuzfidel wurden. Beim Aufbruch sagte er zum Wirt, Geld hätten wir keines, aber der Vater werde es schon bezahlen.«

Der Dichter selber erinnert sich der Stätten der Kindheit in einem »Tagebuchblatt« (I)*:

»Neulich ging ich wieder den Spuren der Kindheit nach; sie hat ein so frisches Gesicht. – Ich stieg den Berg hinauf und stattete einigen Schauplätzen aus alten Tagen einen kurzen Besuch ab. Mir fiel eine sogenannte ›Burg‹ ein, der wir große Bedeutung beilegten. Nach einigem Suchen fand ich sie und war erfreut, daß sie noch genau aussah wie vor Jahren. Hier fand ich dieselben Eichen, dasselbe dichte Gestrüpp, dieselben Steine, denselben Pflanzengeruch. Hier spielten wir unsere kindlichen Spiele. Einmal ließ ich mich absichtlich im Kampf besiegen, weil es mir hübsch erschien, den Gegner triumphieren zu sehen und ihm den Glauben zu gönnen, daß er stark sei.

Ich stieg in die Stadt hinab, wo großer Markttag war und Händler mit Lebhaftigkeit ihre Waren feilboten; durch das Gewimmel kam ich in eine enge Hintergasse: es stehen da Ställe, Handwerksbuden. Nach wenigen Schritten sah ich das Elternhaus. Wie klein kam ich mir beim Anblick des winzigen Hofes vor, wo der Vater seine Handelskisten aufzustapeln pflegte. Im ziegelgedeckten Schuppen spielten wir einst Versteckens; die Kisten dufteten so appetitlich. Alles sah aus wie früher, auch ein Nachbargärtchen, worin uns häufig ein

* Den Titeln einiger Prosastücke sind gemäß Numerierung in den Bänden des Gesamtwerks römische Ziffern beigefügt. Sie dienen zur Unterscheidung zweier oder mehrerer gleichbetitelter Stücke.

hübsches Mädchen erschien, und vis-à-vis eine Töpferei, ferner ein hohes Häuserquadrat.
Ist's nicht eigentlich müßig, den Stellen nachzugehen, die man als Kind sah? Andere Leute bewohnen den Platz; die ehemals Jungen sind so und so alt geworden. Ich selbst flog wohl seitdem hundertmal aus den schönsten *Palais des Illusions* heraus, hab' aber immer wieder den Himmel zu erstürmen versucht, brach öfter sozusagen das Bein, wurde aber stets wieder ziemlich flott, indem ich mich vor Unlust hütete und tätig blieb.«
Von rauhem Knabentreiben hielt er sich nicht fern: »Beim Spielen gibt's oft genug Zänkereien, ja Prügel. Die letzteren liebe ich mehr als die ersteren. Streitereien sind unausstehlich, während Prügel heiß und toll machen. Ich bin gern erhitzt und voll Blut. Manchmal artet ein Spiel in eine wilde Schlacht aus. Eine Schlacht ist köstlich, und der Held in der Schlacht sein noch herrlicher. Freilich, Verdruß gibt's nachher, Ärger, Feindschaft, Haß. Aber das sind wenigstens alles bestimmte Empfindungen. Nichts ist trockener als Trockenheit, und nichts gilt bei mir mehr als Trockenheit, als Empfindungslosigkeit. Wenn Haß da ist, spiele ich gern wieder den Vermittler, den Begütiger. Auch dieser Rolle weiß ich mich anzupassen. Spiele sollten nicht so weit getrieben werden, bis sie in Prügel ausarten. Da habe ich nun wieder gut sprechen, ich, der ich selbst ein hervorragender Austeiler und Empfänger von Prügeln bin, wenn's darauf ankommt.« (»Mein Berg«, in »Fritz Kocher's Aufsätze«)
In »Geschwister Tanner«, wo er durch den Mund Simons redet, fallen Streiflichter auf sein damaliges Innenleben: »Ich war ein Knabe, der sich gerne an warme Öfen mit dem Rükken lehnte. Ich kam mir dabei wichtig und traurig vor und machte ein zufriedenes und zugleich wehmütiges Gesicht. Auch zog ich, wenn ich nur immer konnte, weiche Filzschuhe für die Stube an, das heißt, das Wechseln der Schuhe, das Tauschen der nassen mit den warmen, machte mir die größte Freude. Eine warme Stube hatte etwas Zauberhaftes

für mich. Ich war nie krank und beneidete immer die, die krank sein könnten, die man pflegte, für die man etwas feinere Worte hatte, wenn man zu ihnen sprach. Deshalb dachte ich mich öfters krank und war gerührt, wenn ich in meiner Einbildung vernahm, wie meine Eltern zärtlich zu mir redeten. Ich hatte ein Bedürfnis darnach, zärtlich behandelt zu werden, und es geschah nie. Vor meiner Mutter fürchtete ich mich, weil sie so selten zärtlich sprach. Ich hatte das Renommee eines Spitzbuben, und ich glaube, nicht mit Unrecht, aber es war doch manchmal verletzend für mich, immer daran erinnert zu werden. Ich hätte gern verzärtelt werden mögen; als ich aber einsah, daß es unmöglich war, daß man mir diese Aufmerksamkeit schenke, wurde ich ein Flegel und verlegte mich darauf, diejenigen zu ärgern, welche den Vorzug genossen, brave, geliebte Kinder zu sein. Das war meine Schwester Hedwig und mein Bruder Klaus. Nichts machte mir größeres Vergnügen, als Ohrfeigen von ihnen zu bekommen; denn daran sah ich, daß ich das Geschick dazu hatte, sie zornig auf mich zu machen.«
Nach dem Willen der Mutter mußten alle Walserkinder musizieren. Robert, berichtet Fanny, sei ungern in die Klavierstunde gegangen und habe im Unterschied zu Ernst und Lisa keine besondere musikalische Begabung gezeigt. Die Bemerkungen über Musik in »Fritz Kocher's Aufsätzen« lassen aber vermuten, daß ihm eher ein zu starkes als ein zu schwaches musikalisches Empfinden das Selbermusizieren erschwert habe: »Mir fehlt etwas, wenn ich keine Musik höre, und wenn ich Musik höre, fehlt mir erst recht etwas. Dies ist das Beste, was ich über Musik zu sagen weiß.«

Nach der Primarschule besuchte Robert von 1888 bis 1892 die deutschsprachige Abteilung des Progymnasiums in Biel. Er soll in allen Fächern ein vorzüglicher Schüler gewesen sein. »Von der Schule«, erzählt Simon Tanner, »habe ich keine große Erinnerung mehr, aber ich weiß, daß sie mir eine Art Entgeltung wurde für die kleine Zurücksetzung, die ich im elterlichen Haus erfuhr: ich konnte mich auszeichnen. Es war mir eine Genugtuung, gute Zeugnisse nach Hause zu tragen. Ich fürchtete die Schule und verhielt mich infolgedessen dort brav; ich blieb in der Schule überhaupt immer zurückhaltend und zaghaft.« »Er war guter Eltern Kind, ging ordentlich in die Schule, wo er sich durchaus nicht weigerte, artig und aufmerksam zu sein. Ungemein fesselte ihn die Arithmetik; der Religionsunterricht entzückte ihn.« (»Der junge Dichter«) Ironisch tönt es in »Fritz Kocher's Aufsätzen«: »Die Schule ist mir lieb. Ich gebe mir Mühe, das gutwillig zu lieben, das mir einmal aufgedrungen ist, und von dessen Notwendigkeit man mich von allen Seiten stumm überzeugt hat. Die Schule ist das unentbehrliche Halsband der Jugend, und ich gestehe, der Schmuck ist ein kostbarer.«

In seiner Eigenschaft als Musterschüler hat Robert Walser den künftigen eigenwilligen Lebenslauf kaum ahnen lassen. Am wenigsten ließ sich ein solcher aus seiner feinen, sauberen Handschrift ablesen, es wäre denn, ein überdurchschnittlich befähigter Graphologe hätte sich in sie vertieft. »Weil er eine saubere, nette, flinke Handschrift schrieb und am Zeichnen von Buchstaben eine besondere Freude bekundete, so sagte ihm einmal der Schreiblehrer, er solle Büroangestellter zu werden trachten; das sei für ihn offenbar das beste.« (»Der junge Dichter«) Die Prinzipale, die ihn später, nicht zuletzt dieser gefälligen Schrift wegen, anstellten, schöpften anscheinend keinen Argwohn und sahen ihr die geringe Seßhaftigkeit des Eigentümers nicht an. Ihm selber bedeutete sie in der Folge mehr als eine Empfehlung im bürgerlichen Berufsleben, nämlich ein Hilfsmittel seiner Kunstbemühung, indem sie »aller Wahrscheinlichkeit nach eine ausgesprochene Prosastückhandschrift ist, die mir zahlreiche Skizzen usw. ausfertigen half und mich meinen Schriftstellerberuf aufrechtzuhalten befähigte, worüber ich mich selbstverständlich freue«. (»Meine Bemühungen«)

Hat er trotz der guten Zeugnisse »keine große Erinnerung« an die Schule, so spricht eine deutliche, psychologisch eindringliche aus den Lehrer- und Schülerbildnissen im »Tagebuch eines Schülers«, in »Fritz Kocher's Aufsätzen«, »Geschwister Tanner« und »Jakob von Gunten«. Einen bestimmenden erzieherischen Einfluß hat Robert anscheinend von keinem Lehrer empfangen. Kein begeisternder Deutschlehrer hat die Liebe zur Dichtung in ihm geweckt und ihn zu eigenem sprachlichem Gestalten angeleitet. Geringschätzig gedenkt er in dem Prosastück »Schnaps« des Progymnasiums als der Stätte, wo er sich »Klassikerinhaltlichkeiten« habe einprägen müssen.

Es fehlt auch jeder Hinweis auf lebhafte literarische Anregung im Elternhaus. Der in »Geschwister Tanner« erwähnte Einfluß des Bruders Ernst mag solche mitenthalten haben. Sonst scheint Robert Walser das ihm entsprechende Reich des Geistes sozusagen instinktiv entdeckt zu haben. In die Aufführungen von Schauspieltruppen, die jeweils während des Winterhalbjahres in Biel gastierten, ging er wohl ebenfalls aus eigenem Antrieb, vielleicht aber auch dem Beispiel der älteren Brüder folgend. Diese Theaterbesuche und damit verbundene Dramenlektüre lenkten die erwachende Schaffenslust zuerst auf das dramatische Gebiet. Die einschlägigen frühen Versuche sind nicht erhalten geblieben. Dagegen hat Fanny die in deutscher Schrift auf fünfzehn Blätter eines unlinierten Schulheftes geschriebene, biographisch wichtige Szenenfolge »Der Teich« aufbewahrt. Vermutlich 1899 oder 1900 abgefaßt, schildert dieser einzige berndeutsche Text in Walsers Werk, wie der Knabe Fritz unter der scheinbaren Lieblosigkeit seiner strengen Mutter leidet und wie er sich zu helfen weiß. Listig täuscht er vor, sich in einem Waldteich ertränkt zu haben, und stellt sich, nachdem Eltern und Geschwister in große Aufregung geraten sind, wohlbehalten wieder zu Hause ein. Der Vater will Fritz für den Unfug züchtigen, aber die von der überstandenen Angst tiefer aufgewühlte Mutter wehrt es ihm. Es kommt zur Aussprache zwischen Mutter und Sohn, die beiden eröffnen einander das Herz und werden fortan gute Kameraden sein.

Es ist da im Keim schon manches vom späteren Robert Walser zu erkennen, sowohl in der treffsicheren Sprache wie auch in den Arabesken der Erfindung, am meisten aber in der halb lustigen, halb schmerzlichen, einerseits naiven, anderseits wieder unkindlich-narzißtischen Selbstdarstellung, wie sie namentlich in einem von Fritzens Monologen formuliert ist: »... I bi gärn elei. Do chöme eim d'Gedanke. Do stört eim niemer. – Es isch mer immer, i heig öppis am e ne'n Ort vergässe. I weiß, es isch nüt, und doch plagt's mi. Was chas nume si? Nüt? Do hani guet rede! Es isch öppis, aber ds' Dumme isch, i has äbe vergässe. I will däm Zügli* nohgoh. I will mi Platz im Wald ufsueche, vilicht chunt 's mer dört wie ne Schmätterling cho a'z'flüge. Warum mueß me eigetlich dänke? Mi mueß, es zwingt eim. Das isch so dumm, daß me n'öppis mues. Mi sött nüt müesse! Aber do ha ni wieder guet z'rede. Chum Fritz, mir göh zäme. I bi doch nit ganz elei, der Fritz isch am Fritz si Kamerad. I bi mir sälber mi bescht Fründ...«
Aus dem derart empfindenden Knaben wurde dann der Mensch, der im Sinne von Rilkes »Legende vom verlorenen Sohn« nicht geliebt sein wollte: »Schade, ich sollte nicht Eltern haben, die mich lieben. Ich mag überhaupt nicht geliebt und begehrt sein. Sie sollen sich daran gewöhnen, keinen Sohn mehr zu haben.« (»Jakob von Gunten«) Am Anfang dieser seltsamen Askese war eben doch ein erlittenes Manko an Liebe. Was die vor allem nötige Mutterliebe betrifft, ist dabei weniger an schuldhafte Vorenthaltung zu denken als daran, daß es der depressiv veranlagten Mutter von acht Kindern gar nicht möglich war, sich jedem einzelnen in befriedigendem Maße zuzuwenden.
Während der Kindheit und Jugend Robert Walsers vergrößerte sich Biel rasch. Anno 1870 hatte es rund 8000 Einwohner, 1888 deren 15000. Die Entwicklung der Uhrenindustrie und anderer Erwerbszweige ließ die Menschenzahl der Stadt

* Diminutiv von schweizerdeutsch Züg (Zeug).

und der Nachbargemeinden, die sich später mit ihr vereinigten, bis zur Jahrhundertwende auf insgesamt mehr als 30000 steigen. Das Kind und der Jüngling empfingen die kontrastreichen Eindrücke der mittelalterlich anmutenden Oberstadt und der neuzeitlichen Unterstadt, der aus Deutsch- und Welschschweizern gemischten Bevölkerung, der am Nordufer vom Weinbau besetzten Bielerseelandschaft und der dahinter sich erhebenden Jurahöhen. Ein gewisses großstädtisches Gepräge der Hauptstraßen Biels mag in Robert Walser die Neigung zum Leben in Städten wie Zürich und Berlin vorbereitet haben. Er sei, schreibt er als Jakob von Gunten, »in einer allerdings ganz, ganz kleinen Weltstadt aufgewachsen«, habe »Stadtwesen und -empfinden mit der mütterlichen Milch eingesogen«. Den Grund zu seinem tiefen Naturgefühl legten die frühen Wanderungen im Jura, das Erlebnis der Wälder und Weidehochflächen, der Gräte und Comben, der romantischen Quertäler (Klusen) in den Gebirgsfalten und der mannigfachen Verwitterungsformen.

Die letzte Klasse des Progymnasiums besuchte Robert Walser nicht mehr. Wegen der ungünstigen wirtschaftlichen Lage der Familie war früher Broterwerb geboten. Eine längere Schulbildung hätte seinem Dichtertum schwerlich zum Vorteil gereicht. Er hat sie wohl auch nicht ernstlich gewünscht oder später vermißt. Schon in jungen Jahren hat er das schulmäßige, quantitative Wissen gering geachtet: »Ich besitze überhaupt, so sehr ich mir intelligent vorkomme, wenig Wissensdrang. Ich glaube deshalb, weil ich von Natur das Gegenteil von neugierig bin. Ich lasse gern vieles um mich geschehen, ohne mich zu bekümmern, wie es geschieht.« (»Fritz Kocher's Aufsätze«) »Mein Verstand ist klar; doch weigert er sich, vieles und allzuvieles zu fassen, wovor er einen Abscheu hat.« (»Das Stellengesuch«) Bedenkt man anderseits, daß Walsers Originalität die austrocknenden Wirkungen vieler Kontore überdauert hat, so wird man die Verschulungsgefahr nicht überschätzen.

Die Berufswahl wird in »Fritz Kocher's Aufsätzen« erwogen: »Ich habe zu allen möglichen Berufen Lust. Da ist das Wählen eine schwere Sache. Ich glaube, ich tue am besten, wenn ich irgendeinen, vielleicht den erstbesten ergreife, ihn erprobe, und, wenn ich ihn satt habe, fortwerfe.« Auf der folgenden Seite wird die Lust zu allen möglichen Berufen eingeschränkt: »Man tue mich nur in ein Bureau und erfahre dann das Weitere.« Und im Aufsatz über den Herbst: »Ich werde nie ein Kaufmann werden, ich fühle das. Wenn mich nur meine Eltern zu keinem Kaufmann geben! Ich würde davonlaufen, und was hätten sie dann?«

Der Vater war indes mit dem Direktor der Filiale Biel der bernischen Kantonalbank bekannt, und der vierzehnjährige Robert wurde Lehrling daselbst. »Das Weitere« blieb zunächst aus. Drei Jahre lang tat er – ein früher Meister der bürgerlichen Tarnung seines Innern – einigermaßen unauffällig die zugewiesene Arbeit. Er »war nichts weniger als unarbeitsam; vielmehr erwies er sich als denkbar brauchbar. Er arbeitete jedoch ganz mechanisch. Sein Kopf war meist anderswo: in irgend einem Unbestimmten, Undeutlichen.« (»Der junge Dichter«) Die Freizeit gehörte der Betätigung des mächtig sich regenden Geistesdranges. Er schaffte sich die Werke der Klassiker in der wohlfeilen Reclam-Ausgabe an. Obgleich es ihm an körperlicher Vitalität nicht mangelte, bedeutete das Buch doch schon dem Jüngling Zuflucht vor einer als ungemäß empfundenen Umwelt: »Was ich las, gestaltete sich mir zu einer Art Natur. Ich fing viel zu lesen an, weil mich das Leben verneinte, die Lektüre jedoch die Güte besaß, zu meinen Neigungen, meinem Charakter ja zu sagen.« (»Einer, der immer irgend etwas las«) Theaterbesuche – Galerie, dritter Rang, zu fünfzig Rappen – vollendeten die innere Abkehr von der kaufmännischen Laufbahn. Nach einer Aufführung der »Räuber« »ist sein heimlicher Entschluß gefaßt: er will Schauspieler werden« (»Wenzel«). Im Dramatischen Verein Biel übernahm er kleine Rollen. Zugleich wagte er sich schon an die Abfassung größerer eigener Stücke, vorab heroischen

Inhalts, und setzte, wie der Skizze »Wanda« zu entnehmen ist, hochfliegende Hoffnungen auf solches Tun.
Noch vor dem Ende der regulären Lehrzeit, am 1. April 1895, konnte Robert Walser auf Empfehlung seines Chefs eine Commis-Stelle in dem alten Basler Bank- und Speditionshaus von Speyr & Co. antreten. Mit diesem ersten Schritt in die Fremde sah sich der Siebzehnjährige wirtschaftlich auf sich selber gestellt. »Dem armen Vater war es herzlich lieb, daß sich der Jüngling auf die Beine machte, um in die Welt hinauszulaufen.« (»Zwei Männer«) In der Rolle des Jakob von Gunten schrieb der Dichter später: »Nein, nie nehme ich je Hilfe (Geld) von den zärtlich verehrten Eltern an. Mein verletzter Stolz würde mich aufs Krankenlager werfen, und futsch wären die Träume von einer selbsterrungenen Lebenslaufbahn, vernichtet für immer diese mir in der Brust brennenden Selbsterziehungspläne.«
Zurückblickend hat er Kindheit und frühe Jugend nicht sentimentalisiert: »Es ist etwas Wunderbares, der frühen Jugend entronnen zu sein; denn sie ist nicht das gar nur Schöne, Liebliche und Leichte, sondern oft schwerer und gedankenvoller als manches alten Mannes Leben. Je mehr man gelebt hat, desto sanfter lebt man. Wer heftig in der Jugend gelebt hat, der mag sich später nur noch selten, am liebsten nie mehr wieder heftig gebärden. Wenn ich so denke, wie wir Kinder, immer eines dem andern nach, so durch mußten, durch den Irrtum und durch die jähe, schnelle Empfindung hindurch, und daß das alle Kinder der Erde müssen, mit so viel jugendlicher Gefahr, so möchte ich die Kindheit nicht so voreilig als etwas Süßes preisen, und doch preisen; denn sie ist doch eine kostbare Erinnerung.« (»Geschwister Tanner«)

Basel und Stuttgart

In Basel blieb Robert Walser nur von Anfang April bis Ende August 1895. An weltläufiger Intelligenz kann es schon dem Jüngling nicht ganz gefehlt haben, denn ein prominenter Teilhaber der Firma von Speyr & Co., Johann Jakob Schuster-Burckhardt, beschäftigte ihn als Privatsekretär. Schuster-Burckhardt war Verwaltungsratspräsident der Central- und Gotthardbahn und einer der einflußreichsten Finanzmänner der Schweiz. Ohne sich davon sonderlich beeindrucken zu lassen, ging Walser in der Freizeit wieder seine eigenen, von der Geschäftswelt abliegenden Wege. Der Wunsch, Schauspieler zu werden, verstärkte sich. Wenn man der Erzählung »Wenzel« in diesem Punkt glauben darf, so nahm er am Feierabend Schauspielunterricht, »regelrechten, bei einem anerkannt tüchtigen Heldenspieler«. Eher Dichtung als Wahrheit ist der Brief von Wenzels Vater an den Schauspielpädagogen, worin dieser in beleidigenden Ausdrücken ersucht wird, dem Sohn keinen Unterricht mehr zu geben. Der nicht sehr musische, aber duldsame, friedliche Vater Walser wäre zu so etwas nicht fähig gewesen.

Unter dem Eindruck des Briefes stellt der Schauspieler den Unterricht tatsächlich ein, und Wenzel macht »seinen Tanten, bei denen er wohnt«, Vorwürfe, weil sie dem Vater seine Freizeitbeschäftigung verraten haben: »Jetzt ziehe ich von euch weg, habt ihr verstanden? Die guten Konfitüreomeletten, die man hier ißt, sind kein genügender Grund, sich ruhig die Verbindungen mit so vortrefflichen Leuten, wie dem guten Heldenspieler, abknüpfen und abknipsen zu lassen.« Die Tanten, bei denen er wohnte (wohl nur bei einer von ihnen) und von denen er (vielleicht abwechselnd) verköstigt wurde, waren Juliane Haller-Walser, die älteste Schwester seines Vaters, und Catharina Elisabeth Walser-Hindermann, die Frau des auf Seite 17 erwähnten Architekten.

Noch im gleichen Jahr, 1895, zog Robert Walser nach Stuttgart, wo sein Bruder, wie schon früher vermerkt, Lehrling eines Dekorationsmalers war – jedoch »in den Augen des frischen Ankömmlings nichts geringeres als ein imposanter Haupt- und Weltstädter«. (»Die Brüder«) Wirklich übernahm Karl die Rolle dessen, der dem Bruder den Geschmack am selbständigen Leben beibringt – eine Rolle, die er zehn Jahre danach in Berlin, in verbesserter Ausgangslage, weiterspielen sollte. Die beiden Brüder logierten in einer Herberge und erlebten mancherlei gemeinsam: »Wateten wir nicht ganze schöne Sonntage und sonstige Tage lang im üppiggrünen Landschaftsgras und in der göttlich weichen, träumerischen Mai-Landschaft umher, um dann da und dort unter blühenden Apfel- und Birnenbäumen vom Streifen und ›Landschaften‹, vom schwierigen Malen und Versemachen köstlich auszuruhen, wobei wir oft einzuschlummern geruhten wie Grafen und Fürsten, um später wieder zu erwachen wie Prinzen? Wir lasen noch nicht Verlaine, aber wir lasen dafür doch Heinrich Heine und Uhland, und die mundeten und schmeckten uns nicht schlecht. War nicht auch das freie gliedererfrischende Baden im Neckar herrlich und beglückte uns nicht in Dorfgasthäusern der Genuß von Birnenmost?« (»Die Brüder«) »Ist nicht auch dir, ganz so wie mir, die Gestalt der gütigen, liebenswürdigen Opernsängerin B... in Erinnerung geblieben, die die hohe Freundlichkeit hatte, uns zwei doch sicher ziemlich arme Teufel, wahre Muster und Vorbilder an Unbeachtetheit, zu einem graziösen schöngeistigen Tee huldreich einzuladen? Sprangen und liefen wir nicht eine Zeitlang fast allabendlich mittels uns vom gnädigen und freigebigen Freiherrn-Intendanten gütig verabreichten und freundlich gegönnten Freikarten in das schimmernde Hoftheater, wo wir unter zahlreichen andern reichen Stehparterregenüssen den Genuß hatten, die Eysoldt als zierliche Desdemona und den kraftvollen Matkowsky als dieselbe im Sturm der Mohreneifersucht tötenden und abmordenden Othello zu sehen, und gab es für uns etwas Höheres und Schöneres als das? Nicht von ferne!« (»Die Brüder«)

Zuerst arbeitete Robert Walser in der Inseratenabteilung der Union Deutsche Verlagsanstalt, dann beim Verlag Cotta. Daneben hatte er, bei schon erwachendem Dichterbewußtsein, noch immer die Schauspielerlaufbahn im Sinn. Eines Tages sprach er bei Josef Kainz vor. Auf einer Ottomane liegend, dem von Tischbein gemalten Goethe ähnelnd, empfing ihn der berühmte Schauspieler, hörte spöttisch lächelnd eine Vortragsprobe des Schweizerjünglings an und gab ihm darauf durch leichtes Fußwippen zu verstehen, daß er entlassen sei. In der Wenzeliade wird des Fiaskos kurz und ohne Nennung des Experten gedacht: »Er fährt nach dem Schwabenland. Dort hat man ihm aber eines Tages dann ganz gehörig die Meinung gesagt, es hat einfach geheißen: ›Junger Mann, von wo Sie auch abstammen, gut oder minder gut bürgerlich, Ihnen fehlen die göttlichen Funken!‹« Von ebensolchem Mißerfolg berichtet »Die Talentprobe«. Wahrscheinlich hat Robert Walser das, was er hier eine Hofschauspielerin dem die Bühnenlaufbahn ersehnenden Jüngling – sich selber – sagen läßt, grundsätzlich, wenn auch nicht in der überspitzten Formulierung, für richtig gehalten: ». . . Sie besitzen auch nicht die leiseste Spur eines schauspielerischen Talents. Alles ist verborgen, verhüllt, vertieft, trocken, holzig an Ihnen. Sie mögen der glühendste Mensch innerlich sein, zerwühlt meinetwegen von herzlichen Leidenschaften, doch es kommt nichts an Ihnen zur Erscheinung, nichts zum Ausdruck.«
Der sich »der glühendste Mensch innerlich« fühlte, wurde bald nach dem Verzicht auf die falsche Ambition seiner wahren Berufung inne. »Mit dem Schauspielerberuf ist es nichts«, schrieb er an Lisa, die Schwester, »doch, so Gott will, werde ich ein großer Dichter werden.« – Zu dem gleichwohl ihm eigenen Schauspielertum hat er sich wieder bekannt, nachdem er als Dichter sich selber in vielen rollenmäßigen Abwandlungen dargestellt hatte: »Vielleicht bin ich ein bisweilen dichtender Schauspieler oder ein Sänger ohne Stimme oder ein Redner, dem jedes Rednertoupet fehlt.« (»Kleine Komödie«)

Die neue Lebensaufgabe verlangte, wie es scheint, nach einer Ortsveränderung. Im Frühherbst 1896 wanderte Robert Walser über Tübingen nach Hechingen südwärts, betrat bei Schaffhausen den Heimatboden und meldete sich am 30. September im Stadthaus von Zürich an.

Der werdende Dichter in Zürich

»Er war ein hübscher, schlanker, nerviger, starker, zärtlicher, baumhoher und langaufgeschossener Mensch, und mitsamt seinen Eigenschaften, die für ihn mehr und mehr zu Fremdheiten oder Unbekanntheiten wurden, unternahm er es, in eine Stadt zu ziehen und sie zu seinem bleibenden Aufenthaltsort zu erwählen, die sowohl eine Universitäts- als auch eine Bahnhofstraße besaß und als Europäerlager weit und breit bekannt zu sein das Vergnügen hatte und den holden Vorzug genoß.« (»Der Europäer«)

Während des nun folgenden Jahrzehnts hatte er in Zürich mindestens siebzehn Logis, vorzugsweise in der Altstadt und in den Quartieren Außersihl und Unterstraß. Dazu kamen mehrere Aufenthaltsunterbrechungen. Die Stelle wechselte er in Zürich neunmal. Er war Kontorist bei der Schweizerischen Transport-Versicherungsgesellschaft, in den Maschinenfabriken Oerlikon und Escher-Wyss, Angestellter eines Rechtsanwalts, einer Buchhandlung, der Schweizerischen Kreditanstalt, der Zürcher Kantonalbank und einer Nähmaschinenfabrik, ferner Hausbursche bei einer jüdischen Dame.

»Ich bin noch überall, wo ich gewesen bin, bald weitergegangen, weil es mir nicht behagt hat, meine jungen Kräfte versauern zu lassen in der Enge und Dumpfheit von Schreibstuben, wenn es auch, nach aller Leute Meinung, die vornehmsten Schreibstuben waren, zum Beispiel gerade Bankanstalten. Gejagt hat man mich bis jetzt noch nirgends, ich bin immer aus freier Lust am Austreten ausgetreten, aus Stellungen und Ämtern heraus, die zwar Karriere und weiß der Teufel was versprachen, die mich aber getötet hätten, wenn ich darin verblieben wäre.« (»Geschwister Tanner«)

In den späteren Zürcher Jahren arbeitete er, wenn er keine Anstellung fand oder finden wollte, gelegentlich auf der »Schreibstube für Stellenlose«, die 1901 im Haus »Zum Steinböcklin« an der Schipfe eröffnet worden war. An einem alten Stehpult, beim Einnachten das matte Licht einer Petrollampe über sich, gebrauchte er seine zierliche Schrift zum Adressenschreiben und zu ähnlicher, von Geschäften, Vereinen und Privaten in Auftrag gegebener Arbeit. Hier hat er mit der ihm innerlich gebotenen Nachfolge des Vaters ernst gemacht, ihn in der gleichmütigen, ja hochgemuten Hinnahme des Untendurchmüssens und der gesellschaftlichen Mindergeltung wohl gar übertroffen. »Unterschlagung, Diebstahl, Hochstapel und Landstreichertum hatten in der Schreibstube ihre Vertreter. Daneben gab es nur Unglückliche, Ungeschickte, die das Leben übertölpelte, und Fremde aus dem Ausland, die einfach brotlos dastanden, weil sie sich in ihren Hoffnungen betrogen sahen. Notorische Faulenzer und ewig Unzufriedene waren gewiß auch da. Jede Mischung von Selbstschuld und Pech war vorhanden, nicht minder die Frivolität, die sich ein Vergnügen daraus machte, so heruntergekommen zu sein.« (»Geschwister Tanner«)

Insofern blieb das bürgerliche Prestige gewahrt, als er sich auf amtlichen Papieren stets als Commis eintrug. Dieser Beruf, den er mit Unterbrechungen zehn Jahre lang ausgeübt hat, wurde ihm zum Gegenstand eines beinahe forschermäßigen literarischen Interesses. Die Gestalt des Commis erscheint in seinem Werk mannigfach abgewandelt, meistens als Selbstbildnis, manchmal auch als Konterfei des einen oder anderen Arbeitskollegen. In den Commis-Variationen von Walsers erstem Buch, »Fritz Kocher's Aufsätze«, fließen eigene Wesenszüge und solche des typischen kaufmännischen Angestellten ineinander:

»Ein Commis ist ein Mensch zwischen achtzehn und vierundzwanzig Jahren. Es gibt ältere Commis, die aber hier nicht in Betracht fallen. Ein Commis ist in seiner Kleidung wie in seiner Lebensweise ordentlich. Unordentliche fallen außer Betracht. Übrigens gibt es verschwindend wenige von letzterer Sorte. Der rechte Commis legt gewöhnlich keinen reichen Witz an den Tag; er wäre ein mittelmäßiger Commis, wenn er es täte. Ein Commis erlaubt sich in Bezug auf Ausschreitungen äußerst wenig; feuriges Temperament ist in der Regel nicht seine Sache, dagegen besitzt er Fleiß, Takt, Anpassungsgefühl und eine Menge Eigenschaften, die so köstlich sind, daß sie ein so demütiger Mann, wie ich bin, nicht oder kaum zu erwähnen wagt. Ein Commis kann ein sehr herzlicher und herzhafter Mensch sein. Ich kenne einen, der bei einer Feuersbrunst eine hervorragende Rolle im Rettungswesen gespielt hat. Ein Commis ist im Handumdrehen ein Lebensretter, geschweige denn ein Romanheld. Warum werden Commis so spärlich zu Helden in Novellen gemacht? Ein Fehler offenbar, der endlich einmal ernstlich der vaterländischen Literatur unter die Nase gehalten werden muß. In der Politik, sowie in allen öffentlichen Fragen hat der Commis seine gewaltige Tenorstimme wie nichts. Jawohl, wie nichts! Etwas muß besonders hervorgehoben werden: Commis sind reiche, prächtige, ursprüngliche, herrliche Naturen! Reich in jeder Beziehung, prächtig in vielem, ursprünglich in allem und herrlich sowieso. Sein Talent zu schreiben macht leicht einen Schriftsteller aus dem Commis. Ich kenne zwei, drei, deren Traum, Schriftsteller zu werden, bereits in Erfüllung gegangen ist, oder noch gehen wird.«

In der Art, wie Robert Walser die Erfüllung dieses Traumes ins Werk setzte, war er indes kein Träumer, sondern gehorchte einer richtigen Einsicht. Weniger unbedingte Naturen, die aus wirtschaftlichen Gründen nicht frei dem künstlerischen Schaffensdrang leben können, versuchen es mit der Kunst als nebenherlaufender Freizeitbeschäftigung. Auch Walser hielt es vorerst so. »Ich fing damals an zu überlegen, was man tun müsse, um ein braver Mitbürger und Vaterlandsmann zu sein, wobei ich mich aufrichtig nach Rechtschaffenheit sehnte. Wie schön ist Sehnen nach dem Schönen und Guten!

Auch begann ich um jene Zeit auf dünne Streifen Papier kleine Gedichte zu schreiben. Ich tat dies in ruhiger handwerklicher Absicht, doch war etwas Geheimes dabei. Viel-

leicht fing ich an zu dichten, weil ich arm war und einer Nebenbeschäftigung bedurfte, damit ich mich reicher fühlte.
Unruhe und Ungewißheit und das Ahnen eines eigentümlichen Schicksals mögen mich veranlaßt haben, in der Abgelegenheit zur Feder zu greifen, um zu versuchen mich abzuspiegeln.« (»Aus meiner Jugend«)
Allein im »Ahnen eines eigentümlichen Schicksals« wird der Wille zu dessen Annahme, zur selbstgesetzten Aufgabe, spürbar. Den entscheidenden Schritt vermerkt der kurze, in der dritten Person abgefaßte »Lebenslauf« vom Jahre 1920: Walser, heißt es da, habe in Zürich Gedichte geschrieben, »wobei zu sagen ist, daß er dies nicht nebenbei tat, sondern sich zu diesem Zweck jedesmal zuerst stellenlos machte, was offenbar im Glauben geschah, die Kunst sei etwas Großes. Dichten war ihm in der Tat beinah heilig. Manchem mag das übertrieben vorkommen. Waren die Ersparnisse aufgezehrt, so bewarb er sich jeweilen wieder um ein passendes Engagement...«
Solcher Gesinnung entsprach es, daß er bürgerlichen Zukunftsgedanken, insbesondere dem der Familiengründung, möglichst wenig Raum gab. »Ich will keine Zukunft«, erklärt Simon Tanner dem Bankdirektor, der ihn bei der Entlassung zu wirtschaftlicher Vernunft ermahnt, »ich will eine Gegenwart haben. Das erscheint mir wertvoller. Eine Zukunft hat man nur, wenn man keine Gegenwart hat, und hat man eine Gegenwart, so vergißt man, an eine Zukunft überhaupt zu denken.«

»Woher schöpfte er das unerläßliche bißchen Bildung, das nach unserem Dafürhalten ein Poet notwendigerweise besitzen muß? Die Antwort lautet:
Es gibt ja Lesesäle voll Lesestoff in der Welt. Zum Teil liegen diese Lesezimmer ja sogar im Grünen, derart, daß der emsige Leser, wenn er am offenen Fenster sitzt, noch eine Augen- und Ohrenfreude mithat, wofür er Gott dankt.

Haben wir nicht außerdem gefälligst Stadtbibliotheken, die jedem jungen, unbescholtenen Menschen zugänglich sind und zum Vorteil gereichen?« (»Poetenleben«, Prosastück im gleichbetitelten Buch)

»Ich lief in diese und jene Versammlung, lauschte begierig auf den und jenen Vortrag und gab verhältnismäßig durchaus nicht wenig Geld für Bücher aus. Der Buchhändler behandelte mich mit einem Gemisch von Vertraulichkeit und Achtung, was mich entzückte.« (»Ein junger Mensch«)

Von Bildungserlebnissen berichtet auch das Prosastück »Der Student«, wo festgestellt wird: »Sein eigentlicher Lehrer war er selber, und man kann sagen, daß er hauptsächlich bei sich selber in die Schule ging.«

Wie sehr ihm das dichterische Hochgefühl unmittelbares Leben, wie wenig es gezüchtete literarische Exaltation war, zeigen die folgenden Stellen:

»Ja, diese frühe Zeit war schön. Ich war ganz innerlich; lebte fast nur mit Geist und Gehirn. Trotzdem, oder vielleicht gerade darum hatte alles Äußere einen durchweg fröhlichen Klang. Das Leben war übrigens absolut nicht leicht; ich hatte bisweilen harte Stunden auszukosten; woran freilich meistens ich selbst schuld war.

Ich verglich mich oft mit jungen Mädchen, die immerdar sehnsüchtig sind. Mitunter lag ich auf dem Bett ausgestreckt wie ein Kranker. Ich hatte hunderte von sonderbaren Trieben.« (»Aus meiner Jugend«)

»Was ich sann und dachte, war schön; jeder geringe Gedanke machte mich froh. Oft war ich gedankenlos, und auch hierin lag etwas Schönes. Da ich stellenlos war, so schrieb ich Offerten an Handelsfirmen und hatte auch daran eine geheime Freude. Alles freute mich.

Für mich hat die Erinnerung an jene Zeit etwas unglaublich Liebes. Jeder Schritt war ein Genuß, jedes Wort ein Vergnügen. Oh, wie ich an der Welt hing und das Leben mit einemmal frischweg liebte und nichts aus der Liebe herausstieß, sondern alles, ohne Ausnahme, willkommen nannte! Ja, da stand und ging ich wie einer, der sagen durfte, er schwelge.« (»Die Gedichte«, II)

Wenn er sich über die Dichterexistenz einmal weniger angenehme Gedanken macht, so schmückt er sie doch mit Arabesken ironischer Überlegenheit. So in »Fritz Kocher's Aufsätzen«, wo er eines Commis gedenkt, der monatelang vergeblich eine Stelle sucht: »Dieser Commis fing an, aus verzehrender Langeweile Gedichte zu schreiben, und er hat deren einige schöne gemacht. Er war eine feine, empfindliche Seele. Ob er jetzt Stellung hat? Nein, er hat sich neuerdings aus der neuen Stellung gestrichen, so blöde und unklug ist er. Es muß eine Art Krankheit bei ihm sein, daß er es nirgends aushalten kann, und einige, die Einsicht in derlei Sachen haben, sagen ihm ein schlimmes Ende voraus. Kein Zweifel, er wird zugrunde gehen. Man sieht daraus, unter den viel belächelten, unbedeutenden Commis gibt es auch sehr tragische Schicksale. So wunderbar ist die Natur!« (»Der Commis«)

Wieder in anderem Ton redet er von der Leidenschaft des dichterischen Gestaltens: »Ich glaube, daß ich seit einigen Tagen Verse schreibe, ohne zu wissen, warum. Mein Rücken wird krumm dabei, denn ich sitze oft stundenlang über ein Wort gebeugt, das den langen Weg vom Hirn auf das Papier machen muß. Ich fühle mich weder glücklich noch elend dabei, sondern vergesse mich. Die Zahl meiner Gedichte ließe sich an den Fingern meiner Hand nachzählen, wenn ich mir die Mühe des Rechnens nehmen wollte. Was nützte das? Ich habe ein Gefühl, das mir sagt, daß ich dabei sterbe. Die Schönheit der Sterne, des Monds, der Nacht und der Bäume peinigt mich. Sie läßt dem Zitternden keine Ruhe. Früher lag ich ebensolang am Fenster, doch ohne die geringste Regung zu spüren. Der Kopf tut mir weh vom Sinnen. Meine Empfindungen sind Pfeilspitzen, die mich verwunden. Das Herz will verwundet und die Gedanken wollen ermüdet sein. Ich will den Mond in ein Gedicht pressen und die Sterne in eins und mich darunter mischen. Was soll ich mit den Gefühlen anfangen, als sie wie Fische im Sande der Sprache zappeln und sterben zu lassen? Ich werde mit mir zu Ende sein, sobald ich mit Dichten fertig bin, und das freut mich.« (»Dichter«, Dramolett)

Von pathetischen Liebeserlebnissen, wie sie aus der Jugend vieler Dichter bekannt sind, ist bei Robert Walser nichts zu bemerken. »Mit neunzehn Jahren hatte ich Freundschaften mit Mädchen, hielt mich für ungebildet; aber die, mit denen ich umging, erklärten mich für klug, daß ich's halb und halb glaubte. Sie hatten mich lieb, ich sie auch, aber es fiel mir nie ein, sie möchten geküßt sein. Ich gab bloß die Hand, war munteren Geistes, lieh ihnen für ihr Sprechen mein Ohr.« (»Gespräche«) Wieviel von den Frauenbekanntschaften, die er in seinen Büchern beschreibt, autobiographisch ist, läßt sich nur vermutungsweise sagen, und die Modelle sind meistens nicht nachzuweisen. Bernhard Echte konnte immerhin drei von dem Dichter wertgehaltene Frauen aus den Zürcher Jahren identifizieren: Johanna Lüthy, Louisa Schweizer und Rosa Schätzle.* Die Erstgenannte, ein aus Biel gebürtiges Ladenfräulein, war einige Monate lang Walsers Mansardennachbarin in einem Haus an der Zeughausgasse. Sie »war lieb über alle Begriffe und sanft wie Mondschein«, schwärmt Walser in dem kurzen Prosastück »Johanna«. Der Vermieter, ein übellauniger Postangestellter, sei wütend gewesen, weil die beiden bis in die Nacht hinein auf Johannas Zimmer miteinander Englisch lernten. Er habe wohl durch die Wand gehört, »was das für eine kosende, belustigende Art von Englisch war, die wir trieben. Holde, unvergeßliche Sprachstunde, liebes unvergeßliches weibliches Wesen«.
Die 1869 in Wettingen geborene Louisa Schweizer war beruflich erst als Buchhalterin, später als Retoucheuse tätig. Nach der Erzählung »Luise« ist sie Angestellte und Geliebte eines verheirateten Geschäftsmannes, dem sie »ganz still und voll unverkennbarer Hoheit« den Abschied gibt, nachdem sie ihm

* Siehe »Die Brüder Karl und Robert Walser. Maler und Dichter«. Herausgegeben von Bernhard Echte und Andreas Meier. Stäfa 1990. S. 160 ff.

ein Kind geboren hat. Der Commis, in dem der Dichter erwacht, besucht die »schöne Proletarierin«, die mit ihrer Freundin Rosa zusammenwohnt, häufig und ist den beiden Frauen ein willkommener Gesprächspartner, ohne daß leidenschaftliche Gefühle mächtig werden. Walser hat für Louisa eindrucksvoll rühmende Worte gefunden:
»Was für ein freier, heller Kopf war sie, was für eine weite, freie, gute Seele. Wenn ich an Luise denke, so steht kaum eine körperliche Gestalt, vielmehr nur etwas wie eine reine Menschenseele vor mir, und dies ist gewiß bedeutsam, da es sich um das Bildnis einer Frau handelt. Luise war schön! aber das zehntausendmal Schönere an ihr als ihre Schönheit waren offenbar ihre Eigenschaften. Ich bin kaum mehr in meinem nachherigen Leben wieder einer so heiteren und fröhlichen Frau begegnet. Sie besaß eine Vereinigung von Bildung und Heiterkeit, von Schönheit und Fröhlichkeit, von Lebensernst und Freundlichkeit, die ich, nach allem, was ich in der weiten Welt gesehen und erfahren habe, als köstlich und höchst selten bezeichnen muß. Wie manche mißmutige, verdrießliche und mißgünstige Frau habe ich kennengelernt! Von Luise strahlte eine immer gleichartige helle frische Munterkeit und Zufriedenheit aus. Ihr Verstand und ihre Schönheit waren gleich groß; ihr Geist und ihre Menschenfreundlichkeit gleich bedeutend.« Trocken und resigniert heißt es am Schluß der Erzählung: »Das Leben riß mich aus ihrer Nähe, aus der Gesellschaft der Vortrefflichen fort.«
Unter dem Namen Klara erscheint die gleiche Frau als episodische, etwas weniger idealisch erhöhte Gestalt in dem Roman »Der Gehülfe«. Ein biographisch wohl zutreffender Zug besteht hier darin, daß Joseph Marti (Robert Walser) und Klara gemeinsam von dem »vielleicht edlen und schönen Feuer« des Sozialismus ergriffen sind. Eine politische Betätigung ist damit nicht verbunden, und aus den ironischen Tönen der Schilderung läßt sich auf die geringe Einschätzung dieses Enthusiasmus durch den zurückblickenden Erzähler schließen. Walser ermangelte nicht jeglichen politischen

Sinns, aber Parteidoktrinen waren ihm zu eng, zu einseitig. Vielleicht in Anknüpfung an die Klara des »Gehülfen« berichtet er in »Klassenkampf und Frühlingstraum« von einer Frau, der ein Buch über den Klassenkampf abhanden gekommen ist, und bemerkt dazu: »Sie klammere sich auch einmal an einen andern, als an ihren fortwährenden Klassenkampf, aus dem z. B. ich mir nie sehr viel gemacht habe, obwohl dieses Bekenntnis ein Licht auf mich werfen könnte, das wie eine Beleuchtung meines Interessenmangels hinsichtlich des Fortschritts der Gesellschaft aussähe.« Deutlich erklärt er sich in dem Romanfragment »Theodor«: »Alle möchten gern ein bißchen glücklich sein. Fast red' ich wie ein Sozialist, gehöre aber darum noch nicht zur Partei, wie ich lieber für immer unparteiisch bliebe, damit ich nach allen Seiten freie Hand und freien Geist behalte.« – Etwas vom Luisenerlebnis ist auch in das Bildnis Klaras in »Geschwister Tanner« eingegangen; gleich Luise wird Klara »Königin der Armen« genannt.
Rosa Schätzle, die Freundin Louisas, stammte gleich dem Dichter und Johanna Lüthy aus Biel, war Übersetzerin und wohnte tatsächlich, wie Echte ermittelt hat, mit Louisa zeitweise zusammen. Wenn Robert Walser sie als eine ans Rokoko gemahnende Frauensperson beschreibt, so erinnert dies an die ähnliche Kennzeichnung, die er in »Geschwister Tanner« von seinem unglücklichen Bruder Ernst entwirft. Luise sei »gewissermaßen die große, Rosa die empfindliche Seele« gewesen. Vom eigenartigen Liebesschicksal Rosas handelt ein mit ihrem Vornamen betiteltes Prosastück. Ihre Beziehungen zu Zürcher Literaten mögen sich für Walser anregend und förderlich ausgewirkt haben.
Trotz der huldigenden Poetenworte hatten die drei genannten Frauen doch nur episodische Bedeutung in seinem Leben. Dasselbe gilt von der Begegnung mit einem Mann, von der die »schöne Proletarierin«, die Klassenkämpferin Louisa, für den Freund wohl mehr erwartet hatte. Im Vorfrühling 1897 schrieb Walser an Robert Seidel, den Redakteur der »Zürcher Arbeiterstimme«: »Können Sie vielleicht

einen Angestellten in Ihrem geschätzten Büreau brauchen als Schreiber oder so was?« Er habe kein Interesse an seiner gegenwärtigen Arbeit in einem Versicherungsgeschäft und möchte »einer Partei dienen, der mein ganzes Herz gehört«. Ohne ihm Hoffnung auf eine Anstellung zu machen, lud ihn Seidel, der auch ein vielseitiger Schriftsteller war, zu einem Gespräch ein. Dem Besuch auf der Redaktionsstube folgten noch zwei verehrungsvolle Briefe des Neunzehnjährigen, der zweite unter Beifügung des überschwenglich-utopischen Gedichts »Zukunft!«. Seidel ließ es ungedruckt, und damit scheint die Beziehung geendet zu haben. Walser mag zur Einsicht gekommen sein, daß seine lyrische Zukunftsvision nicht recht in die »Arbeiterstimme« paßte und daß er überhaupt nicht zum Parteimann taugte. Der Grabgesang auf seine kurzlebige politische Tatenlust ist das Gedicht »Warum auch?«:

»Als nun ein solcher klarer
Tag hastig wieder kam,
sprach er voll ruhiger, wahrer
Entschlossenheit langsam:
Nun soll es anders sein,
ich stürze mich in den Kampf hinein;
ich will gleich so vielen andern
aus der Welt tragen helfen das Leid,
will leiden und wandern,
bis das Volk befreit.
Will nie mehr müde mich niederlegen;
es soll etwas
geschehen; da überkam ihn ein Erwägen,
ein Schlummer: ach, laß doch das.«

In dem Sammelband »Robert Walser zum Gedenken« (Zürich 1976) haben Markus Bürgi und Katharina Kerr die Seidel-Episode dokumentiert und gedeutet.
Walser harrte noch bis in den Spätherbst hinein bei der Versicherungsgesellschaft aus und erhielt von ihr das Zeugnis, er

habe sich »als tüchtiger, fleißiger und zuverlässiger Beamter erwiesen«.

Ende November 1897 verreiste er nach Deutschland. Bei der Zürcher Schriftenkontrolle gab er als Reiseziel Berlin an. Hinsichtlich des Militärdienstes, der dem bald Zwanzigjährigen bevorgestanden hätte, wurde ihm ein längerer »Auslandsurlaub« bewilligt. Aber bereits Mitte Dezember war er wieder in Zürich. Die Großstadt, in der ihn noch kein weltkundiger Bruder erwartete, scheint ihn vorerst abgeschreckt zu haben.
Kurz nach seinem zwanzigsten Geburtstag sah Robert Walser zum ersten Mal einige seiner Gedichte gedruckt, und zwar im Sonntagsblatt der Berner Tageszeitung »Der Bund« vom 8. Mai 1898, allerdings ohne Angabe des Verfassernamens. Josef Viktor Widmann, literarischer Redakteur des »Bund«, damals der angesehenste schweizerische Kritiker, gab der Auswahl unter dem Titel »Lyrische Erstlinge« eine väterlich wohlwollende Einleitung mit:
»Ein zwanzigjähriger Handelsbeflissener in Zürich, R. W., der schon mit vierzehn Jahren aus der Schule ins Comptoir gekommen war und also durchaus keinen regelmäßigen Bildungsgang durchmachen durfte, sandte dem Herausgeber dieses Blattes unlängst ein Heft mit etwa vierzig lyrischen Gedichten, seinen Erstlingen. – Fiel mir beim Durchlesen derselben schon die Abwesenheit aller banalen Liebeslyrik angenehm auf, so fühlte ich mich auch positiv ungemein angezogen durch wirklich neue Töne. Ein Gedicht ›Der Krieg‹ begann mit der Strophe:

›Die Trommel dröhnt aufs harte Fell,
Der Wirbel macht die Landschaft hell,
Die grünen Wiesen schreien empor:
Das Vaterland! Ihr Söhne, hervor!‹

Das war nicht gewöhnlicher patriotischer Singsang. Und als ich an ein ›Frühlingslied‹ geriet, in dem es unter anderm von den Menschen im Frühling hieß:

›Sie höpperlen gleich den Quellen
Aus ihren romantischen Zellen
Und stellen an die Natur allerlei
Gelinde Forderungen dabei‹,

da wurde mir der junge Einsender noch interessanter. Es war etwas Urwüchsiges, Echtes und dabei etwas sehr Feines in den Stimmungen, die in seinen Gedichten Ausdruck fanden, auch eine merkwürdige, fast schlafwandlerische Sicherheit, sich auf jenen äußersten Grenzen zu bewegen, wo man so leicht vom erhabenen Standpunkt in den Abgrund der Lächerlichkeit fällt. In einem Gedicht, in dem der Mond ›die Wunde der Nacht‹ genannt wird (›Bluttropfen sind alle Sterne‹), hieß es dicht neben solchem Überschwang:

›Mangel ist mein Geschick,
Errötend kratzen müssen am Hals
Wegen dem Blick des Prinzipals.‹

Dies alles gefiel mir sehr gut. Und als ich hie und da auf grammatikalisch ziemlich bedenkliche Konstruktionen stieß, auf unmögliche Reime wie ›Kuß‹ und ›Jesus‹, da bestärkten solche Zeichen ungenügender stilistischer Schulung meine Achtung vor einer Naturbegabung, die trotz allen Hindernissen meistens mit Sicherheit für die wahre und ungewöhnliche Empfindung auch das wahre und ungewöhnliche Wort zu finden wußte. – Und da der junge Poet selbst angefragt hatte, ob vielleicht das eine oder andere seiner Gedichte druckfähig sei, traf ich aus der Sammlung eine kleine Auswahl, die hier erscheint und den Lesern beweisen mag, daß, wie es immer wieder einen neuen Frühling gibt, so auch in allen Landen und erfreulicherweise besonders oft in unsrem Lande immer wieder neue und eigenartige Talente erblühen, die eine Hoffnung der Zukunft bedeuten und schon als Gegenwart der Beachtung wert sind. Für den zwanzigjährigen Verfasser aber soll diese frühe Anerkennung ein Sporn sein, seine Naturbegabung durch getreue Arbeit und Fleiß zu dem zu entwikkeln, was meisterliche Kunst ist.«

Diesen Worten folgte der Abdruck von sechs Gedichten: »Helle«, »Trüber Nachbar«, »Vor Schlafengehen«, »Ein Landschäftchen«, »Kein Ausweg« (späterer Titel: »Wie immer«), »Immer am Fenster« (später: »Am Fenster«).

Widmann hat das Verdienst, die zwei ungleichsten Großen der schweizerischen Dichtung, Carl Spitteler und Robert Walser, entdeckt und gefördert zu haben. Er tat es unter dem Eindruck dessen, was sie gemeinsam hatten: beiden war das Dichten »beinah heilig«. Für ihn persönlich kam hinzu, daß ihm die Entdeckerfreude sowohl bei dem aus Liestal gebürtigen Spitteler wie bei dem Enkel des Liestaler Pfarrers Johann Ulrich Walser durch Familienerinnerungen gewürzt wurde. Widmanns Vater hatte ja im Frühjahr 1845 das Pfarramt von Liestal übernommen, aus welchem der streitbare Pfarrer Walser anno 1837 weggewählt worden war.

Trotz der zaghaften Form, in der Widmann seine Entdekkung präsentiert hatte, wurde der hellsichtige Essayist Franz Blei auf den dichtenden Commis aufmerksam. Er wohnte damals in Zürich und schickte Walser, dessen Adresse er von Widmann erbeten hatte, eine Einladung.

»Ein paar Tage darauf stand er in meinem Zimmer und sagte: Ich bin Walser. Ein langer, etwas schlaksiger Bursch mit einem knochig-braunroten Gesicht, über dem ein dicker blonder Schopf vom Kamm nicht zu bewältigen war, graublaue verträumte Augen und schöngeformte große Hände, die aus einer zu kurzärmeligen Jacke kamen und nicht wohin mit sich wußten und sich am liebsten in den Hosentaschen versteckt hätten, um nicht da zu sein. Das war der Walser, halb Handwerksbursche auf der Walz, halb Page, ganz Dichter. Er habe das Erbetene mitgebracht. Und er zog ein in schwarze Ganzleinwand geheftetes, liniertes Schulheft heraus: da seien die Gedichte. Mehr habe er nicht gemacht. Es waren etliche dreißig. Sie füllten das dünne Heft mit ihrer schönen, wie gestochenen Handschrift, die ohne Launen und Schnörkel glatt und sauber lief. Kaum daß einmal ein Wort gestrichen und durch ein anderes ersetzt war in dieser ersten Niederschrift. Nur eines war länger als eine Seite: ein achtstrophiges Gedicht ›Jesus im Schnee‹, jede Strophe zu vier Zeilen. Es waren wirkliche und richtige Gedichte von innen her. Nirgends dirigierte der Reim den Sinn. Keines der Gedichte war über eine Melodie moduliert, der das Ohr nachgibt. Es wurde nicht Poesie der Musik, Sprache dem Rhythmus, Wort dem Melos geopfert. Nichts wurde angerührt, was über das Erfahrungspotential des Siebzehnjährigen* hinausging. Mit einer gewissen schweizerischen Eigensinnigkeit blieb dieser junge Poet im Umkreis seines Lebens, hatte auch vor dem Mittelbaren nicht Angst, es mitzuteilen ... Es machte den Eindruck, als ob dieser junge Mensch, daß es Gedichte gäbe, nur so vom Hörensagen wisse, und als ob er zusammen mit dem Lied auch das Instrument erfunden hätte, worauf es zu spielen sei, so gänzlich unberührt von eklektischer Lektüre waren diese Verse.« (Franz Blei, »Zeitgenossen«, im »Kleinen Bund« vom 10. Oktober 1937)

Walser seinerseits hat über den Besuch eingehender berichtet:

»Sorgfältig trat ich in das Haus hinein, womit ich den Fuß zum erstenmal in meinem Leben in ein feines und vornehmes Haus setzte. Er lächelte sehr freundlich, als er mich erblickte, und mit sichtlicher Artigkeit und Güte geleitete er einen jungen Menschen in seine Wohnung hinein, der sich die Kunst, sicher aufzutreten, noch in keiner Weise angeeignet hatte. Sein geistreiches Lächeln war überaus gewinnend. Im angenehmen und ruhigen Verlauf des Gespräches, das er mit mir führte, machte er mich, vom edlen Eifer beseelt, mich aus mancherlei Unkenntnis und Unwissenheit heraufzuheben, auf einige Dichter, auf Lenz, Büchner, Brentano und Novalis aufmerksam. Es zeigte sich, daß er ebenso klug wie ernst, ebenso leicht und graziös wie schön spreche, und daß sein

* Blei irrt sich: Walser war damals zwanzigjährig.

Benehmen überaus sanft und liebenswürdig sei. Geist und Bildung sprachen aus jedem Wort, das er redete; der Schatz seines Wissens schien auf der Freundlichkeit und auf der Güte eines schönen und empfänglichen Herzens zu beruhen. Auffallend war seine Manierlichkeit, und die Artigkeit schien ihm angeboren. Eine gewisse gesellschaftliche Kälte, die er für schicklich halten mußte zu zeigen, schien seinen augenfälligen Wert keineswegs herabsetzen zu können. Er war sehr elegant gekleidet, und sein sehr feines Wesen ließ von Zeit zu Zeit etwas Spielerisches ahnen, das als Eigentümlichkeit an demselben haften mochte. Mir kam es vor, als habe er eine beträchtliche Summe von Herzlichkeit mit einer ebensolchen Summe von Verstand und einen vornehmen Geschmack mit den exaktesten Kenntnissen vereinigt. Ich sah ihn sich ebenso würdig wie frei und ungezwungen benehmen. Unter andern Annehmlichkeiten, die er mich fühlen ließ, schenkte er mir einige Bücher, und indem er mich mit seinen klugen Augen sorgfältig anschaute, wobei eine gewisse Fraglichkeit und Besorglichkeit über seine weltmännische Miene schwebte, fragte er mich, wie ich mir meine Zukunft vorstelle: ›Sie sind im kaufmännischen Bureau beschäftigt und schreiben Gedichte. Werden Sie fortfahren, Gedichte zu schreiben und dabei kaufmännisch tätig zu sein?‹
Ich antwortete: ›Es wird mir kaum irgend etwas anderes übrig bleiben. Darf ich Ihnen gestehen, daß ich habe Förster werden wollen? Darf ich Ihnen ferner gestehen, daß ich anderthalb Tage bei einem Photographen in der Lehre gewesen bin, und daß ich vorübergehend auch an die Gärtnerei gedacht habe? daß jedoch bei alledem eine sehr lebhafte und kräftige Stimme in mir gewesen ist, die mir sagte, daß Berufsänderungen im allgemeinen immer nur Äußerlichkeiten, nicht Wesentlichkeiten sind? Lastet das äußere Leben nicht auf uns Menschen allen, wie zum Beispiel ja doch auch auf Ihnen, Herr Doktor? Und können wir alle Besseres und Gescheiteres tun als des Lebens Druck und Last so schön, so sanft, so gutmütig wie möglich zu ertragen? Soll ich auf Grund dieses

Gedankens nicht fröhlich der sein, der ich bin, und mutig weitertreiben, was ich bisher getrieben habe? Mußte ich mich, so jugendlich und unerfahren ich scheine, etwa nicht, wie viele andere ebenfalls, davon überzeugen, daß es bei uns Menschen hauptsächlich auf eine Durchdringung ankommt, und kann sich ein Handelsbeflissener, wie ich einer bin, nicht ebenso gut durchdrungen fühlen wollen wie irgend ein anderer?‹

Er lächelte und stimmte allem, was ich vorzubringen gewagt hatte, oder was mir im Augenblick zu sagen eingefallen war, leicht und artig bei.« (»Doktor Franz Blei«)

Daß sich Walser im Gespräch wirklich einer so seltsam umständlichen Sprache bedient habe, wie sie uns hier und in anderen autobiographischen Dialogen begegnet, mag bezweifelt werden. In den Berichten Carl Seeligs, der Walser freilich erst in der Zeit der Krankheit kennenlernte, nimmt sich dessen Rede »normaler« aus, wobei die Ungenauigkeiten der Wiedergabe in Rechnung zu stellen sind. Eine weitgehende Übereinstimmung von Rede- und Schreibstil bezeugt Pfarrer Ernst Hubacher, der nachmals in den Bieler und Berner Jahren mit Walser verkehrte: »Er produziert sozusagen andauernd. Die Natur, die Menschen, die Ereignisse dichten sich selbst in ihm, verwandeln sich ihm unter den Händen zu Dichtung, so daß, wer ihn sprechen hört, in einem seiner Bücher zu lesen meint. Nicht daß er mit hochgezogenen Brauen und bedeutungsvoller Miene druckfertige Manuskripte rezitierte, vielmehr verdichtet sich in ihm die Wirklichkeit auf dem natürlichsten Wege zu dem ihr gemäßen sprachlichen Ausdruck ... Wer Walser liest, hört ihn sprechen. Seine Produktion ist nach einem bekannten Wort nicht Schreibe, sondern Rede.« (»Der letzte Poet«, im »Kleinen Bund« vom 8. Juli 1955)

Thun und Solothurn

Zwischen 1896 und 1905 hatten neben den Zürcher Aufenthalten mit ihren vielen Zimmer- und Stellenwechseln und den erwerbslosen poetischen Experimenten noch mehrere anderwärtige Gastspiele Platz, so daß uns der junge Walser im Widerspruch zum betrachtsamen Grundzug seiner Dichtung als ein Ausbund von vitaler Unruhe vorkommt. »Munter und keck sprang er von Anstellung zu Anstellung, reiste er von Ort zu Ort, aus einer geringfügigen Position in die nächstbeste andere. In ihm lebte etwas, das ihn trieb, Vagabund zu sein, sich um öffentliche Meinung keinen Augenblick zu kümmern. Dem ärmlichen Luftibus kam die Welt so schön, so gütig vor. Gewiß gab es eine urewige, unversiegbare Güte.« (»Zwei Männer«)
Ende Januar 1899 zog er nach Thun. Infolge seines Vergnügens an der autobiographischen Mystifikation sind wir über die dortige Erwerbstätigkeit im ungewissen. Vier Varianten liegen vor. »In Thun«, vermerkt er in dem Prosastück »Notizbuchauszug«, »amtete meine Geringfügigkeit zeitweise als Spar- und Leihkassenangestellter, und im selben Städtchen dichtete Heinrich von Kleist seinen ›Zerbrochenen Krug‹, der ein Lustspiel ist, das einst in Weimar prächtig durchfiel.« Nach »Apollo und Diana« hingegen war er »bei der Aktienbrauerei in Thun tätig« und »hatte das Glück, in einem schönen, geräumigen alten Haus dicht neben dem herrlichen Schloß auf dem Schloßhügel wohnen zu dürfen«. Bestätigt wird diese Version in der Erzählung »Kleist in Thun«: »Ich kann die Gegend ein bißchen kennen, weil ich dort Aktienbierbrauereiangestellter gewesen bin.« Eine dritte, wiederum ganz andersartige Anstellung meldet die »Wiener Rundschau« vom 1. August 1899, die acht Gedichte von Walser brachte (wohl sein erster ausländischer Erfolg) und dazu anmerkte: »Herr Robert Walser, der in einem Modewarenge-

schäft in Thun (Schweiz) tätig ist, sendet uns ein Päckchen Gedicht-Manuskripte und fügt folgendes Schreiben bei: ›Indem ich hoffe, daß ich Ihnen mit meiner Zusendung nicht überraschend komme, darf ich auch zugleich hoffen, daß hierin keine Störung liegt. Wenn es doch der Fall wäre, so möchte ich um Entschuldigung bitten. Ich überlasse alle Anordnung der Angelegenheit Ihrem Wohlwollen, dem ich mich dankbarst und ruhig unterwerfe.‹ Es freut uns, einem von jeglicher Pose freien Dichter begegnet zu sein, dessen Versuche bei mancher Unbeholfenheit ein durchaus selbständiges Naturgefühl und wohl vor allem jenes ›nachtwandlerische‹ Schaffen und Schauen verraten, das nicht nur zu Goethes Zeiten als das unfehlbarste Zeichen ehrlicher Begabung gegolten. D. Red.« Einer mündlich überlieferten vierten Variante zufolge wäre er Angestellter in einer Schachtelkäsefabrik gewesen; aber das Verfahren zur Herstellung von Schachtelkäse (Schmelzkäse) ist erst nach der Jahrhundertwende entwickelt worden.

An einem Sonntag wanderte Robert Walser von Thun nach Bern, um seinen Gönner Widmann zu besuchen. »Mit zwanzig Jahren pflegt man noch ziemlich überspannt zu sein. Demgemäß trug ich einen liederlichen hellgelben Hochsommeranzug, leichte Tanzschuhe, absichtlich wüsten, kühnen, dummen Hut, und von ordentlichem Kragen war ganz gewiß keine Spur an mir.« (»Widmann«) Von dem literarischen Grandseigneur willkommen geheißen und von seiner edlen Lebhaftigkeit bezaubert, »fand ich allerlei Worte, deren Keckheit und Jugendlichkeit freundlich anzuhören und zu billigen er Güte und Großherzigkeit genug besaß. Was ich vorbrachte, schien ihn sogar zu interessieren . . . Nach Verlauf ungefähr einer halben Stunde fiel mir zum Glück ein, daß der Herr vielleicht noch anderes zu tun haben könnte, als mit jugendlichen Anfängern zu reden; ich fand es daher gescheiterweise für passend, aufzustehen und mich zu verabschieden.«

Von Thun aus, aber bei der dortigen Einwohnerkontrolle be-

reits abgemeldet, schickte er am 2. Mai entliehene Bücher an Widmann zurück und schrieb dazu: »Ich gehe nach München, um dort etwas zu lernen und zu sehen, wie lange ich es aushalten kann.« Vermutlich war es Franz Blei, der ihn zu dieser Reise angeregt hatte und ihm Zugang zu dem Münchner Literatentrio verschaffte, das bald darauf die Zeitschrift »Die Insel« gründete. Es waren Otto Julius Bierbaum, der sich eines modischen Ansehens, hauptsächlich als Lyriker, erfreute, der gleichfalls lyrisch begabte Alfred Walter Heymel und dessen Vetter, der Architekt und zu höherem Dichterrang bestimmte Rudolf Alexander Schröder – die beiden letzteren gleich alt wie Walser. Schon in diesen Tagen des Planens mag Walser als künftiger Mitarbeiter der Zeitschrift willkommen geheißen worden sein.
Wenn die Reise, die bloß durch jene briefliche Ankündigung dokumentiert ist, überhaupt stattgefunden hat, so zeitigte sie noch keine Änderung der äußeren Existenz und hatte sich Walser, was das »Aushalten« betrifft, richtigerweise bescheiden ausgedrückt. Im Frühherbst 1899 war er jedenfalls wieder in der Schweiz, und zwar in Solothurn, als Commis bei der Solothurner Hülfskasse und Mieter bei einem Fräulein Regina Bloch, Inhaberin einer Mehlhandlung. Wahrscheinlich arbeitete er hier an seinen dramatischen Dichtungen. »Als blutjunger Mensch, d.h. 1899, hatte ich im Sinn, die Schlacht bei Sempach zu dramatisieren. Ein Literat, dem ich die Absicht mitteilte, riet mir ab davon, indem er mir vorschlug, lieber etwas aus dem Inwendigen zu dichten. Daraufhin schrieb ich ›Die Knaben‹ und bald hernach auch die übrigen Stücke.« (Vorbemerkung zum Band »Komödie«, 1919; ähnlich im Prosastück »Die Knaben«) Dem seiner Anlage trefflich entsprechenden Rat hat Walser fortan nachgelebt, wenn auch nicht immer so extrem wie in den dramatischen Dichtungen. Etwas Ungemäßeres als ein Schlachtendrama hätte er sich kaum vornehmen können. Die individuelle kämpferische Aufbruchstimmung mag ihn dazu verführt haben. Doch ist es ihm später gelungen, dem Stoff in dem Prosa-

stück »Die Schlacht bei Sempach« walserische Form zu geben.
Solothurn, dessen runde alte Türme »wie die Altansässigkeit selber« aussehen und »wie Wohlanstand und Zahlungsfähigkeit« wirken, hat zu den Skizzen »Die Kleinstadt« und »Eindruck einer Stadt« sowie zu einem Teil des »Reiseberichts« in »Seeland« Modell gestanden.

»Die Insel« und ihr Kreis

Die Commistätigkeit Walsers in Solothurn dauerte von Anfang Oktober 1899 bis Ende April 1900. Danach läßt sich sein Aufenthalt bis zum September 1901, als er in München auftauchte, nicht belegen. Hier nun trat er zu den bereits erwähnten drei Literaten in nähere Beziehung.

Mit der von ihnen gegründeten Zeitschrift »Die Insel«, die nach Walsers Worten (»Aus dem Leben eines Commis«) »von einem prächtig fühlenden, freigebig gesinnten, begüterten Gebildeten« – Heymel – »wahrhaft scharmant finanziert wurde«, und mit der Bücherproduktion des zugehörigen Insel-Verlags erstrebten die Herausgeber eine »Regeneration des deutschen literarischen Gewissens« (Schröder). Bereits das erste, im Oktober 1899 erschienene Heft enthielt, neben Beiträgen der Herausgeber und des Kunstschriftstellers Julius Meier-Graefe, vier Gedichte von Robert Walser. Bis zum dritten Jahrgang, mit dem die Zeitschrift aufhörte, kam er noch mit einer Anzahl weiterer Gedichte, einigen Prosastükken und den vier dramatischen, nachmals in dem Bändchen »Komödie« vereinigten Arbeiten »Dichter«, »Aschenbrödel«, »Schneewittchen« und »Die Knaben« zum Wort. Er war damit, ungeachtet der Kurzlebigkeit der »Insel«, ins Tageslicht der deutschen Literaturwelt getreten und hatte einen Vertrauenskredit gewonnen, durch den er sich zum Abenteuer der Schriftstellerexistenz ermutigt fühlen durfte. Freilich erfuhr er dazumal auch schon eine jener Kränkungen, die ihm schließlich, neben anderen Gründen, die Freude am Literaturbetrieb vergällt haben: gewisse Zeitungen druckten Verse von ihm als Proben des »Irrsinns« ab, den die »Insel« für Dichtung ausgebe.

In dem Aufsatz »Aus den Münchner Anfängen des Insel-Verlags« (1935) hat Schröder bemerkt: »Wenn das, was Hofmannsthal und Borchardt uns in jenen Jahren geschenkt, einen gesonderten Rang innerhalb der übrigen Beiträge einnimmt, so will ich an dieser Stelle doch auch eines andern Dichters gedenken, Robert Walsers, der damals – jung wie wir – ein häufiger Gast unsres Kreises und unsrer Zeitschrift war und der zu meinem Schmerz inzwischen aus der Reihe der Schaffenden verschwunden und in die Schatten zurückgetreten ist, die schon bedrohlich über seiner Jugend hingen. Leider hat sich mein Wunsch, wenigstens das kleine Werk, das wir nach und nach in der Zeitschrift abgedruckt, in ein Büchlein zu sammeln, nie verwirklichen lassen. Und doch wohnt diesen frühen Gedichten, denen dann eigentlich nichts von annähernd gleichem Range nachgefolgt ist, bei aller pathologischen Bedingtheit eine solche Dichtigkeit und Dämonie und zugleich eine solche Zartheit und Reinheit der Aussage bei, daß ich ihnen Ähnliches innerhalb unsrer Sprache nicht an die Seite zu setzen wüßte.«

Schröders geringere Bewertung der späteren Werke Robert Walsers kann uns nicht verwundern, wenn wir uns seine eigene klassizistische Dichtweise und seine Verehrung Hofmannsthals und Borchardts vor Augen halten. Dem hochverfeinerten Bildungsdichter konnte die lässige, vagantenhafte Menschlichkeit von Walsers Prosa nicht zusagen. Schon die partielle Wertschätzung eines so Andersartigen ist ihm aber hoch anzurechnen.

Kontakte Walsers zum erweiterten Mitarbeiterkreis der »Insel« konnten nicht ausbleiben. Richard Dehmel, Max Dauthendey, Frank Wedekind, Wilhelm Weigand, Michael Georg Conrad und andere gehörten dazu. Treffpunkt war die schöne Wohnung Heymels an der Leopoldstraße. Das Mitarbeiterverhältnis scheint Walser nicht gehindert zu haben, sich bei dem gleichaltrigen reichen Jüngling um den Posten eines Dieners zu bewerben – »aber«, berichtet Franz Blei, »es stellte sich heraus, daß er weder Silber putzen noch Zylinder bügeln konnte«. (»Erzählung eines Lebens«)

Blei, seit 1900 in München niedergelassen, hat ferner die folgende kleine Bizarrerie aufgezeichnet: »An einem Abend in München, bei mir in der Arcisstraße, wo Herr Schaukal aus

Wien nicht davon zurückzuhalten war, Gedichte zu deklamieren, und Wedekind ihn nachher etwas grausam mit dem Rat frotzelte, das im Kostüm auf einer Bühne zu tun, wo es ungeheure Wirkung haben müßte, da saß Walser unserer englischen Governeß gegenüber, einem jungen, etwas schüchternen Mädchen im Schaukelstuhl. Und der nicht weniger schüchterne Walser sagte auf einmal: ›Sie haben wunderschöne Füße‹, und hatte schon einen der Füße in der Hand, was die junge Dame in eine für die Schicklichkeit im Salon etwas zu hohe und schiefe Position brachte.« (»Prolog über Walser«, in »Die literarische Welt«, 9. Oktober 1925)

Durch die »Insel«-Herren wurde Robert Walser auch mit den bildenden Künstlern bekannt, die an der Gestaltung der Zeitschrift mitwirkten. Einer davon war der phantasiereiche Illustrator und Schriftgestalter Marcus Behmer, der in seinen Münchner Lehrjahren mit dem jetzt in Berlin weilenden Karl Walser Freundschaft geschlossen hatte. Über Robert Walser bemerkt er: »Ein großer, schlanker junger Mann, in der äußeren Erscheinung, Kleidung etc. durchaus bürgerlich-ordentlich, und auch im ganzen Wesen und Gebaren ohne jede Spur von Extravaganz. Freundlich, ja verbindlich, zurückhaltend, bescheiden. Von dem ›Shakespeare enfant‹, das Bierbaum, Victor Hugos Wort über den jungen Rimbaud übernehmend, auf Robert Walser anwandte, konnte ich nichts bemerken, und was ich etwa an persönlicher Anteilnahme und Sympathie für ihn empfand, dürfte wohl mehr auf eine Übertragung meiner freundschaftlichen Einstellung zu Karl Walser auf Robert zurückzuführen sein. Denn die ungewöhnlich herzliche, innige Bindung der beiden Brüder zueinander war mir ja bekannt.«

Walsers eigene Nachrichten zeugen von zwiespältigem Erleben. Angenehmes meldet das Prosastück »München«: »Mit einem Stöckchen in der Hand und einer Mütze auf dem Kopf spazierte ich im Englischen Garten und besuchte Wedekind, den mein karierter Anzug interessierte ... Damals erschien ›Die Insel‹, deren Redaktion in einem Palaste wohnte, wo Be-

diente umherstanden und sicher hie und da Baronessen verkehrten, was für mich fabelhaft war. Alfred Walter Heymel schien mir das Muster der Eleganz. Rudolf Alexander Schröder war erstens sehr liebenswürdig und spielte zweitens denkbar vornehm Piano ... Einmal gab's ein Atelierfest. Man aß und trank und trieb Kurzweil. Dieser trat als jodelnder Tiroler, jener als degentragender Venetianer auf. Später wurden die Lichter gelöscht und im Dunkel Märchen erzählt. Ich selbst befaßte mich weniger mit Erzählungskunst als damit, daß ich mich auf dem Nacken einer Künstlerin im Küssen übte, was sie sich ruhig gefallen ließ. Was sie für einen lieben Blick hatte! Wie das alles hübsch war! Ich anerkenn' es fröhlich!« Dennoch fühlte er sich, trotz freundlicher Aufnahme und Begönnerung, als Fremdling: »In München hatte ich einige literarische Persönlichkeiten von Rang und Belang bestens kennengelernt, aber ich hatte seltsame, drückende Empfindungen bei den künstlerischen und literarischen Assembleen, für die ich nicht recht taugte. Das Nähere und Genauere weiß ich nicht mehr genau; nur so viel weiß ich: mich trieb es aus allen Salons, wo Feinheit und Exküsen herrschen, fort in die offene Welt, wo Wind, Wetter, grobe Worte, unsanfte barsche Manieren und alle Rücksichtslosigkeiten und Rauheiten regieren. Jung und ungeduldig, wie ich war, vermochte ich die Luft der vornehmen Abgeklärtheit nicht zu ertragen. All das tadellose, schnurgerade, tipptoppe, elegante Benehmen flößte mir hauptsächlich nur Kummer und eine Sorte Furcht ein.« (»Würzburg«)
Anschließend beschreibt er, wie er unter strahlendem Sommerhimmel, in Segeltuchschuhen, kragenlos und fast ohne Geld nach Würzburg wanderte, um Max Dauthendey zu besuchen. »Der Wanderanzug, den ich trug, hatte gewissermaßen süditalienisches Aussehen. Es war eine Sorte oder Espesse Anzug, mit dem ich mich in Neapel zu meinem Vorteil hätte sehen lassen können. Im wohldurchdachten, wohlabgemessenen Deutschland schien er jedoch mehr Argwohn als Vertrauen und mehr Ab- als Zuneigung zu erwecken. Wie

war ich mit dreiundzwanzig Jahren keck und phantastisch.«

Hier keck und phantastisch – nach Behmer frei von aller Extravaganz! Seinem paradoxen Wesen gemäß mag sich Robert Walser bald so, bald ganz anders betragen und benommen haben. Erst in der Krankheit sollte das Unauffällige – wiederum paradoxerweise – dauernde Herrschaft erlangen.

Dauthendey, der sonst in manchen Zügen Gleichgestimmte, empfiehlt ihm, sich weniger auffällig zu kleiden: »... Sie sind ja bekanntlich ein gescheiter Mensch, und es liegt auf der Hand, daß nur heftiger Jugendeigensinn eine sonderbare Figur aus Ihnen macht. Aber es hat keinerlei Zweck, sonderbar und seltsam erscheinen zu wollen. Eine solche Art, sich auszuzeichnen, muß als gänzlich falsch betrachtet werden. Unser Grundsatz muß uns sagen, es sei in Bezug auf Auszeichnung streng geboten, daß einzig nur Fähigkeiten hervortreten.« Nachdem ihn der selber wenig bemittelte, aber sehr freigebige Dauthendey schicklich ausstaffiert hat, sehen sich die beiden die Stadt an. Jedoch das Gefühl, »ein rechter Erzvagabund und Tagedieb« zu sein, verleidet ihm die Bummelei nach einer Woche. »Mich trieb es in außerordentlich hohem Grade nach Ordnung und täglicher Arbeit, und ich sehnte mich nachgerade nach nichts anderem so lebhaft wie danach, daß ich irgendeine Pflicht fände und erfülle.«

Zum Abschluß des Würzburger Aufenthalts läßt er sich von Dauthendey zwanzig Mark geben, um nach Berlin zu fahren. »Ich bilde mir ein«, fügt er dem Dank hinzu, »daß Berlin die Stadt sei, die mich entweder stürzen und verderben oder wachsen und gedeihen sehen soll. Eine Stadt, wo der rauhe, böse Lebenskampf regiert, habe ich nötig. Eine solche Stadt wird mir gut tun, wird mich beleben. Eine solche Stadt wird mir zum Bewußtsein bringen, daß ich vielleicht nicht gänzlich ohne gute Eigenschaften bin. In Berlin werde ich in kürzerer oder längerer Zeit zu meinem wahrhaftigen Vergnügen erfahren, was die Welt von mir will und was meinerseits ich selber von ihr zu wollen habe. Halb fühle und sehe ich es schon; aber es ist mir noch dunkel. Dort in Berlin wird es mir klar sein; dort in Berlin werde ich es eines Abends oder frühen Morgens mit erwünschter Deutlichkeit wissen.«

Aber auch diesmal, wie schon 1897, war der Berliner Aufenthalt nicht von Dauer, obwohl nun Karl, der aufstrebende Künstler, dort lebte und dem Bruder nützlich sein konnte.

Täuffelen – Winterthur – Bern Wädenswil

Von 1900 bis 1903 war Lisa Walser Lehrerin an der Unterschule der Doppelgemeinde Täuffelen-Gerolfingen am Bielersee. Im Februar 1902 traf Robert bei ihr ein. »Sie hat mich mit einem Gemisch von Liebe und Mißtrauen empfangen, freilich, denn sie mußte denken, daß der Lump von Bruder nur daher gesegelt und gewackelt komme, zu ihr, der seßhaften Schwester, weil er in Gottes Welt nicht mehr wußte, wohin! Das mußte etwas Störendes und Verletzendes für sie haben, der ich, wenn es darauf ankam, monate-, ja jahrelang keinen Brief geschrieben habe. Sie mußte ja denken, daß ich nur komme, um meinen eigenen Leib zu pflegen, für den es wahrhaftig zeitweise nicht schade wäre, wenn er geprügelt würde, und nicht deshalb, um mit Sorgen eine Schwester aufzusuchen. Das hat sich indessen geändert, die Empfindlichkeiten sind gestorben und wir leben jetzt nicht mehr wie Blutsverwandte, sondern wie Kameraden zusammen, die trefflich miteinander auskommen.« (»Geschwister Tanner«)

Die Anstelligkeit, die Lisa schon im Elternhaus, als Stellvertreterin der kranken Mutter, an dem jüngeren Bruder geschätzt hatte, war noch immer dessen Tugend: »Am Morgen, nach dem Aufstehen, brachte Simon sein Bett in Ordnung, ging dann in die Küche und bereitete den Kakao, und zwar zu Hedwigs Vergnügen sehr schmackhaft; denn er lauerte auch bei dieser Arbeit auf den richtigen Kniff, der immer einer Verrichtung, und wäre sie noch so geringfügig, die nötige Vollendung gibt. Auch übernahm er es, und zwar ganz wie von selbst, ohne jede Vorstudien oder Anstrengungen, den Ofen zu feuern und das Feuer zu unterhalten, Hedwigs Zimmer zu reinigen, wobei ihm die Gewandtheit, mit der er einen langen Besen zu handhaben wußte, sehr zu statten kam. Die Fenster öffnete er, um frische Luft in die Stube hineinzulassen, aber er schloß sie, wenn es ihm Zeit schien, auch gehörig wieder zu, damit er eine warme und zugleich angenehm duftende Stube bekäme.« (»Geschwister Tanner«) »Ich klopfe alle Sonnabende die Teppiche aus, auch eine Arbeit, und bin befleißigt, das Kochen zu lernen, auch ein Streben. Nach dem Essen trockne ich das Geschirr ab und plaudere mit der Lehrerin; denn es gibt vieles zu sagen und zu erörtern zwischen uns und ich plaudere gern mit einer Schwester. Am Morgen kehre ich die Stube aus und trage Pakete auf die Post, komme heim und sinne darüber nach, was weiter zu tun ist. Gewöhnlich ist nichts zu tun und so gehe ich in den Wald hinunter und sitze dort solange unter den Buchen, bis es Zeit ist, oder bis ich glaube, daß es Zeit ist, wieder nach Hause zu gehen. Wenn ich die Menschen arbeiten sehe, so schäme ich mich unwillkürlich, keine Beschäftigung zu haben, aber ich finde, daß ich nicht mehr tun kann, als das eben empfinden.« (Geschwister Tanner«)

Die Beziehung zur Schwester wurde ihm etwas Schicksalhaftes: »Sie vergaßen längst, daß sie nur Geschwister waren, sie kamen sich mehr durch das Schicksal als durch das gleiche Blut verbunden vor und verkehrten miteinander ungefähr wie zwei eingeschlossene Gefangene, die sich bemühen, das Leben über der Freundschaft zu vergessen. Sie vertändelten viel Zeit, aber sie wollten sie so vertändelt wissen, weil jedes fühlte, daß der Ernst nur dahinter sich verborgen hielt, und daß jedes sehr wohl ernsthaft zu handeln und zu reden verstände, wenn es nur wollte. Hedwig empfand, daß sie sich ihrem Bruder immer mehr zu erkennen gab, und verhehlte sich den Trost nicht, den diese Empfindung ihr bereitete. Es schmeichelte ihr, daß er es nicht nur für klug und seiner Lage angemessen hielt, mit ihr zusammenzuleben, sondern auch für interessant, und sie dankte ihm dafür, indem sie ihn inniger, als früher, in das Herz schloß.« (»Geschwister Tanner«)

Den an der Oberschule von Täuffelen unterrichtenden Fritz Probst erinnerte »das schöne goldblonde Hexlein aus Biel« an seine Basen in Ins, die einst Albert Anker zu Modellen seiner Mädchen- und Frauenbilder erwählt hatte. Lisa Walser, schreibt er, habe alles sehr schwer genommen, sich aber auch gern durch Späße und Neckereien zum Lachen bringen lassen. Robert Walser, den sie ihm eines Tages vorgestellt habe, sei ihm zunächst linkisch und unnahbar vorgekommen, wie einer, der nicht aus sich herauskönne. Einmal aber hätten er und der Sohn einer älteren Kollegin ihm aus dem Stegreif eine Täuffeler Wirtshausszene vorgespielt, daß er einen Lachkrampf bekommen habe.

Über Lisas Innenleben erfahren wir einiges Wahrscheinliche aus »Geschwister Tanner«: »Die Kinder blieben mir immer lieb, sie sind mir immer lieb geblieben. Wem könnten Kinder nicht lieb sein? Aber wenn ich unterrichte, denke ich an anderes, an ferneres und weiteres, als ihre kleinen Seelen sind, und das ist der Verrat, den ich an ihnen begehe, den ich nicht mehr mit ansehen will.« – »Ich habe geträumt, Bäuerin zu werden, einem Mann anzugehören, einem einfachen und zarten Menschen, ein Heim zu besitzen mit einem Stück Land und Stück Garten, wozu ein Stück Himmel gehört hätte, zu bauen und zu pflanzen, keine weitere Liebe als Achtung zu verlangen und das Entzücken zu haben, meine Kinder aufwachsen zu sehen, womit ich mich für allen Verlust einer tiefen Liebe entschädigt gefunden hätte. Der Himmel würde die Erde berührt haben, ein Tag hätte den andern in die Zeiten hinuntergerollt, und ich wäre unter Sorgen eine alte Frau geworden, die an sonnigen Sonntagen unter der Haustüre gestanden und die Vorübergehenden beinahe schon verständnislos angeblickt hätte.«

Im Jahr 1903 gab Lisa Walser aus ungeklärten Gründen, nach Aussage einer Freundin wegen einer Liebesenttäuschung, die Stelle in Täuffelen auf. Sie reiste nach Livorno und wirkte dort anfänglich als Hauslehrerin, hierauf an der Schweizerschule.

Kurz nach seinem Eintreffen in Täuffelen schrieb Robert Walser einen merkwürdigen Brief:

»Hochverehrter Herr Dr. Widmann!
Ich bin heute so kühn, Sie wegen einer Sache zu befragen, die eine lediglich persönliche Angelegenheit ist. Ich komme zu wiederholtem Male aus Deutschland in die Schweiz mit der Erfahrung zurück, daß die Schriftstellerei mein Beruf nicht sein kann, aus dem einfachen Grund, weil ich mir damit mein Leben auf ruhige und redliche Art nicht würde verdienen können. Ich besitze zu wenig umfassende Bildung, um mir eine Stellung als Schriftsteller zu erobern, und es ist eine Stimme in mir, die mir sagt, Sie, Herr Dr. Widmann, verständen, weshalb nicht.
Ich möchte hier herum leben, das heißt, zu leben haben. Könnten nun Sie mir nicht etwas zu schreiben geben, ich meine, schriftliche Arbeiten, Abschreiben etc.? Oder könnten Sie nicht vielleicht gewisse Menschen gelegentlich auf mein Ersuchen und Anerbieten aufmerksam machen? Ich kann Ihnen gar nicht sagen, wie gern ich eine solche Art des Lebensunterhaltes dem Herumstreifen, und, um es keck herauszusagen, Herumpumpen vorzöge! Wie würde es mich freuen, wenn Sie dergleichen für mich, ohne sich zu große Mühe zu machen, beschaffen könnten.
In Berlin, von wo ich eben komme, ist die Hoffnung, etwas durch meine Dichtungen zu verdienen, gänzlich fehlgeschlagen.
Verzeihen Sie, daß mein Vertrauen zu Ihnen Sie stets belästigt. Ich hasse mich, daß ich es tue.
Mit vorzüglichster Hochachtung Ihr Robert Walser.«

Da Robert Walser empfangene Briefe nie lange aufbewahrt hat, ist nicht bekannt, was ihm Widmann antwortete. Die gewünschte Arbeit konnte er schwerlich vermitteln. Eine beträchtliche Hilfe und Ermutigung war es aber, daß er zwischen März 1902 und August 1903 in mehreren Sonntagsblättern des »Bund« die in Zürich und anderwärts entstandenen fiktiven Aufsätze des Schülers Fritz Kocher sowie die größeren Prosatexte »Der Commis«, »Ein Maler« und »Der Wald«

erscheinen ließ – im Unterschied zu der Gedichtveröffentlichung von 1898 nunmehr, wie es sich gehörte, mit dem vollen Verfassernamen. Den Sommer 1902 und den folgenden Winter verbrachte Walser wieder in Zürich, aus einem Brief an den Insel-Verlag zu schließen, in kaufmännischer Stellung. Im Frühjahr 1903 ging er nach Winterthur und arbeitete daselbst in der Elastiquefabrik von Moritz Ganzoni-Nadler. Wie aus dem erhalten gebliebenen Anstellungsschreiben des Fabrikanten ersichtlich ist, war er als »Aushilfe« von Anfang März bis Mitte Mai engagiert und bekam ein Monatsgehalt von 125 Franken »unter Zusicherung einer Gratifikation bei befriedigenden Leistungen«. Im »Gehülfen« ist vermerkt, daß ihm diese trotz beschämenden Versagens bei einer Rechnungsaufgabe nicht vorenthalten wurde. »Beim Antritt der Stellung war ihm bereits lebhaft der Austritt aus derselben vor Augen getreten. Der Lehrling im Elastique-Geschäft war ihm in allem ›über‹. Joseph mußte diesen unausgewachsenen Menschen bei jeder Gelegenheit um Rat fragen. Aber eigentlich kränkte ihn das nicht einmal. O er war schon an so vieles gewöhnt gewesen. Er arbeitete kopflos, das heißt, er mußte sich gestehen, daß ihm mancherlei durchaus notwendige Kenntnisse abhanden gekommen waren. Gewisse, für andere Menschen erstaunlich leicht zu erfassende Dinge prägten sich ihm so merkwürdig schwer ein. Was war da zu machen gewesen. Sein Trost und sein Gedanke war die ›Vorübergänglichkeit‹ der Stellung.« (»Der Gehülfe«) Ein freundliches Gedenken widmet er dem Aussichtspunkt Bäumli: »Nahe bei der Stadt lag ein runder, mäßig hoher Rebhügel, der oben mit Wald gekrönt war. Nun, das war fürs Spazierengehen ganz artig. Die Sonntagvormittage verlebte Joseph regelmäßig dort oben, während welcher Erholung er sich jedesmal in ferne, beinahe krankhaft schöne Träumereien verwickelt sah.« (»Der Gehülfe«)

»Jetzt kommt eine Eisenbahnfahrt durch ein frühlingverzaubertes Land, und dann weiß man nichts mehr, denn von da an

ist man nur noch eine Nummer, man bekommt eine Uniform, eine Patronentasche, ein Seitengewehr, eine regelrechte Flinte, ein Käppi und schwere Marschschuhe. Man ist nichts mehr Eigenes, man ist ein Stück Gehorsam und ein Stück Übung. Man schläft, ißt, turnt, schießt, marschiert und gestattet sich Ruhepausen, aber in vorgeschriebener Weise. Selbst die Empfindungen werden scharf überwacht. Die Knochen wollen anfänglich brechen, aber nach und nach stählt sich der Körper, die biegsamen Kniescheiben werden zu eisernen Scharnieren, der Kopf wird frei von Gedanken, die Arme und Hände gewöhnen sich an das Gewehr, das den Soldaten und Rekruten überall hin begleitet. Im Traum hört Joseph Kommandoworte und das Knattern der Schüsse. Acht Wochen lang dauert das so, es ist keine Ewigkeit, aber bisweilen scheint es ihm eine.« (»Der Gehülfe«)
Mit einer fünfjährigen Verspätung, deren Grund wohl die Aufenthalte in Deutschland waren, absolvierte Robert Walser in Bern die mit diesen Worten beschriebene Füsilier-Rekrutenschule. In den ersten drei Wochen hatte er an Fritz Probst, dem Täuffeler Kollegen seiner Schwester, einen angenehmen Kameraden, der ihn jeweilen abends nach dem Hauptverlesen zu einem Hock in den »Militärgarten« begleitete. Krankheitshalber mußte Probst die Schule vorzeitig verlassen. Walser mag das Soldatenleben körperlich recht wohl ertragen haben. Da er seine Sonderart in zwangsgegebener Umwelt zu tarnen verstand, zudem gern mit unverbildetem Volke umging, so wird er sich in der Uniform nicht ganz unglücklich gefühlt haben. »Die Rang- und Bildungsunterschiede fallen unbarmherzig in einen großen, bis heute noch immer unerforschten Abgrund, in die Kameradschaft. Diese herrscht, denn sie faßt alles zusammen. Die Hand des Kameraden ist für keinen eine unreine, sie darf es nicht sein. Der Tyrann Gleichheit ist oft ein unerträglicher, oder scheint es zu sein, aber was für ein Erzieher ist er, was für ein Lehrer.« (»Der Gehülfe«)
Nach der Rekrutenschule stand Walser eine Zeitlang auf der

Liste der Aspiranten für die Unteroffiziersschule, wenn auch schwerlich auf eigenen Antrag hin.

Ende Juli 1903 trat er in Wädenswil die Stelle an, die ihm den Stoff zu dem Roman »Der Gehülfe« geliefert hat. Sein Arbeitgeber war der aus Wohlen stammende, damals zweiunddreißigjährige Maschinentechniker Karl Dubler-Gräßle, ein intelligenter, unternehmender, etwas unsolider und launenhafter Mann. Ungefähr ein halbes Jahr zuvor hatte er die am Westende des Dorfes auf einem Hügel erbaute Villa zum Abendstern bezogen, die der Dichter samt dem umgebenden Park, dem Gartenhäuschen und der von Dubler hinzugebauten Grotte treulich beschrieben hat. Von seiner Frau Frieda hatte Dubler vier Kinder, denen der Gehülfe eindringliche Beachtung zuwandte. Walser empfand für den keck in den Tag hineinlebenden, dem Konkurs entgegentreibenden Erfinder eine gewisse Sympathie, obschon ihm, der Erzählung zufolge, das vereinbarte Salär nicht ausgezahlt wurde. An einen kommenden Erfolg der nicht sehr originellen, doch immerhin mit eidgenössischen Patenten ausgestatteten Erfindungen hat er kaum ernstlich geglaubt; im Roman schildert er sie – hauptsächlich eine Reklame-Uhr, einen Automaten für Gewehrpatronen und einen Krankenstuhl – in der Sprache ergebenen Respekts, deren Ironie nur selten deutlich wird. Lange konnte das Arbeitsverhältnis unter so schwierigen Umständen nicht dauern. Zu Beginn des Jahres 1904 ließ der Gehülfe das mit einem vergoldeten Stern geschmückte Parktor hinter sich, um nach Zürich zurückzukehren. Einige Zeit danach übersiedelte auch Dubler dorthin. Sein Lebenslauf scheint nicht mehr aufwärts geführt zu haben. Er ließ sich scheiden, arbeitete als Mechaniker und starb 1925 in Lenzburg.

Das erste Buch

Im Insel-Verlag in Leipzig, der die gleichnamige Zeitschrift überdauert hatte und rasch zu Ansehen gelangte, erschien Ende 1904 das erste Buch Robert Walsers, »Fritz Kocher's Aufsätze«. Die von Jochen Greven zutage geförderte Korrespondenz mit dem Verlag dokumentiert das Zustandekommen des Buches und die erfolglosen Versuche des Dichters, seine anderen frühen Werke daselbst unterzubringen. Wenn es einem beim Lesen von Walsers Büchern manchmal fraglich scheint, ob er als Commis überhaupt imstande gewesen sei, nüchterne Geschäftsbriefe zu schreiben: hier – und in aller späteren Korrespondenz mit Verlegern und Redakteuren – wird klar, daß er es konnte. Verständig erörtert er mit Herrn von Poellnitz, dem Verlagsleiter, die Fragen des Inhalts, der typographischen und sonstigen Gestaltung seines ersten Buches. Er gebraucht sorgfältig, gelegentlich übertreibend – »mit ausgezeichneter Hochachtung ganz ergebenst« – die Höflichkeitsformen, äußert knapp und sachlich seine Vorschläge, Wünsche und Begehren. Selten läßt er einen Gefühlston einfließen; kaum daß er einmal versichert, sein Bruder, der sich zur Illustration des Buches bereit erklärt hatte, werde sich »mit viel Liebe an die Sache machen«. Nur in einem Brief an Heymel, den ihm zugetanen Geldgeber des Insel-Verlags, redet er persönlicher: »Glauben Sie nicht, daß ein solcher Band« – eine Auswahl von Prosastücken mit Illustrationen von Karl Walser – »gelesen und gekauft würde? Ich glaube es glauben zu dürfen. Der Name meines Bruders (eben erst aufgekommen und aufgeflammt) würde dem Buche gewiß Leser und Käufer schaffen.« Dem Verlagsleiter gegenüber bekundet er das Vertrauen in die Kunst des Bruders trockener: »Es ist ja selbstverständlich, daß, wenn ich meinem Bruder den Schmuck des Buches (durch Ihre Einwilligung) anvertraue, *ich ihn auch ganz machen lassen will,* und

seine Ideen in dieser Richtung von vorneherein *auch die Meinigen sind.*«
Durch Franz Blei ermuntert, hatte er eine Zeitlang gehofft, die Herausgabe eines größeren Sammelbandes mit Aufsätzen, Dramen und Gedichten erwirken zu können. Aber von Poellnitz war dafür, zunächst ein Prosabuch und später je ein Bändchen Dramen und Gedichte zu drucken. Anfang 1905 starb er, und die Nachfolger in der Verlagsleitung, namentlich Anton Kippenberg, beurteilten Walsers Arbeiten skeptischer, so daß der Plan nicht ausgeführt wurde.
Einen Hinweis auf den starken willensmäßigen Anteil an seinem scheinbar so zwanglosen Schaffen gibt der Brief vom 12. Juni 1904:
»Der Umfang der Aufsätze ist überaus leicht abzuschätzen, da dieselben, wie Sie wohl schon werden bemerkt haben, *alle* in Abschnitten *von ganz genau* derselben Länge geschrieben sind. Man kann also einen Abschnitt drucken lassen und darnach den Buchumfang genau ermitteln, den Platz für die Zeichnung mitgerechnet.

F. K. Aufsätze hat	20	Abschnitte
Der Commis	10	"
Ein Maler	15	"
Der Wald	10	"
zusammen	55	Abschnitte«

Den Vertrag über dieses erste Buch unterzeichnete Walser im November 1904 während des Wiederholungskurses in der Kaserne Bern.
Im Widerspruch zu der von Carl Seelig mitgeteilten Aussage des Dichters, er habe für »Fritz Kocher's Aufsätze« kein Honorar bekommen (»Wanderungen mit Robert Walser«), sind ihm, wie die Korrespondenz belegt, 250 Mark dafür bezahlt worden. In mehreren Briefen zeigt sich eine gewisse Illusionsbereitschaft und Verkennung der Erfolgsmöglichkeiten, vielleicht vermischt mit der Absicht, den Verlag optimistisch

und zahlungswillig zu stimmen. Für den Zeitpunkt, da die Herstellungskosten durch den Verkauf gedeckt sein würden, war ihm eine Nachzahlung von hundert Mark zugesagt worden. Schon im April 1905, wenige Monate nach dem Erscheinen, ersuchte er »höfl. um gefl. Einsendung dieses jetzt wohl fälligen Betrages«. Die erbetene »postwendende Erledigung« bestand in der Mitteilung, daß von den hergestellten 1300 Exemplaren erst 47 verkauft seien.

Der Absatz des spärlich rezensierten Buches blieb weiterhin schlecht; der Umschlag und die elf bezaubernden Federzeichnungen Karl Walsers hatten nicht die vom Dichter erhoffte Wirkung. Der Rest der Auflage wurde an ein Berliner Warenhaus verramscht.

Der getreue Widmann hatte in seiner Besprechung die während des Vorabdrucks im »Bund« lautgewordenen Leserstimmen erwähnt: »Am meisten... ärgerte manche Leser, daß sie diese Sachen, obschon sie sie ›absurd‹ fanden, doch immer zu Ende lesen mußten. Es lag etwas Suggestives in Walsers Art, seine eigentümlichen Gedanken so ohne Hast und Nachdruck fast wie sanft gleitende Billardbälle auf grünem Tisch hervorrollen zu lassen. Und ein Traumzauber umfing den Leser mit der Ahnung von etwas ganz nahe vorbeigeschwebtem sehr Schönem.« Für das so treffend umschriebene Suggestive waren eben doch zu wenige Leser empfänglich.

Der Mißerfolg aber hinderte den Dichter nicht, das in diesem Buch geschaffene Grundmuster des nachgeahmten Schulaufsatzes – drollig naive Schülersprache als Medium unbestechlicher Erkenntnis der Menschenwirklichkeit – in einem großen Teil des späteren Werkes abzuwandeln. Nach der Rolle des Schülers spielte er vielhundertfach die des erwachsenen Enfant terrible, das ebenso höflich wie freimütig sagt oder andern in den Mund legt, was im wirklichen Leben teils verdrängt, teils verschwiegen wird. In Fritz Kochers Aufsatz »Der Beruf« hat er das Sinnbild seiner Lebensleistung, samt dem Bewußtsein ihrer Gefährlichkeit und gesellschaftlichen Anrüchigkeit, formuliert: »Gaukler sein wäre schön. Ein berühmter Seiltänzer, Feuerwerk hinten auf dem Rücken, Sterne über mir, einen Abgrund neben, und so eine feine schmale Bahn vor mir zum Schreiten. – Clown? Ja, ich fühle, ich habe zum Spaßmachen Talent. Aber den Eltern würde es Kummer bereiten, mich auf der Bühne zu wissen mit einer rotbemalten langen Nase und mehlbestreuten Wangen und im weiten lächerlichen Anzug.«

Berlin

Als Robert Walser Ende März 1905 zum dritten Mal nach Berlin reiste, mochte er sich durch die erste Buchveröffentlichung, deren kommerzieller Mißerfolg damals noch nicht feststand, ermutigt fühlen, sich auf das Experiment der freien Schriftstellerei einzulassen. »Eines Tages floh er aus fester, wenn auch geringer Lebensstellung fort, um sich dem Dichten und seinen natürlichen Folgen gänzlich hinzugeben. Was er tat, war kühn, wenn nicht tollkühn. Eine abenteuerliche, verwegene, in gewissem Sinne lebensgefährliche Handlung wurde hier vollzogen. Ob er verrückt geworden sei? fragte sich der bisherige Bankkommis. Reue, Gewissensbisse stürmten auf ihn ein. Schüchtern genug betrat er die dunkle, krumme, wenig Gutes, dagegen viel Schlimmes versprechende, mattbeleuchtete, zweifelerregende, spärlich mit Vagantenvolk bevölkerte Künstler- und Zigeunergasse, die in das Gebiet freien Schriftsteller- oder unabhängigen Dichtertumes führte.« (»Zwei Männer«) Dann wieder berauschte ihn das Wagnis: »Der Geist bedeutete ihm alles, die Existenz nichts mehr. Laut lachen, hell aufjauchzen, vor Freude hin und her rennen hätte er plötzlich mögen. Wie heiß, wie innig liebte er das in die Schanze geschlagene, auf die Wagschale geworfene Leben. Unwillkürlich nahm er eine entschlossene Haltung an, und mit froher Miene und lebhaften Schritten ging er des Weges weiter.« (»Zwei Männer«)

Die neue Existenz wurde ihm dadurch etwas erleichtert, daß er bei seinem Bruder Karl wohnen konnte, der an der Kaiser-Friedrich-Straße in Charlottenburg eine dreizimmerige Atelierwohnung hatte, öfter auf Reisen ging und Robert als Alleinbewohner zurückließ. Karl Walser war damals bereits ein sehr angesehener Künstler. Das Schaffen seiner Berliner Zeit, die mit Unterbrechungen bis 1925 dauerte, ist erstaunlich vielseitig. Er illustrierte Werke von Cervantes, Kleist, Hauff,

E. Th. A. Hoffmann, Théophile Gautier, Christian Morgenstern, Hermann Hesse, Hugo von Hofmannsthal und anderen. An der Blüte des Berliner Theaters teilnehmend, entwarf er Bühnenbilder und Figurinen für Max Reinhardts »Deutsches Theater« und Hans Gregors »Komische Oper«. Mit Wandmalereien schmückte er herrschaftliche Häuser wie die des Architekten Peter Mendelssohn, des späteren Außenministers Walther Rathenau, des Verlegers Samuel Fischer und des Kunsthändlers Paul Cassirer. Den in Fischers Landhaus befindlichen Fresken des Bruders hat Robert Walser eine längere Beschreibung gewidmet, worin einleitend, wohl nicht ohne Selbstbezug, gesagt ist, der Maler stelle »in acht bis neun überaus lebhaften und reizvollen, länglich-ovalen Bildern ein Dichterleben dar, dem offenbar der Reife- und Alterszustand fehlt; es ist dies ein Zug von träumerischer, gleichsam blumendufthafter Romantik.« (»Leben eines Dichters«) Neben den Auftragsarbeiten malte Karl Walser Berliner Motive, Stilleben und Bilder illustrativen Charakters aus der Phantasie. Zusammen mit Max Liebermann, dem er als eine Hauptstütze der Berliner Sezession nahestand, reiste er für Freilichtstudien nach Holland und an die Ostsee. Im »Leben eines Malers« hat der Dichter den Werdegang des Bruders und am Schluß seinen Aufstieg beschrieben:

»Mit seinen Bildern schmückte er die Wände seines bescheidenen Zimmers, wo dann der launenhafte Gott Erfolg, d. h. ein Herr, ihn aufsuchte, dem es gefiel, ihm über seine Kunst allerlei Verbindliches und Artiges zu sagen, ihn bei der Hand zu nehmen und in die Welt zu führen, die die Welt bedeutet. Nun kam ein Erfolg nach dem andern; eine Anerkennung flog dicht hinter der andern herbei. Es glich einem Rausch, einem Traum. Über Nacht wie zum Liebling erhoben worden, erhielt er zahlreiche schmeichelhafte Aufträge, die seiner Schaffenslust völlig neue Wege öffneten. Die Schwierigkeiten, die sich ihm entgegenstellten, verstand er kräftig zu bewältigen. Bald sah er sich inmitten blendender Gesellschaften, wo er durch ruhige Manieren und kluge wie angenehme

Aufführung die beste Figur machte. Jeder, der ihn zu Gesicht bekam, fühlte sogleich, daß er eine vielfach erprobte Herzhaftigkeit besitze. Überstandene, harte Proben kleiden vortrefflich und sehen bei jeder Gelegenheit schön aus. Wo immer er auftrat, wußte er sich auf freundliche Art Geltung zu verschaffen. Er sah den Glanz und das elegante Getümmel im Theater. Die Tätigkeit, wozu er aufgemuntert wurde, machte ihn glücklich.« (Vielleicht wegen dieser Hervorhebung des Erfolges hat Karl später gegen die Veröffentlichung des »Lebens eines Malers« Einspruch erhoben. Robert hätte ihm willfahren, aber der Verleger Rascher scheint die Aufnahme der Arbeit in den von Karl illustrierten Band »Seeland« durchgesetzt zu haben.)

Als Schaffende hatten die Brüder einiges gemeinsam. »Beide«, sagt Karl Scheffler, »gewinnen in ähnlicher Weise aus dem Wirklichen, aus dem Alltäglichen eine heitere, bitter-süße Romantik, beide bestreben sich, ihren künstlerischen Ernst gefällig erscheinen zu lassen, beide sind knorrig elegant im Stil, eigensinnig und objektiv zugleich. Beide haben sie jene Zartheit, die man so oft bei den Starken und Robusten findet.« (In »Kunst und Künstler«, April 1914) Es sei »in Walsers sentimentaler Zeichenkunst immer etwas naturburschenhaft Realistisches und bengelhaft Unverblümtes« – was auch für die Schreibweise des Dichters zutrifft. Aber dieser erlebte die Welt doch anders als der Maler, mit einem höheren Grad von Eigensinn. *Seine* Objektivität bestand hauptsächlich in der wahrhaftigen Darstellung seiner Subjektivität; ein durch Aufträge bestimmtes Schaffen wäre ihm kaum möglich gewesen. So trägt sein Werk deutlicher das Gepräge des Einmaligen. Ähnlich wiederum war ihm der Bruder in der ungemeinen Selbstsicherheit, die ihn, nach Schefflers Worten, instand setzte, »all der modernen Lebens- und Kunstprobleme lachen zu können«.
Die Bindung zwischen den Brüdern war im übrigen nicht so eindeutig herzlich und innig, wie Behmer meinte. Den früher

zitierten Jugenderinnerungen, die Simon Tanner in einem Brief an Kaspar wachruft, sind die Worte vorangestellt: »Unsere Freundschaft hat sicher etwas Geheimnisvolles, wenn ich Dir sage, daß es gar nicht so unmöglich ist, daß im Grunde genommen unsere Herzen voneinander wegstreben, daß sie nur nicht können. Ich bin ja nun noch recht froh, daß Du noch immer nicht zu können scheinst, denn Deine Briefe klingen sehr artig und ich wünsche vorläufig auch von mir, daß ich im Banne dieses Geheimnisvollen sitzen bleibe. Für uns ist es ja gut, aber, wie kann ich nur gar so trocken reden: ich finde es einfach, um nicht zu lügen, entzückend. Warum sollten nicht einmal zwei Brüder über das Maß hauen. Wir passen ganz gut zusammen, wir paßten auch schon damals zusammen, als wir uns haßten und beinahe totprügelten.« Das Voneinanderwegstreben hatte seine eigentliche Ursache wohl darin, daß der Dichter im Wesensgrund weltabgewandt oder doch mit einem Teil seines Wesens kritischer Denker, der Maler vorwiegend weltfreundlich war.

Zunächst freilich verschmähte es Robert Walser nicht, sich von dem Bruder in die »Welt«, das heißt in diejenigen Kreise einführen zu lassen, auf die er als angehender Schriftsteller angewiesen war. Besonders kam ihm das Ansehen zugute, das jener als Illustrator bei dem Verleger Bruno Cassirer, einem Vetter des Kunsthändlers Paul Cassirer, hatte. Im Verlag Cassirer konnte er in der Folge seine drei Romane und eine Sammlung früher Gedichte, später noch die in der »Insel« erschienenen Dramolette publizieren. Karl mag zudem durch sein Schaffensethos anspornend oder mindestens bestätigend auf ihn gewirkt haben: »Unter den Menschen verschwindet er, und er begehrt auch, unter ihnen zu verschwinden, um ruhig arbeiten zu können. Früher einmal hat er mir in einem Briefe etwas von einem Adler geschrieben, der seine Schwingen breite über Felskanten und der sich über Abgründen am wohlsten fühle, und ein anderes Mal schrieb er mir, der Mensch und Künstler müsse arbeiten, wie ein Pferd, umsinken sei noch gar nichts, umsinken müsse er und sogleich wieder aufstehen und frisch ans Werk gehen.« (»Geschwister Tanner«)

Mit der Niederlassung in der Reichshauptstadt hatte Walser die Commis-Existenz abgetan, und dabei blieb es, obgleich der Dramatiker Karl Vollmöller einmal die Frechheit hatte, ihm zu sagen: »Robert Walser, Sie haben als Commis begonnen und werden immer ein Commis bleiben!« Allerdings scheint sich Walser in der Existenz des großstädtischen freien Schriftstellers vorerst nicht ganz wohl gefühlt zu haben. Deprimierend wirkte natürlich die bereits erwähnte Mitteilung des Insel-Verlags über den schlechten Verkauf von »Fritz Kocher's Aufsätzen«. Jedoch kehrte er angesichts dieser Enttäuschung und der wirtschaftlichen Notlage nicht zum erlernten Beruf zurück. Vielmehr folgte er wieder der eigentümlichen Neigung zu untergeordneter Lohnarbeit, indem er in Berlin einen Kurs für Diener besuchte und darauf eine entsprechende Stelle auf Schloß Dambrau (heute Dabrowa Niemodlinska) in Oberschlesien, nordöstlich von Falkenberg, antrat. Besitzer des Schlosses war Graf Konrad von Hochberg. Als »Monsieur Robert« mußte der Dichter dort in goldknöpfeglänzendem Frack und lackierten Halbschuhen an der Tafel bedienen, Öfen heizen, Perserteppiche klopfen, Böden wischen, Silberlöffel polieren und die Lampen besorgen. »Allabendlich brachte ich sozusagen, bei einbrechender Dunkelheit, Licht in die ringsherum herrschende zweifelhafte Dämmerung, oder wenn man will: Finsternis. Da der Graf ein Liebhaber von schönen Lampen und Lampenschirmen war, so mußten dieselben stets mit äußerster Sorgfalt gepflegt und behandelt werden. An schönen Abenden, wenn ich so in den Zimmern herumschlich, alles so mäuschenstill und voll zarter Stimmung war, wollte mir das ganze Schloß wie verzaubert vorkommen. Alle Gemächer waren etwas wie Zaubergemächer, der Park war ein Zauberpark und ich selbst erschien mir mit meinem leisen, vorsichtigen und behutsamen Lampenlicht wie Aladin mit der Zauber- oder Wunderlampe, der eines Abends die große breite, mit orientalischen Prachtteppichen belegte Palasttreppe hinaufspringt.« So lesen wir in der Erzählung »Tobold«. Das Prosastück »Ein Lakai« aber berichtet: »Das Lächerliche war, daß er neben seiner Lakaienschaft schriftstellerte.« Vor den Schloßbewohnern scheint er die Nebenbeschäftigung möglichst geheim gehalten zu haben; den Insel-Verlag ersuchte er, für Briefe nach Schloß Dambrau Umschläge »ohne Firmadruck« zu benützen. Die Aufzeichnungen des Lakaien Tobold enthalten das wirkliche oder angebliche Produkt des damaligen literarischen Bemühens, die »Studie über den Adel«, die so beginnt:

»Statt in der Hauptstadt auf unlauterer Grundlage den zweifelhaften oder halbverzweifelten Lebemenschen zu spielen, als Ärgernis und Anstoß erregende, überflüssige Figur herumzustehen und -zulaufen, elegante Manieren mit mehr oder weniger Glück zur Schau zu tragen, daneben aber guten und geduldigen Menschen lästig zu fallen, Nichtstuer und unverbesserlicher Tagedieb, Tunichtgut und Taugenichts zu sein, lebe ich lieber hier auf Schloß D... als Diener des Grafen K..., bin arbeitsam, energisch und tätig, verdiene durch tägliche, ebenso beschwerliche wie ehrliche Arbeit mein tägliches Brot und lerne nebenbei auch noch den Adel und seine Sitten bestens kennen, die kennenzulernen für die meisten Menschen wenn nicht geradezu unmöglich so doch wenigstens ganz bestimmt ziemlich schwierig ist, weil der Adel auf Burgen haust und in unnahbaren, uneinnehmbaren Schlössern sitzt, wo er befiehlt, herrscht und residiert wie ein Gott oder zum mindesten wie ein Halbgott!«

Ein anderer, um die soziale Moral nicht so ausdrücklich bekümmerter Walser spricht aus den folgenden Sätzen: »Ist ein Leben ohne Sonderbarkeiten, ohne sogenannte Verrücktheiten überhaupt ein Leben? Wenn der Ritter von der traurigen Gestalt seine verrückte Ritteridee wahrmachte, so machte ich meinerseits meine Dieneridee wahr, die ohne Zweifel mindestens ebenso verrückt, wenn nicht gar noch um einige Grade verrückter ist als jene.« »... ich freute mich über das bescheidene Dasein, das ich verkörperte, außerordentlich. Gibt es doch Menschen, die das helle Licht für ihre Person weniger lieben als den dämmernden Schatten, den sie als äußerst wohlwollend empfinden, und in welchem sie sich auf Grund einer tiefen Neigung, die zurück in die schon vor der Geburt für uns existierenden Länder führt, aufs beste aufgehoben und treulichste beschützt fühlen. Stets betrachtete ich mit großer Lust die Pracht und den Glanz; mich selbst jedoch wünschte ich von jeher in einen ruhigen, bescheidenheitreichen Hintergrund zurückgestellt, um von hier aus in das helle Leuchten mit frohen Augen hinein- und hinaufzuschauen.« (»Tobold«)

Nach Franz Blei fühlte sich Monsieur Robert indessen nicht in jeder Hinsicht befriedigt: »Walser sah immer aus wie ein Page. Von solchem Dienst schwärmte er auch. Einer Dame die Schleppe tragen. Dazu, solchen Traum wirklich zu machen, kam es ja nicht, als er, des Bankschreibers müde, einmal eine Dienststelle auf einem preußischen Schlosse nahm. Die Dame hatte keine Schleppe, sondern regelrechte Plattfüße. Und Walser war froh, nichts mit ihnen zu tun zu haben, sondern die Öfen vom Korridor aus zu heizen. Drei Monate dienstete er. Dann zog er wieder weiter.« (»Prolog über Walser«, in »Die literarische Welt«, 9. Oktober 1925)

Zu Carl Seelig sprach Walser von einem halben Jahr. Jedenfalls kehrte er um Neujahr 1906 zum Bruder nach Charlottenburg zurück, nachdem er mit erhöhtem Lebensgefühl von dem Schloß Abschied genommen hatte: »Jetzt bin ich ein Kerl. Jetzt kann kommen, was kommen will, ich biete ihm die Stirne, messe mich mit ihm und trete ihm zuversichtlich und unverblümt entgegen. Mir ist, als vermöchte ich es jetzt mit der ganzen oder wenigstens halben Welt aufzunehmen. Einbildung, Illusion, wundervolles Gestirn!« (»Tobold«)

Ein Brief an Resy Breitbach vom November 1925 bestätigt das in »Tobold« vermerkte gute Entlassungszeugnis: »... Sie müssen, wahrscheinlich zu Ihrem ganz großen, epatanten

Leidwesen, erfahren, daß Sie da also mit einem einstigen Schloßbewohner oder Bedienten und silbernen Löffelputzer korrespondieren, der, nachdem er damals seine oberschlesische Dienerkarriere abgeschlossen hatte, d. h. aus dem Dienst mit einem verhältnismäßig recht guten Zeugnis entlassen worden war, die ›Geschwister Tanner‹ schrieb, ein Buch, das Sie ja lieben und kennen, wie Sie die Güte besaßen, mir mitzuteilen.«

Den genannten Roman schrieb Robert Walser innerhalb weniger Wochen. Von diesem Schaffenserlebnis berichtet das in den »Kleinen Dichtungen« enthaltene Prosastück »Geschwister Tanner«, eines der schönsten Selbstzeugnisse dichterischer Inspiration:
»Der hinreißende Glanz in den dunklen hauptstädtischen Straßen, die Lichter, die Menschen, der Bruder. Ich in der Wohnung meines Bruders. Ich werde diese schlichte Dreizimmerwohnung nie vergessen. Es war mir immer, als sei ein Himmel in dieser Wohnung mit Sternen, Mond und Wolken. Wunderbare Romantik, süßes Ahnen! Der Bruder bis in alle Nacht im Theater, wo er die Dekorationen machte. Um drei und vier Uhr des Morgens kam er heim, und dann saß ich noch da, bezaubert von all den Gedanken, von all den schönen Bildern, die mir durch den Kopf gingen; es war, als bedürfe ich keines Schlafes mehr, als sei das Denken, Dichten und Wachen mein holder, kräftigender Schlaf, als sei das stundenlange Schreiben am Schreibtisch meine Welt, mein Genuß, Erholung und Ruhe. Der dunkelfarbige Schreibtisch so altertümlich, als sei er ein alter Zauberer. Wenn ich seine feingearbeiteten, kleinen Schubladen aufzog, sprangen, so bildete ich mir ein, Sätze, Worte und Sprüche daraus hervor. Die schneeweißen Gardinen, das singende Gaslicht, die länglichdunkle Stube, die Katze und all die Meeresstille in den langen gedankenreichen Nächten. Von Zeit zu Zeit ging ich zu den munteren Mädchen in die Mädchenkneipe, das gehört auch mit dazu. Um nochmals die Katze zu erwähnen: sie

setzte sich immer auf die beiseite gelegten, vollgeschriebenen Papiere und blinzelte mich mit ihren unergründlich-gelben Augen so eigentümlich an, so fragend. Ihre Gegenwart glich der Gegenwart einer seltsamen, schweigsamen Fee. Ich habe vielleicht dem lieben stillen Tier viel zu verdanken. Was kann man wissen? Ich kam mir überhaupt, je mehr ich vordrang mit Schreiben, wie behütet und wie beschützt vor von einem gütigen Wesen. Ein sanfter, zarter, großer Schleier wob um mich. Es sei hier allerdings auch der Likör erwähnt, der auf der Kommode stand. Ich sprach ihm so viel zu, als ich durfte und konnte. Alles, was mich umgab, wirkte labend und belebend auf mich. Gewisse Zustände, Verhältnisse, Kreise sind einmal da, um vielleicht nie mehr wieder zu erscheinen, oder dann erst wieder, wo man es am allerwenigsten voraussetzt. Sind nicht Voraussetzungen und Vermutungen unheilig, frech und unzart? Der Dichter muß schweifen, muß sich mutig verlieren, muß immer alles, alles wieder wagen, muß hoffen, darf, darf nur hoffen. – Ich erinnere mich, daß ich die Niederschrift des Buches mit einem hoffnungslosen Wortgetändel, mit allerlei gedankenlosem Zeichnen und Kritzeln begann. – Ich hoffte nie, daß ich je etwas Ernstes, Schönes und Gutes fertigstellen könnte. – Der bessere Gedanke und damit verbunden der Schaffensmut tauchte nur langsam, dafür aber eben nur um so geheimnisreicher aus den Abgründen der Selbstnichtachtung und des leichtsinnigen Unglaubens hervor. – Es glich der aufsteigenden Morgensonne. Abend und Morgen, Vergangenheit und Zukunft und die reizende Gegenwart lagen wie zu meinen Füßen, das Land wurde dicht vor mir lebendig, und mich dünkte, ich könne das menschliche Treiben, das ganze Menschenleben mit Händen greifen, so lebhaft sah ich es. – Ein Bild löste das andere ab, und die Einfälle spielten miteinander wie glückliche, anmutige, artige Kinder. Voller Entzücken hing ich am fröhlichen Grundgedanken, und indem ich nur fleißig immer weiter schrieb, fand sich der Zusammenhang.«

Das Andenken an Muschi, die schwarze Katze, hat dem

Dichter auch das rührende Tiermärchen »Katzentheater« sowie die Prosastücke »Katze und Schlange« und »Essen« (II) eingegeben. Im letztgenannten heißt es: »Als ich zu Berlin ›Geschwister Tanner‹ schrieb, nährte ich mich, wie mir lebhaft in Erinnerung geblieben ist, hauptsächlich mit echten und regelmäßig, gottlob, recht saftigen Kieler Sprotten, die eine Sorte Fisch sind, von denen zu sagen sein mag, daß sie besonders von hoffnungsvollen Schrift- oder Feststellern verzehrt zu werden pflegen. Die Sprottenköpfe zerriß und fraß jeweilen Muschi, meine damalige Katze, an die ich nicht ohne Wehmut zurückdenke. Muschichen kam mit der Zeit in eine Bäckerei, wo sie fleißig Mäuse fangen und vertilgen sollte. Der Beruf war ihr aber scheinbar zu peinlich; sie vernachlässigte ihre Pflicht vollständig, weshalb sie in den Zoologischen Garten gegeben wurde, wo sie als Speise für Schlangen Verwendung fand. Armes Kätzchen!«
Bruno Cassirer fand den Roman langweilig, aber einer seiner Lektoren, Christian Morgenstern, belehrte ihn eines Bessern, so daß er das Werk annahm. Morgenstern, einerseits Verfasser der »Galgenlieder« und ähnlicher Grotesken, anderseits ernster Gedankenlyriker und Aphoristiker, begegnete in Robert Walser einem Dichter, bei dem sich Humor und Ernst in *einer* Sprache äußerten, und er war fähig, dieses elementarere Dichtertum in seinem Wert anzuerkennen. Walser hingegen war es zufrieden, sich von dem sieben Jahre älteren Förderer ein wenig schulmeistern zu lassen. Mitte September 1906 erhielt er von Morgenstern, der in Obermais bei Meran in den Ferien weilte, folgenden Brief:
»Vom Verlag Cassirer gebeten, die Korrekturen Ihres Romans ›Geschwister Tanner‹ mitzulesen, nehme ich mir die Freiheit heraus, diese verhältnismäßig passive Tätigkeit ein wenig aktiver zu gestalten. Ich habe ein so unmittelbares, aufrichtiges Interesse an Ihnen und Ihrer Schriftstellerei, daß Sie's mir gewiß nicht verübeln werden, wenn ich mir erlaube, Bogen für Bogen mit kleinen Bemerkungen zu begleiten, Bemerkungen, die sich natürlicherweise vornehmlich nur auf sprachliche

Dinge beziehen werden. Ich glaube Sie um so weniger zu kränken, als Sie Herrn Cassirer selbst gestanden haben, es sei Ihnen persönlich unmöglich, an der Sache herumzufeilen, aber schließlich recht, wenn ein anderer dies durchaus tun wolle. Es würde mir nun ein besonderes Vergnügen sein, Sie durch den Charakter besagter Bemerkungen von Ihrem Widerwillen gegen diese künstlerische Nacharbeit, die bei Ihrer Art zu arbeiten doppelt notwendig erscheint, einigermaßen zu heilen. Ich will damit beginnen, Ihnen mitzuteilen, was ich bei Lesung des ersten Bogens ungefähr empfand, – wobei Sie wissen müssen, daß ich bei Anfang jeder neuen Lektion vor allem die sprachliche Seite ins Auge fasse, indem sie mir fast immer den stärksten Aufschluß über den Autor gibt – sosehr ich dann auch später oft einlenke, ja widerrufe. Also: der Anfang Ihrer Arbeit machte auf mich, aus dem Privatgebiet des Handschriftlichen in die Öffentlichkeit des Drucks gerückt, einen schlechten Eindruck. Ich sah (wie immer) zunächst nur die Untugenden Ihres Stils, das ohne Not Weitschweifige, das Saloppe des Satzbaus, die zur Trivialität führende Selbstgefälligkeit, die grammatikalische Unsicherheit, die Schiefe und mangelhafte Durchführung eines oder des andern gewählten Bildes. Richten Sie auf diese Punkte Ihr Augenmerk, und zwar, wenn nicht während des Schreibens, so unbedingt nach der ersten Niederschrift der Seite, des Abschnitts oder des ganzen Werkes, und Sie werden der beschämenden Nachsicht nicht mehr bedürfen, die sich sonst in das Lob der öffentlichen Kritik zweifellos mischen würde. Beherrschung des Materials ist die erste Bedingung, und sie dürfen wir auch endlich heut in Deutschland von jedermann fordern. Da ich weiß, wie Sie arbeiten – ich beneide Sie vom Standpunkt dessen darum, dem der Ausdruck seiner Gedanken und Empfindungen in Prosa die größte Mühe bereitet – füge ich noch dies hinzu: Im Augenblick der Produktion darf einem alles gefallen, alles als die schönste und beste Lösung erscheinen. Im Augenblick des Hinschreibens mag man in jeden Satz verliebt sein, hinterher aber muß diese ›Affenliebe‹ des Verfassers der anspruchsvollen und verwöhnten

Strenge des Lesers weichen. Nicht nur aber sein erster und sein bester, sondern auch sein unnachsichtigster Leser zu sein, halte ich für ein Grundprinzip jedes Schriftstellers. Ich habe Ihnen noch mehr zu sagen (und zu raten); aber es läßt sich das alles besser an Ihren Text selbst anknüpfen. Stoßen Sie sich nicht daran, wenn manches pedantisch und magistral klingen sollte: die Hauptsache ist, daß es, wenn auch nur in Kleinigkeiten, Ihre Aufmerksamkeit auf stilistische Dinge erhöht.« (Christian Morgenstern, »Alles um des Menschen willen. Briefe«, München 1962)
Der Roman »Geschwister Tanner«, ein hochgradig autobiographisches und zugleich ungewöhnlich dichterisches Buch, schildert die Grundbeziehungen zwischen den Mitgliedern der Familie Walser ohne Zweifel so, wie Robert Walser sie erlebt hat. Die Eigenschaften der Brüder Hermann und Oscar scheint er in dem korrekten Pflichtmenschen Doktor Klaus kombiniert zu haben, vielleicht um die spöttisch getönte Charakteristik nicht einem der beiden allein fühlbar werden zu lassen. Von Hermann ist bekannt, daß er das auf ihn zu Deutende schmerzlich empfunden hat. Doch hat er sich, wie Lisa Walser bezeugt, bei Robert nicht beklagt. Ungeachtet der Verschleierungen und der verwendeten Decknamen, ungeachtet auch der im ganzen von Liebe und Verständnis durchwalteten Charakterzeichnung hat der Dichter im Alter das Verfahren mißbilligt: man dürfe »vor der Öffentlichkeit über seine eigenen Geschwister nicht so intim urteilen«. (Carl Seelig, »Wanderungen mit Robert Walser«, St. Gallen 1957; neue Ausgabe Frankfurt a. M. 1990) Damit stimmt überein, was er 1927 an Max Rychner schrieb: daß er sich »zum Grundsatz bekenne, ein Schriftsteller habe dringend Modelle nötig, die ihn beleben, er sei aber verpflichtet, diese seine Modelle nach Möglichkeit zart anzufassen, will sagen, vollständig unangerührt, ungekennzeichnet zu lassen« – womit er freilich etwas wie eine Quadratur des Zirkels postulierte. Sich selber hat er jedenfalls in Simon, der Hauptperson von »Geschwister Tanner«, nicht zarter angefaßt als die andern.

Er hatte die Freude, seinen Roman von Josef Viktor Widmann im »Bund« einläßlich gewürdigt zu sehen. Daß Widmann nicht bloß ästhetisch zu werten verstand, zeigte er mit der Bemerkung, das Buch schlage einen Dämon aus dem Felde, »der schon so manches sonst wackere Herz feige gemacht hat: die Furcht vor der Armut«. Franz Blei besprach »Geschwister Tanner« in den »Opalen«, der einfühlungsfähige Felix Poppenberg in der »Neuen Rundschau«. Das erste Tausend der Auflage war innert Jahresfrist abgesetzt.

Bruno Cassirer gewährte dem Dichter während einiger Zeit monatliche Vorschüsse. Doch war es anscheinend zu wenig, als daß Robert Walser nicht gelegentlich wieder an anderen als literarischen Erwerb hätte denken müssen. Er ließ sich, unter Fürsprache Max Liebermanns, als Sekretär der Berliner Sezession anstellen, jener Künstlervereinigung, die der von der Reichsregierung begünstigten traditionellen Kunst kritisch gegenüberstand und dem Impressionismus Geltung zu verschaffen suchte.
»Der kommerzielle Leiter einer Vereinigung bildender Künstler forderte mich eines Tages wohlgewogenermaßen auf, sein Sekretär zu werden. ›Ich hoffe‹, sprach er, ›daß Sie ebensogut Bilder zu verkaufen wie Bücher zu veröffentlichen imstande sind!‹ Das Anerbieten war zu liebenswürdig, als daß es sorglos hätte abgelehnt werden können ...
Eine Zeitlang bildete ich mir ein, äußerst gewandt im Kunsthandel zu sein. Sicher ist, daß ich mich zum behaglichen Droschkenfahren auf freundlich belebter, glitzernd heller Straße und zum stunden- und halbstundenlangen heitern Plaudern mit muntern Künstlerfrauen prächtig eignete. Geistvolle Klubabende zeigten mich scheinbar regelmäßig auf der Höhe. Mit Delikateßplatten verstand ich meisterlich umzugehen – Malerinnen besuchte und ermutigte ich oft und gern. In solcher und ähnlicher Hinsicht bewährte ich mich glänzend. Nachträglich bin ich jedoch zur Überzeugung gekommen, daß ich kein sonderlich wertvoller, kluger, umsich-

tiger und erfolgreicher Gemäldesekretär gewesen sein kann. Sachverständige zuckten über den Umfang dessen, was ich leistete, einigemal merklich die Achsel. Dem Leiter des Unternehmens schien es zu passen, mit seinem Beamten vorzugsweise über Verse und dergleichen zu reden.
Ein stattlicher Nachfolger stempelte mich bald hernach zum Vorgänger und veranlaßte mich, das Amt niederzulegen, vom Posten abzudanken, feinsinnig Platz zu machen und hübsch anderwärts besorgt zu sein. Mir zu zürnen, weil er so kühn gewesen war, Gaben in mir zu vermuten, die ich nicht offenbarte, oder mich gering zu schätzen, fiel meinem Gönner in keiner Weise ein. Um mir zu zeigen, daß er mir weiterhin freundlich gesinnt zu bleiben gedenke, lud er mich mit höflichen und fröhlichen Worten zum Essen ein.« (»Der Sekretär«)
Der »kommerzielle Leiter« und »Gönner« war Paul Cassirer, der Mann, der, wie Kaiser Wilhelm II. sich ausdrückte, »die französische Dreckkunst zu uns gebracht hat«. Walser beleuchtet ihn auch im »Portrait eines Kaufmannes« und in »Frau Bähni«, wo er ihn als »Gewalthaber Bösiger« auftreten läßt:
»Ich war damals etwas wie Bösigers bevorzugter Günstling. Der Umgang mit mir mochte ihm angenehm sein, weil ich unerfahren war. Meine Harmlosigkeit bereitete ihm eine Art Vergnügen, und die Ungeschicklichkeit, die ich dann und wann sehen ließ, machte ihn lachen. Es ist bekannt, daß große und einflußreiche Herren gern in Gesellschaft von Leuten sind, die keinerlei Gewicht haben. Ich spielte damals in den Kreisen, die den Ton angeben, d. h. in der Welt der Bildung, Intelligenz und Eleganz die Rolle eines jugendlichen Anfängers. – Ich tauchte da und dort vorteilhaft oder unvorteilhaft auf und machte meine ersten gesellschaftlichen Erfahrungen. In den Salons hatte ich übrigens, wie ich rasch merkte, nicht den geringsten Erfolg, und vielleicht war es gerade dieser Umstand, der mir Bösigers Gunst eintrug. Es war ihm unmöglich, in mir einen Rivalen zu erblicken. Später kam er mir

gegenüber dann auf andere Gedanken, er begann mit der Zeit stutzig über mein Betragen zu werden, und mit der Gönnerschaft war es alsdann aus.«

An Resy Breitbach schrieb Walser am 15. Januar 1926: »Und nun ist da in Berlin der berüchtigte Räuberhauptmann, pardon, ich wollte sagen, berühmte Kunsthändler Paul Cassirer gestorben, obwohl man allerdings über Gestorbene nie spötteln sollte. Dieses Herrn Paul Cassirer's Bild brachte letzthin die ›Literarische Welt‹ und in derselben Woche erschießt sich aus einer Menge über ihn herfallender Alltagssorgen dieser selbe gewiß sehr bedeutende Mann, den ich persönlich sehr gut kannte... Also dieser Paul Cassirer war neunzehn Jahre lang mit der sicher sehr bedeutenden Schauspielerin *Tilla Durieux* verheiratet, die hie und da schnippisch zu ihm war, was er aber vollauf verdiente. Ihre Schnippischkeit glich einem Dolch, und mit diesem Dolch kitzelte sie ihn, und dieser Cassirer ging eines Tages hin und erzählte in ganz Berlin, daß ich und der Maler Nauen die beiden Naturen seien, die den größten Apetit in Deutschland besäßen und die spärlichste Neigung, Frauen gehörig zu unterhalten. Er pflegte zu meinem Bruder Karl zu sagen: ›Kommen Sie heute Abend zu mir zu Tisch. Bringen Sie Ihren Bruder mit, aber nur unter der Bedingung, daß er keinen allzu starken Hunger hat.‹ ... Paul Cassirer weigerte sich im Jahre 1913, Aufsätze von mir zu verlegen und mir einen Vorschuß von M 300.– in die Hand zu drücken. Das tat dann später der Verlag Kurt Wolff ... Übrigens verehrte er mich natürlich sehr und ich ihn ebenfalls. Über ›Geschwister Tanner‹ sagte er z.B.: ›Dieses Buch hat kolossalen Erfolg und zugleich kolossalen Mißerfolg gehabt.‹ Bis zu einer gewissen Stufe oder Grenze war das gewiß klug gesprochen.«

In dem Kreis um Paul Cassirer wurde Robert Walser auch mit den Malern Max Slevogt, Lovis Corinth und Leopold Graf von Kalckreuth näher bekannt.

Damals weilte in Berlin noch ein anderer junger und vielversprechender Schweizer Dichter, Albert Steffen. Zu gleicher Zeit wie Walser hatte auch er seinen ersten Roman, »Ott, Alois und Werelsche«, veröffentlicht. Er las »Geschwister Tanner« und fühlte sich, wie er berichtet, von einem Satz frappiert:
»Da ist von einem Antlitz die Rede, das gerade deshalb schön erscheint, weil es auf der einen Hälfte von einem Muttermal bedeckt ist*. Die innere Schönheit siegt über die äußere Häßlichkeit. Der Dichter hatte damit ein Augenerlebnis ausgesprochen, das nicht sinnlicher, sondern seelischer Art war. Mit diesem Problem hatte ich auch in meinem Buch gerungen. Drum wollte ich den Menschen kennen lernen, der ›so weit oder noch weiter‹ wie ich gekommen war. – Mein Tagebuch vermerkt den 30. Oktober 1907. Robert Walser wohnte damals in Charlottenburg. Er öffnete mir selbst die Tür zu seiner Wohnung, die einen öden Eindruck machte, als wäre es dem Menschen, der hier hauste, gleichgültig, was darin für Möbel standen. Über einer Stuhllehne hing ein Anzug, an welchem der Dichter soeben einen Knopf angenäht hatte. Auf dem Tisch lag Goethes ›Wilhelm Meister‹ in einem altmodischen Riesenexemplar mit Doppelkolonnen, wie ich sehen konnte, denn das Buch war aufgeschlagen. Er schob es beiseite, aber schloß es nicht, als hätte er gern weitergelesen. Das verschüchterte mich ein bißchen. Goethe, der alte Geheimrat, war eine bessere Gesellschaft als ich, der gestern noch Gymnasiast gewesen. Daß Robert Walser, der wie ich aus dem Bernbiet kam, trotz seiner Berliner Gewandtheit ebenso verlegen sein mochte wie ich, fiel mir nicht ein. Er sprach über Goethes Stil, und ich folgerte daraus, daß er die Wanderjahre nicht nur des Inhaltes, sondern auch der Form wegen studierte. Sie waren ihm ein Lehrbuch, das er immer wieder vornahm. – Plötzlich sprang die schwarze Riesenkatze, die sein einziger Hausgenosse war, auf meine Knie,

* Es ist Kaspars Malerkollege Erwin, der mit einem solchen Muttermal behaftet ist. (»Geschwister Tanner«, drittes Kapitel)

was Walser für ein gutes Zeichen nahm. Es käme sonst nicht vor, sagte er. Auch sie gefiel mir, und ich schrieb zu Hause in mein Tagebuch: ›Außerordentlich schönes Fell.‹ – Wir haben uns kurz hernach noch einmal und ebenso flüchtig gesprochen, dann aber nie mehr gesehen. Und dennoch glaube ich, daß wir uns wie alte Schulkameraden gut sind. Zweierlei zieht mich an Robert Walser immer wieder an: seine scheu verhüllte Ehrfurcht vor dem wahren Leid der Armen und Hilflosen und eine in zahllosen Fazettenlichtern blendende Ironie der Verlogenheit (besonders innerhalb der Literatur) gegenüber. Was aber die Teilnahme für den Dichter besonders wachruft, ist, daß man spürt, er steht an jener Schwelle, wo der Mensch entweder verstummt oder eine neue Geist-Erkenntnis beginnt.« (In der Besprechung des Walser-Auswahlbandes »Große kleine Welt«, »Goetheanum«, Dornach, 26. Dezember 1937)
Walser und Steffen sind bisweilen zusammen genannt und als Wesensverwandte bezeichnet worden. Zwei Selbstzeugnisse mögen belegen, daß ungeachtet des Ähnlichen eine tiefgehende Verschiedenheit bestand. Ein Berliner Tagebucheintrag von Albert Steffen lautet: »Um das Leben in allen Abgründen zu durchdringen, quartierte ich mich in einer Gasse ein, wo Elend und Verkommenheit herrschten. Mein Zimmer ging auf einen Hinterhof, in den die Türen einer düsteren Spelunke mündeten. Nachts drang das Gejohle und Gekreische der Insassen ununterbrochen zu mir herauf. Ich sah nicht, was ich hörte, denn ich habe die Schenke nie betreten. Gerade deshalb aber mochte jene Sphäre auf mich wirken. An einem Novemberabend verdichtete sich diese Wirkung zu einem wesenhaften, erschütternden Bilde. Ich schaute bei vollem Bewußtsein, bei freiestem Urteil, wie sich aus dem Hofe, der eng und schwarz war, eine Geistergestalt, gegliedert aus Begier, Vernichtungstrieb und wehester Selbstqual, emporhob und mit einem Todesseufzer auf mich eindrang. Ich vernahm aus diesem innern Laut den Untergang der Seele. Es war wie ein Hilferuf, ein Anklammern, ein Würgenwollen,

wie eine heftig drängende Mahnung, das Wort der Erlösung zu finden.« (Zitiert nach Friedrich Hiebel, »Albert Steffen«, Bern 1960)

Der auf »Geist-Erkenntnis« bedachte Steffen hat die anrüchige Schenke nie betreten. Robert Walser dagegen hat diese Welt nicht nur studien- und erkenntnishalber von außen betrachtet: »In Berlin habe ich mich mit Vorliebe in vulgären Kneipen und Tingeltangels herumgetrieben, damals, als ich mit Kari und der Katze ›Muschi‹ im gleichen Atelier wohnte, in dem er seine tschechische Freundin mit dem Barsoi malte, mich aber nicht. Ich foutierte mich um die Welt von oben. Ich war in meiner Armut glücklich und lebte wie ein sorgloser Tänzer. Ich habe damals auch tüchtig gesoffen. So wurde ich schließlich ziemlich unmöglich ...« (Seelig, »Wanderungen ...«)

Morgenstern und Steffen wurden bald nach ihren Begegnungen mit Walser zu Anhängern Rudolf Steiners, des Begründers der Anthroposophie. Über die Wandlung Steffens hat sich Walser mit jener kaum merkbar ironischen Zurückhaltung geäußert, die er, der Bekenntnislose, gegenüber allen bekenntishaften und doktrinären Gemeinschaften und ihren Anhängern geübt hat: »In Wirklichkeit trat er einer Gemeinschaft religiöser Tendenz als vielleicht zu innig dienendes, zu leidenschaftlich ergebenes Mitglied bei. Über seinen Schritt zu urteilen würde ich, was mich betrifft, jederzeit ruhig ablehnen; ich würde mich in einem Gespräch, das sich auf ihn bezöge, darauf beschränken, Verbindliches, d. h. ein paar achtungsvolle Worte auszusprechen, wobei es mir einfallen könnte, dem Ausspruch ›Krisis‹ zu erlauben, aus der Wohnung meines Mundes mit möglichst viel Unauffälligkeit hervorzutreten.« (»Eine Art Novelle«)

Als ein Abseitiger mußte Walser für das Wohlwollen und Verständnis, das ihm von seiten namhafter Anthroposophen zuteil wurde, dankbar sein. Noch in den zwanziger Jahren brachte die von den Anthroposophen Willy Storrer und Hans Reinhart geleitete Zeitschrift »Individualität« Prosastücke von ihm und Würdigungen seines Schaffens. Der innere Vorbehalt bei solcher Mitarbeit erhellt aus einem Brief an Resy Breitbach vom Oktober 1926: »Sie lasen den ›Kuß‹ in der ›Individualität‹, ein Prosastück, das ich Ihnen von mir aus niemals zu lesen gegeben hätte, und das ich, wenn es ein weniger Artiger gedichtet haben würde, als wie ich einer bin, und wenn ich etwa Zensor oder Konsistorial- oder Regierungsrat wäre, mit einer Schleunigkeit konfisziert hätte, die nichts zu wünschen übrig gelassen hätte. Es tut mir sehr leid, daß dies Stück, das ich nur für Sektierer, Frömmler, Ekstatiker zu veröffentlichen glaubte, etwa für ganz herangereifte Frauen, Ihnen unter die jungen Augen kam, und ich lade Sie höflichst ein, mein Fräulein, lesen Sie doch lieber einstweilen einfach bloß etwa Schiller oder höchstens Goethe.«

Eine Begegnung polaren Charakters war auch die mit dem Wirtschaftsführer, Politiker und Philosophen Walther Rathenau. Nach dem Prosastück »Zwei Männer« hätte Rathenau die Absicht bekundet, Robert Walser »nützlich zu sein«. Aus den Worten, mit denen der arme Dichter in diesem Prosastück das Anerbieten ablehnt, spricht das demütig-starke Selbstbewußtsein Walsers in besonderer Reinheit: »Ich danke Ihnen, doch halte ich für überflüssig, mir unter den Arm zu greifen. Die Welt ist jahrtausendalt und reich an unverhoffter Aussicht. Das Auge blitzt; der muntere Körper steht auf gesunden Füßen. Ein redlicher Mensch ist mit dem ihm gegebenen Geschick vollauf zufrieden, und fröhliche Zuversicht verspricht Besseres, als was ich mir durch Empfehlung verschaffen könnte... Ich sende jeweilen die Seele voraus und gehe hinter ihr her, kenne auf diese Art meine Straße genau, weiß, wer ich bin und was ich soll, und wenn es Dinge gibt, worüber man lachen kann, oder irgendwo ein Hohes vorhanden sein könnte, das jedermanns tröstlicher Freund ist, so freue ich mich und bin glücklich, und Sonstiges brauche ich nicht.« Indessen wird deutlich, daß er Rathenaus Wert zu schätzen wußte, und am Schluß bekennt er sich zu einer Art metaphysischer Gemeinschaft mit ihm: »Wahrscheinlich werden sie sich im Leben nie wieder begegnen. Womöglich aber kann ein Zufall sie von neuem zusammenführen. Wenn nicht, so gehen sie immerhin, obgleich in verschiedenem Sinn und gegensätzlichem Geiste, demselben Kommenden entgegen. Umschlungen werden sie von ein und demselben Umfassenden sein. Ein und dasselbe Zwingende wird Druck auf sie ausüben, bis ein gleiches Befreiendes aus lichtem Himmel niederdringen und beide aus wirrer Bemühungen Knechtschaft milde erlösen wird.« In einem Prosastück freilich, das im vierten Band der Mikrogrammtexte »Aus dem Bleistiftgebiet« erschienen ist, zeichnet Walser ein recht boshaftes Bild von Rathenau. Der von Hause aus reiche, eine Zeitlang mächtige und zugleich geistvolle Mann mochte ihm als ein allzu vieldeutiger, verwirrender Charakter vorgekommen sein.

Vom oberschlesischen Intermezzo abgesehen, gab es in der Berliner Zeit keine größeren Unterbrechungen des Ortsaufenthalts. Bisweilen dachte Walser daran, nach Übersee zu reisen. Seit Jahren, schrieb er an Morgenstern, trage er diesen Gedanken, sei aber nie dazu gekommen, »ähnlich wie es einem Verliebten gehen mag, der nicht dazu gelangt, das Wort und den Schritt zu tun, der notwendig ist«. Eine große Liebe war es nicht, denn anschließend meint er: »... London würde freilich auch für's erste ›genügen‹.« Und in einem folgenden Brief: »Den Gedanken, nach den Kolonien zu gehen, muß ich jetzt aufgeben, es würde zu viel Geld und was wichtiger ist, zu viel Zeit kosten. Man darf die Flucht nicht in eine solche Ferne greifen (sic!), da es sonst leicht passieren könnte, daß man die Fühlung verlöre mit allem, was noch an Kunst und künstlerisches Leben fesselt. Außerdem ist es gerade so schön, *nichts* zu sein, es hat eine höhere Glut, als das *Etwas* sein. Ein Lebensberuf ist eine hindernde Sache und zugleich eine schöne, abschließende Sache, aber wer möchte abschließen, und ich erst, nein, nach Afrika zu gehen, habe ich jetzt vorläufig keine Lust und ich darf auch keine haben. Ich würde es für ein

tieferes Erlebnis halten, ins Zuchthaus zu kommen, aber das dürfte eigentlich sehr töricht geredet sein.«
Von Bruno Cassirer soll Walser, einem Bericht des Bruders zufolge, einmal den Scheck für eine mehrmonatige Reise nach Indien in der Tasche gehabt, ihn aber sozusagen im letzten Augenblick wieder zurückgegeben haben. Ähnlich ging die Sache aus, als ihm Walther Rathenau eine leichte Stelle auf Samoa verschaffen wollte (vgl. vorletzten Abschnitt). In beiden Fällen handelte er wohl aus der gleichen Überlegung, die er dem Verleger Fischer gegenüber kundgab, als dieser ihn zum Zweck einer Buchreportage nach Polen und der Türkei zu schicken gedachte: »Was brauchen Schriftsteller zu reisen, solange sie Phantasie haben?« (Seelig, »Wanderungen ...«) Er übertrug jetzt auf Berlin, was er Simon Tanner in bezug auf die angestammte Heimat hatte sagen lassen: »Ich bleibe und werde wohl bleiben. Es ist so süß, zu bleiben. Geht denn die Natur etwa ins Ausland? Wandern Bäume, um sich anderswo grünere Blätter anzuschaffen und dann heimzukommen und sich prahlend zu zeigen?« – Dagegen ließ er sich von Paul Cassirer auf eine nächtliche Ballonfahrt Berlin-Königsberg mitnehmen, worüber er einen im besten Walserton gehaltenen Aufsatz schrieb (»Ballonfahrt«).

Ein vom Verlag Scherl veranstalteter Wettbewerb gab dem Dichter den Anstoß zu einem weiteren Roman. Wiederum in kurzer Zeitspanne – in sechs Wochen – entstand »Der Gehülfe«. Der Manuskriptsendung legte der Verfasser einen Brief bei, worin er achttausend Mark Honorar verlangte. Sozusagen postwendend und ohne Begleitschreiben erhielt er das Manuskript zurück, worauf er sich ins Verlagsbüro begab und sich erkundigte, was dies zu bedeuten habe. Als der Verlagsleiter spöttisch die hohe Honorarforderung erwähnte, wurde der Dichter grob: »Sie Kamel verstehen überhaupt nichts von Literatur« – und ging, die Türe zuknallend, ab.
Mit einer Umschlagzeichnung von Karl Walser erschien

»Der Gehülfe« 1908 bei Bruno Cassirer. Nie vorher und nachher, hat Robert Walser gesagt, habe er sich solche Mühe gegeben, realistisch zu erzählen. Der Wädenswiler Aufenthalt vom Jahre 1903 lieferte den Stoff, und es findet sich wenig in dem Buch, was man nicht im Sinn des Realismus für erlebt halten könnte. Nur die sanft ironische und verhalten wehmütige Betrachtungsweise des Gehülfen – Walser selber – bringt ein persönliches Moment in die Schilderung der Mißerfolge des Erfinders Tobler und der damit verknüpften Vorgänge in seinem Hause. Walsers Sprache nähert sich hier wie nirgends sonst einem sachgebundenen Normalstil. Bärensweil (Wädenswil) beschreibt er in Sätzen, die auch in einer geographischen Arbeit seines Bruders Hermann stehen könnten.

Günstig äußerten sich über den »Gehülfen« Felix Poppenberg in der »Neuen Rundschau«, Wilhelm Schäfer in den »Rheinlanden« und Widmann im »Bund«. In Widmanns Besprechung steht das feine Aperçu, Walser erinnere mit seinen »närrischen Stellen« an jenes deutsche Tiermärchen, wo es heißt: »Das Füchslein warf sich ins Gras und wollte sich zu Tode lachen.« Nur zu einem bitteren Lachen konnten dem Dichter die abfälligen Urteile Hans Nordecks im katholischen »Hochland« und des deutschtümelnden Josef Hofmiller in den »Süddeutschen Monatsheften« Anlaß geben. Ohne Sinn für das einmalige Amalgam von Innerlichkeit und Lebenswahrheit, meinten beide dem Roman Langweiligkeit und Substanzlosigkeit vorwerfen zu sollen. Hofmillers Urteil nimmt sich um so übler aus, als es von lobenden Äußerungen des gleichen Rezensenten über neue Bücher von eher mittelmäßigen, typisch »bodenständigen« Schweizer Dichtern wie Johannes Jegerlehner, Josef Reinhart, Alfred Huggenberger, Otto von Greyerz und Ernst Zahn flankiert ist. Trotz solcher Stimmen war der Absatz des Buches ziemlich gut, so daß sich der Verleger zu einer zweiten und einer dritten Auflage entschloß.

Cassirer hatte zudem den Mut, noch Ende 1908 einen Band

»Gedichte« von Robert Walser zu verlegen, eine Auswahl aus dem lyrischen Schaffen der Zürcher Jahre. Er ließ davon nur dreihundert Exemplare mit vierfarbigem Deckel, Büttenpapier und sechzehn stimmungsreichen Radierungen von Karl Walser herstellen. Der Subskriptionspreis betrug dreißig Mark. Sonderbarerweise enthält der Band keine Gedichte aus dem im Nachlaß von Fanny Hegi-Walser aufgefundenen Heft, das den Titel trägt: »Drittes Buch. Saite und Sehnsucht«. Die fünfzig Gedichte dieses Heftes, die nach Form und Gehalt in die Zürcher Jahre gehören, wurden erstmals 1979 veröffentlicht.

Der Dienerkurs, den Walser vor dem Aufenthalt in Oberschlesien absolviert hatte, gab ihm den Einfall für das Milieu des Tagebuchromans »Jakob von Gunten«. Anders als im »Gehülfen« bemühte er sich hier nicht um Wiedergabe gesellschaftlicher Wirklichkeit. Der Betrieb der Schule, des Instituts Benjamenta, wird in dämmerhaften Umrissen gezeichnet, mit seelenkundlicher Genauigkeit dagegen das Geflecht der rein menschlichen Beziehungen zwischen dem Zögling von Gunten einerseits, seinem Bruder Johann, dem Vorsteher Benjamenta, dessen Schwester Lisa und den Mitzöglingen anderseits. Die von dem Dichter selber probeweise verwirklichte »Dieneridee« zieht sich als unaufdringlich gehandhabtes Leitmotiv durch Charakterstudien, Episoden, Traumerlebnisse, gesellschafts- und kulturkritische Gedankengänge. In der Kunst der Verfremdung ist »Jakob von Gunten« den Erzählungen Franz Kafkas verwandt, der als einer der ersten, noch bevor er selber an die Öffentlichkeit trat, seine Liebe zu Walsers Prosadichtungen bekundet hat. Bei Walser freilich kommt es trotz der Verfremdung immer wieder zu Augenblicken einer spielerischen, oft seiltänzerischen, die Gefahr eskamotierenden Weltfreundlichkeit, während bei Kafka das Unheimliche, Gefahrdrohende überwiegt.
Aus dem Prosastück »Über eine Art Duell« erfahren wir, in Berlin habe Walser sechs Romane geschrieben, von denen er

für nötig gehalten habe, drei zu zerreißen. Angesichts der Arbeitsleidenschaft, zu der er sich zwischen eher bummelhaften Zeiten entflammen konnte, erscheint dies glaubhaft. Nach der Aussage des Bruders war nicht so sehr Selbstkritik als erfolglose Verlegersuche der Grund. Der erste der vernichteten Romane wird von Walser in einem Brief an Morgenstern von Ende Oktober 1906 erwähnt: der Held gehe »nach Asien, indem er sich einem tollen Gelehrten ›dem Teufel im Sommermantel‹ als Gehilfen anschließt«. Morgenstern las das Manuskript, erstattete zuhanden Bruno Cassirers ein zum Teil rühmendes, zum Teil kritisches Gutachten darüber und legte diesem »eine Art Aphorismus über Walser aus meinem Taschenbuche« bei:
»Dieser Mann wird sein ganzes Leben lang so weiter reden und er wird immer schöner und schöner und immer bedeutender reden, seine Bücher werden ein eigentümlicher und wundervoller Spiegel des Lebens werden, *des* Lebens, das er, heute mehr fast eine Pflanze noch als Mensch durchwächst und durchwachsen wird. Jetzt ist er noch ganz Dämmerung, aber wenn einmal Sonne aus ihm brechen wird, wenn aus diesen Schleiern eines frauenhaften Jünglings einmal der Mann, der reife, eigene, bestimmen und befehlen wollende Geist wie ein Kern aus der Schale treten wird, so dürfte es ein unerhörtes Schauspiel werden. Jetzt gibt er es noch wie ein Kind, die Nichtachtung dessen, was ich das Bürgerliche im Innern des Menschen nenne, und das Sehen der Welt als eines immerwährenden Wunders; gereift wird er dieses, wie man meinen sollte, sich von selbst verstehen müssende Durchgreifen zum Wesentlichen zu seiner bewußten Aufgabe machen und einer der stärksten Verlocker zur Freiheit werden, zur Souveränität nicht des Individuums aber des Geistigen im Individuum, der einzigen möglichen absoluten Freiheit, die im selben Augenblick zu dem umschlägt, was wir Religion nennen, wo sie zugleich von einem großen überzeitlichen Gedanken erfüllt und befruchtet wird. Ob er auch solch einen Gedanken, solch ein Neues Wort (wie es Dostojewski nennt) finden wird,

steht dahin – aber wer weiß, ob an diesem wunderlichen Sinnierer nicht Cromwells Wort wieder einmal wahr werden wird: ›der kommt oft am weitesten, der nicht weiß, wohin er geht‹.« (Christian Morgenstern, »Alles um des Menschen willen«)

Für den Verleger fielen diesmal die kritischen Bedenken offenbar stärker ins Gewicht als die Prophetie. – Walser selber hat übrigens in einem Brief an Morgenstern schon in der frühen Berliner Zeit bemerkt: »Man darf doch nicht gar zu sehr hintereinander Romane schreiben, denn es ist immerhin ein penibles Handwerk, das eines immer wieder blühenden Feuers bedarf.« Er sei, sagt er in »Meine Bemühungen«, vom Buchverfassen aufs Prosastückschreiben deshalb übergegangen, »weil mich weitläufige epische Zusammenhänge sozusagen zu irritieren begonnen hatten«. Aber gewiß war der ökonomische Beweggrund mitbeteiligt, wenn er sich mehr und mehr auf die Form des kurzen erzählenden, schildernden oder abhandelnden Prosastückes beschränkte. Bereits nach dem Erscheinen von »Geschwister Tanner« hatte er eine größere Anzahl solcher Arbeiten veröffentlichen können. Er fand damit Eingang in die angesehensten Zeitschriften: Karl Schefflers »Kunst und Künstler«, Siegfried Jacobsohns »Schaubühne«, Oscar Bies »Neue Rundschau«, Maximilian Hardens »Zukunft«, Werner Sombarts »Morgen«, in den »Simplicissimus« und etwas später auch in Wilhelm Schäfers »Rheinlande« und Efraim Frischs »Neuen Merkur«.

Jacobsohn, der hervorragende Theaterkritiker, brachte in der »Schaubühne« die genialischen Prosaskizzen, mit denen der ehemalige Schauspielschüler und Bruder des Reinhardt-Bühnenmalers dem Berliner Theaterleben huldigte. An ihn erinnerte sich Walser nach vielen Jahren wieder: »Gestorben ist soeben in Deutschland ein Freund von mir, dem ich gewissermaßen verdanke, daß ich mich, was schriftstellerischen Ausdruck betrifft, einigermaßen entwickelt habe, indem er die Aufmerksamkeit hatte, mich gleichsam auf die Anforderungen hinzuweisen, die eine neuere Zeit mit Recht an den

Schriftsteller stellt. Andere sinds, die die Quellen entdecken helfen, die in uns oft ohne unser Wissen vorhanden sind.« (An Frieda Mermet, 12. Februar 1927)
Anfang 1907 hatte er einer brieflichen Meldung an Morgenstern, Harden habe »Die Schlacht bei Sempach« angenommen, die Versicherung beigefügt: »Wenn ich aber Zeitschriftenlieferant werden sollte, lieber ginge ich ›unter die Soldaten‹.« Nun war er's geworden, blieb aber jederzeit ein Lieferant von walserischem Eigengewächs. Zudem bewies er gesinnungsmäßiges Flair in der Wahl der Kundschaft. Trotz der äußeren Gleichgültigkeit gegen die Politik gab er seine Arbeiten vorzugsweise Organen der freiheitlichen Avantgarde.

Wieviel gute Poetenlaune Robert Walser für das Großstadtleben aufbrachte, zeigen seine Berliner Stimmungsbilder, etwa das der Großwirtschaft Aschinger gewidmete. In den gesellschaftlichen Kreisen der Berliner Literatur- und Kunstwelt traten die Brüder Walser oft gemeinsam in Erscheinung, und nicht immer als helvetische Musterknaben. Von einer Extratour der beiden berichtet die Schauspielerin Tilla Durieux in dem Erinnerungsbuch »Meine ersten neunzig Jahre« (München/Berlin 1971). Sie wohnte mit ihrem zweiten Mann, dem Kunsthändler Paul Cassirer, im Tiergartenviertel und hatte gern interessante Künstler und Schriftsteller zu Besuch.
»Im Jahre 1907, als Wedekind noch in Berlin war, bevor er nach München übersiedelte, erlebte ich ein tragikomisches Weihnachtsfest mit ihm. In meine kleine Bude hatte ich Wedekind, den Bildhauer Nikolaus Friedrich, Kles genannt, Tilly Wedekind und die beiden riesenlangen Brüder Walser eingeladen. Paul sorgte für Getränke, und so war es gegen Mitternacht schon recht munter geworden. Der Maler Karl Walser sah wie eine Sonnenblume aus, mit seinem flachen, breiten, von blondem Haar umrahmten Gesicht. Er vertrug viel, aber wenn es zuviel wurde, verübte er mit lächelnd sturer Miene ganz still die tollsten Dinge, sekundiert von seinem

Bruder Robert, dem Schriftsteller. Plötzlich kam Karl Walser, der ein Schweizer war, an diesem Abend auf die Idee, mit Wedekind, seinem halben Landsmann, ›Hoselupfe‹ zu probieren. Das ist ein Schweizer Ringen, bei dem sich die Burschen am Hosenbund packen und versuchen, den Gegner auf die Erde zu werfen. Abgesehen davon, daß Wedekind keineswegs sportlich veranlagt war, betrachtete er diese Aufforderung als Entwürdigung und Hohn. Er lehnte schroff ab. Kles aber fand die Idee köstlich und ließ nicht ab, zu diesem Ringen zuzureden. Daraufhin wurde die Stimmung so drohend, daß Wedekind abrupt aufstand und mit ›Tilly, komm, wir gehen‹ die Wohnung verließ. Ich hatte nun genug, nahm meinen Mantel, um aus meinen eigenen vier Wänden und vor meinen rabiaten Gästen zu fliehen, doch kam es dabei zum allgemeinen Aufbruch.

Die beiden langen Walser wollten wir, um sie unschädlich zu machen, in eine Droschke setzen. Waren sie jedoch von der einen Seite hineingestopft, stiegen sie beide zu der anderen Seite wieder aus, alles ohne ein Wort und ruhig lächelnd. Endlich gelang uns das schwere Werk, die Türen wurden fest zugehalten, der Kutscher trieb an, und die Fuhre setzte sich in Gang. Paul und ich strebten in die Potsdamer Straße zum Café Austria, wo wir Wedekind zu treffen hofften. Wir fanden ihn und hatten ihn gerade soweit versöhnt, daß er wieder ziemlich ruhig sein Bier trank, als die Drehtür des Cafés die beiden Walser hereinzog, die sich nahe unserem Tisch niederließen und grinsend herüberstarrten. Wedekind klopfte sofort nervös den Kellner herbei, und trotz unserer Beschwichtigungsversuche bestand er darauf, aus dem Lokal zu verschwinden. Als er an dem Tisch der beiden Walser vorbeiging, erhob sich der Schriftsteller und rief ihm freundlich grinsend zu: ›Schafskopf‹. Wedekind stürmte derart rasch zur Drehtür hinaus, daß sie ihn wieder hereindrehte und er abermals vor den Tisch der Walser zu stehen kam. Nun erhob sich der Maler freundlich und ruhig und lächelte ihm zu: ›Schafskopf‹. Diesmal gelang die Flucht aus dem Café. Die beiden langen Walser waren aber für immer in Ungnade gefallen. Sie hatten es nicht bös gemeint, denn auch sie verehrten Wedekind.«*

Nach Fega Frisch, der namhaften Übersetzerin aus dem Russischen und Gattin des Schriftstellers und Herausgebers Efraim Frisch, konnte Robert Walser »sehr ruppig und merkwürdig sein«. An einem Gesellschaftsabend des Verlegers Samuel Fischer habe er wütend die Caruso-Platten auf dem Grammophontisch zerschlagen. Dies war vielleicht die Handlung eines Angeheiterten, vielleicht aber auch eine Äußerung von Walsers Abneigung gegen wirklichen oder vermeintlichen Kulturfetischismus. In unbestimmt lassender Möglichkeitsform gedenkt der mit dem Verfasser identische Held des Romanfragments »Theodor« eines solchen Abends: »Wie viele Teller, Tassen, Flaschen, Kristallgläser usw. ich im Rausch zerschlagen, mutwillig zertrümmert haben könnte, bleibe unausgerechnet.« An dem Abend bei Fischer soll er außerdem zu dem ihm wohlgesinnten Hugo von Hofmannsthal, der sich möglicherweise nach seinem Empfinden preziös oder herablassend benahm, gesagt haben: »Könnten Sie nicht ein wenig vergessen, berühmt zu sein?«

Zur Erläuterung der gesellschaftlichen Widerborstigkeit sei noch angeführt, was Hedwig in »Geschwister Tanner« zu Simon sagt: »In einer größeren Gesellschaft von Menschen, wo es doch darauf ankommt, daß man sich zeigt und beliebt macht durch hervorragendes Sprechen, wirst du immer stumm bleiben, weil es dich nicht reizt, den Mund noch aufzutun, wo schon so viele durcheinanderschwatzen. Man wird dich infolgedessen übersehen: du wirst dann trotzig und benimmst dich unschicklich.«

Die Wohngemeinschaft mit dem Bruder war im Sommer 1907 erstmals aufgelöst worden. Die Gründe sind unklar. Robert Walser, erzählt Fega Frisch, sei eines Tages mit zerkratztem

* Karl Walser hatte für die Reinhardtsche Aufführung von »Frühlings Erwachen«, 1906, die Bühnenbilder geschaffen.

Gesicht zu ihr und ihrem Mann gekommen und habe die Verunstaltung als das Werk Muschis, der Katze, ausgegeben. »Aber ich glaube«, kommentiert sie, »die beiden Brüder haben sich mitunter gehörig verprügelt« – und man wird dies im Hinblick auf die früher erwähnten Beweise ungestümen Naturells nicht für ganz unmöglich halten können. Der Roman »Jakob von Gunten«, der nach dem Auszug aus der Wohnung Karls entstanden ist, gibt in der Darstellung des Verhältnisses zwischen dem Zögling Jakob und seinem Bruder Johann wohl ziemlich genau die tatsächliche innere Spannung zwischen den Brüdern Walser wieder:

»Es lebt ein Bruder von mir in dieser gewaltigen Stadt, mein einziger Bruder, ein meiner Ansicht nach außerordentlicher Mensch, Johann heißt er, und er ist so etwas wie ein namhaft bekannter Künstler. Ich weiß um seine jetzige Stellung in der Welt nichts Bestimmtes, da ich es vermieden habe, ihn zu besuchen. Ich werde nicht zu ihm gehen... Er ist vielleicht umgeben von lauter feinen, gebildeten Menschen und von weiß Gott was für Formalitäten, und ich respektiere Formalitäten, deshalb suche ich nicht einen Bruder auf, wo mir möglicherweise ein soignierter Herr unter gezwungenem Lächeln entgegentritt... Ja, es ist jetzt in mir so etwas Unbürgerliches, so etwas durchaus Entgegengesetzt-Wohlanständiges, und vielleicht ruht mein Herr Bruder mitten drinnen im schönsten, prächtigsten Welt-Anstand... Ja, gern, sehr gern sähe ich ihn. Aber wenn ich ihn so sähe, so sähe im Glanz und im Behagen: futsch wäre die Empfindung, hier stehe ein Bruder, und ich würde nur Freude lügen dürfen, und er auch.«

Tief kann der damalige Zwist nicht gegangen sein, denn als Karl 1910 die Ostpreußin Hedwig Agnes Czarnetzki heiratete, fand Robert bei Bruder und Schwägerin Unterkunft. Um 1912 zog er wieder aus. Es scheint, daß krankhafte und unangenehme Züge des Dichters das Zusammenleben erschwert hatten. Halbe Stunden lang stand Robert nach Karls Aussage unheimlich hinter seinem Rücken. (Auf diese Absonderlichkeit deutet hin, was Simon in »Geschwister Tanner« an seinen Bruder Kaspar schreibt: »Ich bin wirklich nicht für die Freundschaft gemacht und begreife nicht, was ich so Tolles an Dir nur finde, das mich zwingt, mich immer wieder an Deine Seite, gleichsam an Deinen Rücken heranzudenken.«)

Der gesellschaftlich anpassungswilligere Künstler und seine schöne, elegante Frau ärgerten sich, als der Dichter sie während ihrer Sommerferien auf der Insel Rügen in zerlöcherten und geflickten Hosen besuchte, nachdem ihm die beiden kurz vorher einen neuen Anzug geschenkt hatten. Alles Konfektionierte sei ihm ein Greuel, entgegnete er auf ihren Vorwurf. Und im »Brief eines Dichters an einen Herrn« erklärte er: »Die Eleganz ist mein Feind.« (Aber in »Geschwister Tanner« läßt sich Simon den scharfen Tadel der Schwester gefallen: »Gib etwas mehr acht auf dich und sei eitler; denn ganz und gar nicht eitel sein, das wirst du bald selbst für einen Fehler halten müssen. Zum Beispiel, Simon, sieh dir doch einmal wieder deine Hosen an: unten zerfetzt! Allerdings, und ich weiß schon: es sind nur Hosen, aber Hosen sollen ebensogut instand gesetzt sein wie Seelen, denn es zeugt doch von Nachlässigkeit, zerrissene und zerfetzte Hosen zu tragen, und die Nachlässigkeit kommt aus der Seele. Du mußt also auch eine zerfetzte Seele haben.«) Karl versah ihn auch sonst etwa mit Kleidungsstücken, und Robert verhielt sich nicht immer so renitent wie auf Rügen. Eine in der Atelierwohnung des Bruders aufgenommene Fotografie zeigt ihn als recht eleganten Herrn, so daß die Aussage der Schwägerin, er habe gern den Grandseigneur gespielt, im Sinne bewußten Rollenspiels wohl stimmen mag.

Fega Frisch hat Carl Seelig später erzählt, Robert Walser habe gegen Ende seiner Berliner Zeit in einem alten, zerfallenen Haus im Westen der Stadt logiert. Von München hergereist, habe sie ihn dort einmal besuchen wollen. »Seine Vermieterin« – so ihr von Seelig notierter Bericht – »war eine bucklige Wirtin, bei der eine Menge Kostgänger wohnten. An den Tü-

ren der kleinbürgerlichen Schlafräume hingen Visitenkarten mit den Namen der Zimmerbewohner. Robert hatte den seinigen mit Bleistift auf einen rosa Zettel geschrieben. Ich klopfte mehrmals, aber niemand antwortete.«
Enttäuschung und Ermüdung mehrten sich. Bruno Cassirer mußte auf eine zweite Auflage des »Jakob von Gunten« verzichten und scheint seine Gunst von Robert Walser abgezogen zu haben. Ahnungsvoll hatte Morgenstern schon während der Drucklegung von »Geschwister Tanner« an den Chef geschrieben: »Ich fürchte sehr, Sie werden Walser nicht durchsetzen, weil Sie ihn vermutlich nicht lang genug begleiten werden. Es wäre fast verwunderlich, wenn Walser jetzt schon erkannt würde.« Zwar nahm der Verlag Ernst Rowohlt in Leipzig im Spätherbst 1912 die Sammlung »Aufsätze« an, die einige Monate darauf bei der Nachfolgefirma Kurt Wolff erschien. (Rowohlt gründete erst nach dem Krieg wieder einen eigenen Verlag.) Walsers Erfolgshoffnung scheint aber durch das gesamthaft unbefriedigende Ergebnis seiner Romanschriftstellerei nachhaltig herabgestimmt gewesen zu sein. Neben unangenehmen Erfahrungen mit Verlegern hatte er auch sonst beruflichen Verdruß. In seiner geistigen Eigenwelt lebend, ärgerte er sich, wenn ihm wohlmeinende Literaturkenner den Rat erteilten, sich etwa die Erzählungsweise Gottfried Kellers oder gar die von zeitgenössischen Modeschriftstellern wie Gustav Frenssen und Rudolf Herzog zum Vorbild zu nehmen. Die Empfehlung der Schwägerin, eine ansprechende Liebesgeschichte zu schreiben, verstimmte ihn nachhaltig. Die Genugtuung, von einzelnen hervorragenden Kritikern und Schriftstellerkollegen gerühmt zu werden, konnte ihn verletzende Ablehnungen nicht ganz vergessen machen. Der Erlös aus dem Bücherverkauf blieb unbeträchtlich, und auch die Mitarbeit an Zeitschriften verschaffte allzu spärliche und unsichere Einkünfte. »Zwei Jahre lang«, hat er Carl Seelig erzählt, habe »eine edelherzige reiche Dame« für ihn gesorgt. Die Bezeichung »edelherzig« muß freilich als ironischer Euphemismus verstanden werden, wenn diese

Dame, was wahrscheinlich ist, das Modell der großartigen Charakterstudie »Frau Scheer« war: eine geizige Multimillionärin, die dem ihr sympathischen und in Geschäften dienlichen Zimmermieter (Walser) ausnahmsweise ein finanzielles Entgegenkommen zeigt. In dem Prosastück »Das Dokument« hat sich der Dichter die *schlechte* Möglichkeit seines Verhaltens deutlich gemacht: die Möglichkeit, wider gesundes Ehrgefühl die alternde reiche Frau zu heiraten. Die bessere Entscheidung ist in der Skizze »Ein Genie« (II) bezeugt: »Einmal bot sich ihm (dem Genie) Gelegenheit zu heiraten, aber es fand sie unter seiner Würde.« Eine komische Abwandlung des Motivs findet sich in der Erzählung »Fritz«.

»Heimkehr im Schnee« gibt Rechenschaft über Licht und Schatten der Berliner Jahre:

»Wenn ich zu bemerken wage, daß ich dort im allgemeinen mit allen gewiß zeitweise heißen Bemühungen erfolglos geblieben bin, so klage ich damit die Gegend, von der ich rede, nicht im geringsten an, wozu ich keinen Grund hätte. Ich darf gelassen sagen, daß, während mich der Anklang, den ich da und dort fand, aufrichtig freute, mir die Mißerfolge, die ich erntete, die ruhige und heitere Verfassung nie und nimmer gänzlich zu trüben oder zu rauben vermochten. Ich wurde so angenehm, wie sich's denken läßt, zur Arbeitsamkeit aufgefordert, und es steht mir an, offen zu bekennen, daß mich kluge und liebenswürdige Leute, mit denen ich freundschaftlich verkehren durfte, in edler, einfacher Art auf die bedeutendsten Dinge aufmerksam machten ...

Vielleicht haben die Menschen, an die ich denke, in ihrer Freundlichkeit und Güte nur fast zu schön von mir gedacht, womit ich mich nun freilich allzustark herabzusetzen scheine, was weder natürlich noch schicklich wäre. Vor allen Dingen möchte ich aber zeigen, wie sehr ich bemüht sei, erkennen zu können, daß es kein wünschenswerteres Vergnügen im Leben gebe als Anerkennung zu zollen und zu den mannigfaltigen wohlwollenden Erscheinungen, die man sehen und erleben durfte, ja zu sagen. Über Hauptstädte und

Plätze, wo die verschiedenartigsten Bedeutungen und die besten Leistungen einer Nation wie zu feierlicher Nationalversammlung aus allen umliegenden Richtungen zusammenströmen, sich anders als höchst sorgfältig und ehrerbietig zu äußern, muß jedem behutsam Denkenden zweifellos unmöglich erscheinen …

Indem ich jedoch allerlei Aufmerksamkeit aufgeregt und die Berechtigung erworben hatte, mich ungezwungen unter achtenswerten Menschen zu bewegen, war ein regelrechtes harmloses Einkommen noch lange nicht gewonnen. Während ich so lebhaft wie möglich tätig war, beging ich Fehler. Mit Unkenntnis und Unkönnen ringend, lernte ich meine Grenzen kennen und mußte einsehen, daß so schnell, wie ich mir gerne einredete, vieles nicht zu bewältigen sei. Schwäche, Ermattung stellten sich ein. Bei manchem wichtigen Anlaß versagte die Kraft. Statt mich mit Einträglichem zu begnügen, warf ich mich an Unerreichbares, wodurch viel Zeit und guter Mut vergeudet wurde. Vergebliche Anstrengungen machten mich gewissermaßen krank. Manches mühsam Geschaffene vernichtete ich. Je aufrichtiger ich mich sehnte und bemühte, auf festem Boden zu stehen, umso deutlicher sah ich mich schwanken. Ich glaube mich in derlei Dingen nie arg betrogen zu haben, und da es mich drängte, in eine gewisse Reinlichkeit mit mir zu kommen, einig in erster Linie wieder mit mir selber zu werden, so beschloß ich, mich von einer Existenz, auf die ich mich nicht verlassen konnte, sorgsam loszulösen und zurückzugehen. Mir erschien ratsam, in die Einsicht zu beißen, die bekanntermaßen bitter schmeckt … Langsam ging ich heim. Später, so dachte ich, würde ich wieder zu frischer Brauchbarkeit gelangen.

… Mut und Zuversicht beseelten mich auf beschwerlichem Wege, denn ich durfte mir sagen, daß ich richtig gehe. Zukunftsfroh war ich wie nie, obwohl ich auf demütigem Rückzug war. Ich hielt mich jedoch keineswegs für niedergeworfen, hatte vielmehr den Einfall, mich Überwinder zu nennen, worüber mich ein Lachen ankam. Mantel hatte ich keinen an.

Ich nahm schon den Schnee für einen prächtig wärmenden Mantel.
Bald würde ich wieder die Eltern- und Geschwistersprache reden hören und den lieben Vaterlandsboden wieder betreten.«
Von solchen Erwägungen bestimmt, verließ Robert Walser Berlin Mitte März 1913 und kehrte in die Schweiz zurück.

Biel

Nach siebenjährigem Aufenthalt in Livorno war Lisa Walser, schon vor dem Bruder, in die Heimat zurückgekehrt. Eine Zeitlang unterrichtete sie am städtischen Waisenhaus zu Bern, konnte sich aber mit den pädagogischen Richtlinien der Vorsteherin nicht befreunden und verließ die Stelle wieder. Eine ihr zusagende fand sie 1912 im Berner Jura als Lehrerin der privaten deutschsprachigen Primarschule, in welche die Angestellten der Heilanstalt Bellelay (Gemeinde Saicourt) ihre Kinder schickten. Die Maison de Santé de Bellelay, 1899 in Bauten eines Prämonstratenserklosters aus dem 12. Jahrhundert eingerichtet, diente dem Staate Bern lange zur Unterbringung der Unheilbaren aus den Anstalten Waldau und Münsingen; erst 1930 wurde sie zur umfassenden Heil- und Pflegeanstalt ausgebaut. Lisa Walser hatte alle neun Klassen der genannten Primarschule zu führen. Die Schulstube befand sich im hochgewölbten Erdgeschoß der ehemaligen Klosterschmiede, ihre Wohnung, die sie mit alten Möbeln ausstattete, im oberen Stockwerk dieses Gebäudes. Das Essen nahm sie in der Anstalt ein; die Wohnung war bloß mit einer Kochnische versehen. Anstaltsdirektor Dr. Hugo Hiß, der Fräulein Walser berufen hatte und sie trotz gelegentlich geäußerter Veränderungsabsicht festzuhalten wußte, hatte eine hohe Meinung von ihren erzieherischen Fähigkeiten. Verehrung und Liebe sprechen aus den Mitteilungen ehemaliger Schülerinnen und Schüler. Alfred Amstutz, der selber Lehrer geworden ist, rühmt Lisa Walsers »gescheite und doch überaus menschliche Autorität« und die »freie, natürliche Stimmung«, die in ihrer Schulstube geherrscht habe.
Von den drei Zimmern ihrer Wohnung hatte Lisa Walser eines als Gastzimmer eingerichtet, was nun vorab dem aus Berlin zurückgekehrten Bruder zustatten kam. Seinen Umgang beschränkte er hier fast ganz auf sie und ihre Freundin, die in der Anstalt als Lingère tätige Frieda Mermet. Robert Walser

hat dieser Frau seine dauernde Freundschaft geschenkt und bis in die Krankheitsjahre hinein Briefe mit ihr gewechselt. Sie war in Besançon mit einem Herrschaftskutscher verheiratet gewesen, von dem sie sich 1915, nach langjähriger Trennung, scheiden ließ. Ein klarer Verstand und ein menschenfreundliches, für das Schöne und Gute offenes Gemüt waren ihr eigen. Abends und an Sonn- oder Feiertagen begleitete sie die Geschwister auf Spaziergängen und Wanderungen im Jura. »Es war wunderbar«, bezeugt sie, »in der Natur den Gesprächen Robert Walsers und seiner Schwester zu lauschen.« Tagsüber, wenn Lisa unterrichtete, ging er allein spazieren. Das Essen nahm er mit ihr in der gut geführten Anstaltsküche ein. Merkwürdigerweise, berichtet Frau Mermet, habe er in Bellelay, zum Bedauern Lisas, nicht schreiben wollen: »Er sagte oft, es sei zu schön, es gehe ihm zu gut in Bellelay, der Schriftsteller dürfe nicht so wohlleben, wenn der Geist arbeiten solle.«
Alfred Amstutz und Hedwig Schwarz, ebenfalls eine Schülerin Lisa Walsers und später die Nachfolgerin Frieda Mermets in der Lingerie, stellen beide fest, daß es dem Dichter nicht lag, sich mit den Kindern abzugeben. Er ließ sich, schreibt Alfred Amstutz, »mit uns wilden Buben kaum jemals in ein eigentliches Gespräch ein, nahm aber unsern Gruß immer sehr freundlich entgegen und erwiderte ihn regelmäßig, indem er uns eines gütigen, wissenden Blickes würdigte.«

Nach dem ausgedehnten Zwischenaufenthalt bei der Schwester wurde Robert Walser im heimatlichen Biel ansässig. »Ich bin vor einiger Zeit aus kalten ungünstigen Verhältnissen, ohne jegliche Zuversicht, ohne Glauben, krank im Innern, gänzlich ohne Zutrauen hieher gekommen. Mit der Welt und mit mir selbst war ich verfeindet, entfremdet. Mißtrauen und Ängstlichkeit begleiteten jeden meiner Schritte. Stück um Stück verlor ich dann das traurige, aus allerlei Beengung stammende unedle Vorurteil, atmete wieder leichter, ruhiger und freier, und wurde nach und nach wieder ein wärmerer, schönerer, glücklicherer Mensch. Vielerlei Befürchtungen sah ich verschwinden; Mangel an Hoffnung und alle Unsicherheit, die ich mit mir zu schleppen gehabt hatte, verwandelten sich allgemach in heitere Befriedigung und lebhaften, angenehmen Anteil, die ich von neuem fühlen lernte.« (»Der Spaziergang«) – »Er wohnte jetzt wieder dort, wo er zu leben angefangen hatte, wo er von neuem heimisch wurde, weil er es früher gewesen war, und daß sich dies wiederholte, gefiel ihm; die Erneuerung von etwas Einstigem glich dem Wiedereintritt in ein Haus, in einen Zirkel, worin er sich täglich hatte blicken lassen, bis es ihn in eine lange Abwesenheit hineinzog, aus der er nun zurückkehrte. Längst vergessene Gewohnheiten fielen ihm ein, glitzerten ihn wie mit einem bekannten, fröhlich-schönen Gesicht an.« (»Ein Flaubert-Prosastück«)

Daß er sich in Biel als Genesender fühlen und neue Kräfte gewinnen konnte, war nicht selbstverständlich. Die Berliner Leistungen und deren öffentliche Anerkennung schützten ihn einigermaßen davor, von den Mitbürgern geradezu als gescheiterte Existenz und literarische Null eingeschätzt zu werden. Auf lang andauernden Nachglanz des mäßigen Ruhmes war aber um so weniger Verlaß, als sich der Dichter offenkundig in schlechter wirtschaftlicher Lage befand. Sich unter solchen Umständen in der Stadt niederzulassen, wo ihn viele seit den Jugendjahren kannten und zumeist nach kleinbürgerlichen Gesichtspunkten beurteilten, war kühn. Gegenüber Carl Seelig hat er sich so geäußert, als habe er just aus sozialer Empfindlichkeit die Heimatstadt zum Wohnsitz gewählt: mit dem schlechten Renommee, das er aus Berlin mitgebracht habe, hätte er sich niemals nach Zürich getraut. Es sei dahingestellt, ob dies ein ernsthafter Grund war, Zürich zu meiden: hier wären doch eher einige Menschen um ihn gewesen, die seinen geistigen Rang hätten würdigen können; anderseits hätte ihm freilich das Zürcher Literatentreiben schlecht behagt. Empfindlichkeit und Überlegenheit waren bei ihm eben derart gemischt, daß sich unberechenbare Entschlüsse erga-

ben. Obwohl er vom Heimweh verächtlich dachte, mag ihn die vertraute heimatliche Umwelt angezogen haben. Hinwieder mochte es ihm nicht ganz unerwünscht sein, daß sich Biel zusehends aus einem bernischen Landstädtchen zum neuzeitlichen Industrieort wandelte, der für eine äußerlich wenig auffällige Dichterexistenz kaum noch ein lebhaftes Klatschinteresse übrig hatte. »Von nun an würde er natürlich in vielem sozusagen etwas einsam sein, ihm würde die vornehme Obliegenheit zufallen, sich unter Umständen mit der Vereinsamung möglichst gut, d. h. so elegant, unauffällig wie möglich abzufinden.« (»Ein Flaubert-Prosastück«)
Eine Zeitlang hat Robert Walser bei seinem achtzigjährigen Vater logiert, der im Hause des Postbeamten Philipp Akeret an der Quellgasse eine Wohnung gefunden hatte. Die Gattin des Hauseigentümers, Frau Flora Akeret – sie selber unterschrieb mit ck: Ackeret – war eine Persönlichkeit voll rührigen Kultursinnes. Zu Beginn des Jahrhunderts hatte sie an der Neuhausstraße eine Art Kunstsalon geführt. Sie soll sich der Bieler Künstler Frank Behrens und Karl Walser, aber auch Robert Walsers und Hans Mühlesteins förderlich angenommen haben. Im Hause Akeret verkehrten ferner die Schriftsteller Michael Georg Conrad und Arthur Schurig, der Übersetzer von Théophile Gautiers Roman »Mademoiselle de Maupin«, zu dem Karl Walser meisterhafte Farblithographien geschaffen hat.
Frau Akeret ist das Urbild der Frau Bandi in der Erzählung »Marie«: »Frau Bandi besaß etwas Stilles und Vornehmes, nur sprach sie mir allerdings fast ein wenig zu klug. Sie las viel. Ihre Lieblingsschriftsteller und -dichter waren aber übrigens nicht die meinigen; doch verstand sich dies eigentlich von selber. Das andere Geschlecht wird immer auch einen andern Geschmack und ein anderes Gefühl haben. Als schön konnte Frau Bandi nicht mehr gut gelten; aber sie zeigte noch deutliche Spuren von ehemaliger Lieblichkeit und war geistreich. Wie alle geistreichen Leute war sie mitunter ein wenig boshaft. Dann und wann schriftstellerte sie ein wenig, ohne

aber deswegen schon eine eigentliche Schriftstellerin zu sein, was mir unter Umständen, wie ich unumwunden gestehe, ein wenig unangenehm hätte sein können. Ihr Mund hatte einen etwas schroffen Ausdruck; in ihren Augen lag etwas Abweisendes und Kaltes. Sonst aber war sie sehr lieb.« »Das Haus ..., das kaum auf die Bezeichnung Haus Anspruch machen durfte, sondern mit dem Titel Häuschen zufrieden sein mußte, lag nah an der Eisenbahnlinie und am hier anstoßenden, bräunlich-schwärzlichen Felsen und sah wie ein Hexenhäuschen aus ... Zum Haus gehörte eine kleine, elegante Terrasse oder Veranda sowie ein zierliches, überaus hübsches nettes Gärtchen. Östlich stieß ein altes Friedhofstück mit Urnen aus der guten alten Zeit ans Haus. Im Westen lag weitausgebreitet der See. Südlich lag die Altstadt mit ihren würdevollen Häusern, schlanken Festungstürmen, nebst allerlei merkwürdigen alten Gärten, die von charakterreichen hohen Tannen besetzt waren.«
Die Anregungen des Hauses Akeret mag Robert Walser zeitweilig geschätzt haben, zum dauernden Aufenthalt wurde es ihm aber nicht; in betont kultureller Atmosphäre hat er es nie lange ausgehalten.

Am 9. Februar 1914 starb Vater Adolf Walser. Im August brach der Krieg aus, und Robert Walser, der der dritten Kompagnie des Landwehrbataillons 134 zugeteilt war, mußte einrücken. »Bisher hatte er keinerlei Pflicht gekannt. An Militärdienst zu denken war ihm bis dahin kaum eingefallen. Jetzt aber wußte er, was er zu tun habe. Rasch faßte er sich, denn es gab da nichts zu bedenken. Alle bisherigen Gedanken sanken zu Boden. Was soeben noch hauptsächlich gewesen war, zerrann mit einmal in verschwindende Nebensache.« (»Hans«) In den folgenden Jahren hatte er öfter Grenzdienst zu leisten, im Jura, im Wallis und im Misox. Er konnte nun ausgiebig die Erfahrung erneuern und vertiefen, die er sich in der Rekrutenschule angeeignet hatte. »Mit meinen Kameraden«, hat er zu Carl Seelig gesagt, »bin ich immer gut ausgekommen. Aber die Offiziere sagten oft: ›Walser, Ihr syt e fuule Chaib!‹ Das hat mich aber weiter nicht geniert.« (Seelig, »Wanderungen...«) Eine mystifizierende Satire auf das Soldatenleben ist der Bericht »über eine ungewöhnliche Art, das Leben zuzubringen«. (»Olympia«) Noch andere kleine Arbeiten – »Etwas über den Soldaten«, »Beim Militär«, »Der Soldat« – dokumentieren diesen Erlebnisbereich: nicht ohne ein gewisses zärtliches Vaterlandsgefühl, zumeist aber in einer Dummkopfsprache voll versteckten Spottes, der unversehens die satirische Löwenklaue enthüllen kann: »Was denkt ein Soldat viel so den ganzen Tag? Er hat ja überhaupt, damit das Ding klappt, das man Militarismus nennt, gar nichts oder absichtlich wenig zu denken.« (»Beim Militär«)

Nach dem Auszug aus dem Hause Akeret wohnte Robert Walser bis Ende 1920 in einem Dachzimmer des fünfstöckigen Hotels zum Blauen Kreuz, Unterer Quai 45. »Das Haus besaß die Form eines Blockes, dessen Dach ein Geländer zierte. Auf dem Dach, das nicht schräg abfiel, sondern eine waagrechte Platte bildete, konnte man, die Aussicht genießend, hin und her spazieren, die Leute unten auf der Erde vorüberschweben oder -gehen sehen und irgend einen Gedanken hegen. Das tat ich öfter und sah in der Ferne Wälder ruhen und Felder über Ebenen und Anhöhen laufen. Das Gesicht, das die Stadt darbot, schien ein nicht ungemütliches zu sein, und mit dem Essen, das im Hotel serviert wurde, sah ich mich veranlaßt, auf eine gelinde Art zufrieden zu sein. Die Saaltöchter dienten teils flink, teils nachlässig, ohne daß sie sich, wenn sie sich beeilten, gelobt, und wenn sie sich anderseits ein bißchen gehen ließen, getadelt sahen. Der gute Ton gebot, daß man sie machen ließ, wie es ihnen paßte, denn es schien sich zu schicken, ihnen ein gewisses Maß von Freiheit zu gönnen... Wenn ich mich nicht irre, zahlte ich für Zimmer und Kost monatlich hundert Franken. Nicht wahr, ein mäßiger Preis, über dessen eingeschränkten Umfang ich Ursache zu haben glaubte, vergnüglich zu lächeln... In meinem

Appartement schlief ich Nacht für Nacht gut.« (»Das Gasthaus«) Pfarrer Ernst Hubacher, der den Dichter gelegentlich besuchte, vermerkte den kahlen Eindruck des Zimmers: »Es gab da nur ein Bett, einen Tisch und einen Stuhl. An der Wand war mit Reißnägeln eine billige Karte von Europa befestigt ...« (»Der letzte Poet«, im »Kleinen Bund« vom 8. Juli 1955) Im Winter ließ Walser selten heizen, er arbeitete im Militärmantel und in Hausschuhen, die er aus Kleiderabfällen selber verfertigt hatte – vielleicht aus jenen Kleidern, die ihm nach dem Bericht seiner Schwägerin, der Frau des Malers, im Schrank von den Schaben angefressen worden waren.

»Mein Gemach war übrigens für meine doch nicht belanglose Person zu klein, zu eng. Weil mein Zimmer bloß so ein Zimmerchen war, bohrte ich ein Loch durch die Wand, damit gewissermaßen etwas wie eine Erweiterung des Horizontes zustande käme. Im Nebengemach wohnten nämlich Mädchen, und ich gestehe damit etwas für mein Ansehen Unvorteilhaftes, aber mein Ruf ist so gut, daß ihm ein kleiner Schaden nicht viel schadet ... Ein See schmückte die Umgebung. Acht Jahre lang fand ich diesen See täglich schön. Ich hoffe, man wird mir das als moralische Leistung ankreiden. Täglich ging ich ein und denselben, gewiß ganz netten, lieben, guten, braven Berg hinauf. Die Gleichförmigkeit dieser Übung prägte sich auf recht merkliche Art meinen Gesichtszügen auf. Das ist's ja: ich lebte viel zu eintönig. Eintönigkeit macht mürrisch. Wie entschlossen, wie zäh ich blieb. Zarten Naturen wurde es in meinem Beisein einfach übel. Es war eine Art Hotel, worin ich logierte. Stubenmädchen mußten mich beeinflussen; ich sehe das heute ein. Mindestens ein halbes Dutzend von ihnen verliebte sich in mich, aber ich hielt mich für zu intelligent, als daß ich mir hätte erlauben dürfen, mich mit ihnen abzugeben. Ich hielt es für unter meiner Würde, dann und wann ein wenig lustig zu sein, und doch setzten sich alle in den Kopf, mich zum lustigsten aller Menschen zu machen, Aufgabe, die total mißlang. Acht Jahre setzte ich mich täglich an denselben Platz und weigerte mich ebenso lang, ein ange-

nehmer Mitbürger zu sein. Weigerungen sind ja etwas denkbar Einfaches. Etwas zuzugeben, ist viel komplizierter, schwieriger. ›Ich bin ein tadelloser Typ‹, redete ich mir in einem fort ein. Diese Sprache genügte mir zu meiner Beruhigung. ›Ach, mach' mich doch unglücklich, du siehst so sehr danach aus, als wenn du das verstündest‹, lispelte oder flötete mir ein Mädchen auf dem Instrument ihrer Seele vor. Ich hielt es für klug, unerbittlich zu sein. Sie kniete vor mir; ich aber hob sie auf, indem ich sie darauf aufmerksam machte, ich hätte noch zu schreiben. Ich schrieb nämlich acht Jahre lang ununterbrochen für allerhand Sprachrohre oder führende Blätter, genannt Zeitungen. Langte das Honorar an, so ließ ich mich zu einem Schmunzeln herab. Noch eine Eigentümlichkeit muß ich berichten: Privat-, zum Beispiel Liebesbriefe pflegte ich sogleich zu vernichten. Ich bewahrte nur Briefe auf, die die Aufgabe hatten, mich stumm an etwas zu mahnen, was zu den Unerläßlichkeiten gehörte. Eines sei hervorgehoben: ich bekundete täglich den besten Appetit. Meistens aß ich auf, was mir vorgesetzt wurde. Daß das nicht ganz schicklich, d. h. allfällig ein bißchen unfein sei, fiel mir wohl manchmal ein, aber ich legte solcher Äußerlichkeit kein allzu starkes Gewicht bei.« (»Die Ruine«)
Abnehmer der Kurzgeschichten und Betrachtungen Robert Walsers waren auch in den Bieler Jahren kulturbewußte Zeitschriften, ferner angesehene Tageszeitungen mit vielbeachteten Literaturbeilagen. »Briefe liefen an meine Adresse täubchenhaft ein, worin mich Herausgeber von allem Anschein nach florierenden Zeitschriften um meine Mitarbeit baten.« (»Das Gasthaus«) Wilhelm Schäfer, der Leiter der »Rheinlande« und als geschichtsverbundener Erzähler damals mehr gelesen als Walser, setzte sich für ihn ein. Dank seiner Anregung erhielt Walser 1914 den Preis des »Frauenbundes zur Ehrung rheinländischer Dichter«. Für die Mitglieder dieser Vereinigung wurde bei Kurt Wolff in Leipzig die erste Auflage der »Kleinen Dichtungen« hergestellt. Walser reiste nach Leipzig, um die Bücher zu signieren, und besuchte anschlie-

ßend in Berlin den erkrankten Bruder, der die Einbandzeichnung geschaffen hatte.
Auch in Zürich, wohin er sich nach der Berliner Krise angeblich nicht getraut hatte, gab es tätige Verehrer seiner Dichtung. Am 25. Januar 1915 fand im Kleinen Tonhallesaal ein den Brüdern Karl und Robert Walser gewidmeter Abend statt. Veranstalter war der Lesezirkel Hottingen, damals, wie Robert Faesi schreibt, »die angesehenste und begehrteste Vortragsorganisation mindestens des deutschen Sprachgebietes«. Hans Trog, literarischer Redakteur der »Neuen Zürcher Zeitung«, würdigte in einem Lichtbildervortrag das Schaffen der beiden. Im Kunsthaus und im Kunstgewerbemuseum waren gleichzeitig Werke von Karl Walser ausgestellt. Der Dichter scheint der Veranstaltung ferngeblieben zu sein.
Er kam überhaupt, abgesehen vom Militärdienst, nur noch selten über die Umgebung von Biel hinaus. Die Kleinstadtluft war ihm bekömmlich, die Arbeit gedieh. Buchveröffentlichungen stärkten das Bewußtsein, nicht für den vergänglichen Tag zu schreiben. Der Band »Aufsätze«, den der Verlag Kurt Wolff 1913 herausbrachte, enthielt noch Berliner Arbeiten. Zu ihnen bemerkte Max Brod in der »Neuen Rundschau« (Juli 1913): »Noch niemals hat man sich so kunstreich gehen lassen. Nicht ›was er weise verschweigt,‹, sondern was er unweise ausschwatzt, scheint hier den Meister des Stils zu machen.« Fast gleichzeitig mit den erwähnten »Kleinen Dichtungen« erschienen bei Wolff die »Geschichten«, wie »Aufsätze« eine Sammlung älterer Prosa. 1915 folgte die zweite Auflage der »Kleinen Dichtungen«. Der Buchschmuck aller dieser Bände war von Karl. In der zweiten Hälfte der Kriegszeit publizierte Robert Walser bei schweizerischen Verlegern: 1917 bei Rascher in Zürich das schmale Bändchen »Prosastücke«, bei Francke in Bern »Kleine Prosa« und bei Huber in Frauenfeld den »Spaziergang«, 1918 ebenda »Poetenleben«. Nach Kriegsende, 1919, zeigte sich Bruno Cassirer noch einmal großzügig. Er druckte das zierliche Büchlein »Komödie« mit den vier dramatischen Dichtungen,

die um die Jahrhundertwende entstanden waren, und eine neue Auflage der »Gedichte«.
Das berufliche Selbstvertrauen, das der Dichter im Verkehr mit Redakteuren und Verlegern zu zeigen liebte, äußert sich besonders charakteristisch im Begleitbrief zum unterschriebenen Vertrag über »Poetenleben«: »Obwohl ich keinen Augenblick zweifle, daß schon bessere, bedeutendere Bücher geschrieben worden sind wie ›Poetenleben‹, so bin ich doch auch ebensowenig im Zweifel, daß ich zur Zeit ein besseres Stück Schriftstellerei nicht hätte hervorbringen können. Ich will mit diesem Satz sagen, daß ich innerlich mit ›Poetenleben‹ zufrieden bin und daß ich es ohne die geringste Scheu zu veröffentlichen wage. Was im Bereich meiner Kräfte lag, an Ausdruck, Klang und Inhaltlichkeit zusammen zu tragen, habe ich getan. Eine gewisse Stimme sagt mir, daß es ein bescheidenes, aber festgefügtes, gründlich gegliedertes Buch ist, auf dessen Erscheinen ich mich selbst ehrlich freue.«
Ebenfalls 1919 ließ der Verlag Rascher den Band »Seeland« als Luxusdruck in sechshundert numerierten Exemplaren herstellen, die aber wegen Erkrankung des Illustrators Karl Walser und wegen technischer Schwierigkeiten erst im Spätherbst 1920 ausgeliefert werden konnten. (Eine gleiche Verzögerung bei dem von Cassirer verlegten Bändchen »Komödie« war vielleicht durch Schwierigkeiten der deutschen Nachkriegswirtschaft verursacht.) »Der Titel ›Seeland‹«, hatte der Dichter im Angebotsschreiben bemerkt, »erscheint mir deshalb denkbar richtig, weil er knapp und straff dasjenige bezeichnet, um das es sich hier handelt, um eine Gegend und um die Erscheinungen derselben.« Bewußt oder unbewußt beging er damit eine kleine Irreführung, denn wie seine anderen Bücher handelt »Seeland« vor allem von ihm selber, was im wesentlichen, dem Lebensgefühl und dem Ethos nach, auch von den darin enthaltenen Charakteristiken des Vaters und des Bruders gilt. Der Band enthält sechs Prosastücke größeren Umfangs, darunter den überarbeiteten »Spaziergang«. Die fünf eingefügten Radierungen von Karl Walser sind feine, formbe-

wußte Stimmungskunst. Der Dichter freilich war der Meinung gewesen, der Text sei »zu vorherrschend geistig-gedanklich für Bildschmuck«, Bilder und Wort würden »einander eher stören, gegenseitig beeinträchtigen als helfen und heben«. Doch fügte er sich dem anderslautenden Wunsch des Verlegers. Er erhielt ein festes Honorar, der Verleger aber hatte wenig Glück mit dem Buch: Der Erlös der nach Deutschland verkauften Exemplare wurde durch die Inflation entwertet, und viele weitere wurden in Raschers Leipziger Depot während des Zweiten Weltkriegs zerstört.

In den mehr als vierzig Briefen und Postkarten, die Robert Walser an Max Rascher geschrieben hat, zeigt er sich wieder als nüchtern überlegender Geschäftspartner. Mit der Reklame für sein Werk wollte er jedoch nichts zu tun haben: »Betreffs Zettel an die Presse für das Seeland-Buch ist's mir lieber, wenn das jemand Intelligentes aus Ihrem geschätzten Hause besorgt.« Beklemmend ist, wie dringlich er mehrmals um Vorschuß und rasche Honorarzahlungen bittet. Am 8. Mai 1919 bemerkt er zu der Bitte um das Resthonorar für »Seeland«: »Wenn ich dieses Jahr noch die Dichterexistenz aufrechterhalten kann, will ich froh sein, niemandem zürnen und hernach vom Schauplatz abtreten, d. h. in eine Stellung gehen und in der Masse verschwinden. Ich habe in den sechs Jahren meines hiesigen Aufenthaltes das Menschenmögliche an Sparsamkeit getan. Ich wünsche einem jeden, der mir das nachmachen will, viel Erfolg.« (Ähnliches in dem später anzuführenden Brief an Frieda Mermet vom 5. August 1919.)

Ein Roman mit dem Titel »Tobold«, eine Paraphrase der Zürcher Erlebnisse, gelangte im Frühling 1919 in Raschers Hände. Zuvor hatte Walser bei Efraim Frisch wegen eines Vorabdrucks im »Neuen Merkur« angefragt. Den Zürcher Verleger suchte er dann günstig zu stimmen durch den Hinweis, der Roman sei »eine schweizerische Arbeit, d. h. ein Werk schweizerischer Art«. Rascher scheint das Manuskript retourniert und der Dichter es verloren oder vernichtet zu haben. Verschollen ist auch ein Buchmanuskript mit dem Titel »Mäuschen«, das Walser an Rascher geschickt hat; vielleicht aber umfaßte es Prosastücke, die sich einzeln erhalten haben.

Hauptsächlich in Biel hat Robert Walser die vielen Prosastücke verfaßt, die sein Erleben als Wanderer und Spaziergänger zum Inhalt haben. Kein junger Mann mehr, aber vom Altersgefühl noch kaum angerührt, erlebte er die Natur im Wechsel von Bewegungsfreude und Betrachtungsglück. »Das reine Sein wurde mir zu einem Glück, wofür ich weder Worte noch Gedanken fand. Ich hatte viel Lust, mich mit den Bäumen zu vergleichen, die stumm sind, die ganz und gar nicht nachdenklich zu sein brauchen, die still dastehen und so den Wald bilden, die leben können, ohne daß sie nötig haben, sich Rechenschaft hierüber abzuverlangen, die wachsen dürfen, ohne sich freuen oder grämen zu müssen, oder Ursache zu haben, sich vielerlei Fragen vorzulegen, wie die armen unruhigen, bald übermütigen, bald niedergeschlagenen, schwachen, ängstlichen Menschen tun, die immer eilig sind und dennoch in ihren wichtigsten Geschäften nicht vorwärts kommen, weil sie trotz hochentwickelter Intelligenz an Trübheiten und Voreingenommenheiten kläglich kleben bleiben, trauriger Eigenschaften bange Sklaven sind.« (»Naturstudie«) Der Zug zum Harmonischen steigert sich bisweilen zur still beschwörenden Vision einer besseren Menschenwelt, so in dem Prosastück »Phantasieren«, mit dem der Dichter eine die Stellungnahme zum Kriegsausbruch betreffende Umfrage des Münchner »Zeit-Echos« beantwortete.
Zumeist harmonisierend, unter diskreter Mitwirkung der Ironie, wird in den Bieler Schriften auch die Dichter- und Künstlerproblematik behandelt. Im »Spaziergang« rechtfertigt Walser die Schlenderei des Poeten als dessen Schaffensbedingung: »Auf weitschweifigem Spaziergang fallen mir tausend brauchbare Gedanken ein, während ich zu Hause eingeschlossen jämmerlich verdorren, vertrocknen würde. Spazieren ist für mich nicht nur gesund, sondern auch dien-

lich, und nicht nur schön, sondern auch nützlich. Ein Spaziergang fördert mich beruflich, macht mir aber zugleich auch persönlich Spaß; er tröstet, freut, erquickt mich, ist mir ein Genuß, hat aber zugleich die Eigenschaft, daß er mich spornt und zu fernerem Schaffen reizt, indem er mir zahlreiche mehr oder minder bedeutende Gegenständlichkeiten darbietet, die ich später zu Hause eifrig bearbeiten kann.«
Bewußt hat er indes das bummelhafte Außenseitertum zu tarnen gesucht: »Auf Ausflügen und Erkundigungsgängen benahm er sich stets gern ungefähr so, daß ihn die Leute, die ja alle seine lieben Mitbürger waren, etwa für einen Notar, Lehrer, Pfarrhelfer, technischen Leiter, Gerichtsbeamten, ernsthaften Steuereinnehmer, Agenten oder Baumeister halten konnten. Hieraus geht klar hervor, daß er sich Mühe gab, stets wie ein Mann und Mensch von durchaus bestimmter Farbe und Berufsrichtung, nicht aber wie ein Kerl auszusehen, dem weder Charakter noch Bestimmung eigen sei.« (»Hans«)
Hören wir aber auch das Zeugnis der Schaffensbesessenheit: »Womöglich sehe ich wie ein Erzfaulenzer aus, nicht wahr? Doch hat es schon Zeiten für mich gegeben, wo ich erlebte, daß es mich zu schaffen zwang, zu wirken hinriß, als ob es gegolten habe, wie für vier oder sechs zu arbeiten. Wie mir scheinen wollte, machte mich dies unglaublich froh. Leisten, wälzen und was alles drum und dran hängt, ist ja ein Glück, und ich glaube, daß für mich solche strenge Zeiten sicher einmal wiederkehren werden.« (»Hans«)
Die spezifisch modernen Erscheinungen des Lebens beachtet er entweder gar nicht oder flüchtig oder erwähnt sie spöttisch und ablehnend: »Leuten, die in sausendem Automobil sitzen, zeige ich stets ein hartes Gesicht. Sie denken dann, daß ich ein von hoher Obrigkeit beauftragter scharfer, bösartiger Aufpasser und Polizist in Zivil sei, der aufs Fahren aufpaßt, sich die Nummer des Fahrzeuges merkt, um selbige später gegebenen Ortes zu hinterbringen. Finster schaue ich auf die Räder, auf das Ganze, nie jedoch auf die Insassen, die ich, zwar

keineswegs persönlich, aber rein grundsätzlich verachte, da ich nimmermehr begreife, wie man es ein Vergnügen nennen kann, so an allen Gebilden, Gegenständen, die unsere schöne Erde aufweist, vorüberzurasen, als sei man toll geworden und müsse rennen, um nicht zu verzweifeln.« (»Der Spaziergang«)

Die Abwendung vom Angebot der Zivilisation geht noch weiter: »Zeitungen hab' ich mir abgewöhnt zu lesen, und zwar einfach deshalb, weil ich mir die Neugierde abgewöhnen wollte. Seither bin ich viel freier, der Geist ist unvoreingenommen, das Urteil heller. Das Leben und seine Gestalten kommen mir kräftiger vor. Zeitungen soll lesen, wer ein Geschäft betreibt, das ihm deren Lektüre empfiehlt. Ich finde, jeder soll sich nur mit Dingen abgeben, die ihn nahe berühren, also von natürlicher Wichtigkeit für ihn sind. Mir ist's unersprießlich, täglich von etwas unterrichtet zu sein, in das ich nicht miteingreife. Solches bedeutet unnützen Kopfverbrauch, den ich mir verbiete.« (»Schreiben an ein Mädchen«)

So sehr ihm der hochgespannte Kämpfer- und Predigerton abgeht, in manchen seiner Bemerkungen über Menschen und Zustände der Zeit wird eine Art Prophetenzorn spürbar. Aber auch wo er von den unsympathischen Dingen schweigt und sich stofflich an das Idyllenmäßige hält, verrät sich in der ironisch gebrochenen, distanzierend umständlichen Sprache, daß er kein weltblinder Schwärmer ist.

Gewichtige Rezensionen, etwa die Äußerung Robert Musils über »Geschichten« und die Hermann Hesses über »Poetenleben«, trugen zur Bildung einer kleinen Walser-Gemeinde bei. Der Erfolg auf dem Büchermarkt blieb unbefriedigend, woran zum Teil der Krieg schuld war. Von vereinzelten unfreundlichen Urteilen blieb Robert Walser auch in diesen Jahren nicht verschont. Im »Bund«, von dem einst das Morgenrot des Ruhmes auf den Dichter gefallen war, veröffentlichte Otto von Greyerz im September 1919 eine Sammelbesprechung unter dem spöttischen Titel »Lyrische Bescherung«.

Nach überwiegend abfälligen Glossen zu Gedichtbüchern von Walter Dietiker, Gertrud Bürgi, Max Geilinger, Emil Schibli und anderen Schweizern führte er den härtesten Schlag: »Zum Schluß noch ein Wort über Robert Walsers ›Gedichte‹*. Das ist nun freilich kein Weltreformer. So abgeklappt und schachmatt hat noch selten einer gedichtet. Ruhe, Zufriedenheit, Schlaf ist alles, was er begehrt; aufgelöstes Wollen, erloschene Sehnsucht...« Was einst Widmann, dem wahrscheinlich die meisten der in diesem Bändchen vereinigten Gedichte schon vorgelegen hatten, als Ausdruck einer Naturbegabung, einer wahren und ungewöhnlichen Empfindung anerkannt hatte, das war für den lebenstüchtigen, dem Volkhaften, »Normalen« zugetanen Stockberner ein Produkt »innerer Schlappheit«, »eine sanfte, einschläfernde, marklose Musik, die in ihrer hilflosen Armut und Eintönigkeit etwas Rührendes hat«. Walser nahm die Mißdeutung klaglos hin. »Schrieb es (das Genie) nicht Gedichte, und wurden sie nicht übel besprochen? Freilich, und das war hart, aber Genies wissen sich zu fassen.« (»Ein Genie«, II) »Otto von Greyerz«, berichtete er mehr als zwanzig Jahre danach, »hat mich ... wegen meiner Lyrik im ›Bund‹ derart vermöbelt, daß die Leute, die mit mir im ›Blauen Kreuz‹ in Biel saßen, ganz bleich wurden, als sie mir von diesem Verriß erzählten.« (Seelig, »Wanderungen...«)

Bis in die Bieler Zeit hinein gab Robert Walser die ersten Niederschriften seiner Arbeiten fast ohne Korrekturen in den Druck. Walter Benjamin hat darüber reflektiert: zu schreiben und das Geschriebene niemals zu verbessern sei »die vollkommene Durchdringung äußerster Absichtslosigkeit und höchster Absicht«. Später änderte Walser die Arbeitsweise. »Ich fand nämlich eines Tages, daß es mich nervös mache, sogleich mit der Feder vorzugehen; und um mich zu beschwichtigen, zog ich vor, mich der Bleistiftmethode zu be-

* Zweite Auflage, 1919

dienen, was freilich einen Umweg, eine erhöhte Mühe bedeutete. Da jedoch für mich diese Mühe gewissermaßen wie ein Vergnügen aussah, so schien mir, ich würde dabei gesund. In meine Seele kam jedesmal ein Lächeln der Zufriedenheit, etwas auch wie ein Lächeln anheimelnder Selbstbespöttelung, darum, daß ich mich mit der Schriftstellerei so sorgfältig, vorsichtig umgehen sehen durfte. Mir schien unter anderem, ich vermöge mit dem Bleistift träumerischer, ruhiger, behaglicher, besinnlicher zu arbeiten, ich glaubte, die beschriebene Arbeitsweise wachse sich für mich zu einem eigentümlichen Glück aus.« (»Bleistiftskizze«) Weiteres darüber steht in dem Brief vom 20. Juni 1927 an Max Rychner, den damaligen Redakteur der Zeitschrift »Wissen und Leben«: »Ich erwähnte den Begriff Brouillon, womit ich Ihnen eigentlich eine ganze Schaffens- und Lebensgeschichte erzählt habe, denn Sie sollen erfahren, mein Herr, daß ich vor ungefähr zehn Jahren anfing, alles, was ich produziere, zuerst scheu und andächtig mit Bleistift hinzuskizzieren, wodurch der Prozeß der Schriftstellerei naturgemäß eine beinahe in's Kolossale gehende, schleppende Langsamkeit erfuhr. Ich verdanke dem Bleistiftsystem, das mit einem folgerichtigen, bureauhaften Abschreibesystem verquickt ist, wahre Qualen, aber diese Qual lehrte mich Geduld, derart, daß ich im Geduldhaben ein Künstler geworden bin.«
Erhalten gebliebene Erzeugnisse des »Bleistiftsystems« sind die seinerzeit von Carl Seelig aufbewahrten 526 Blätter, die Walser mit winzigen, durchschnittlich zwei Millimeter hohen Bleistiftzeilen bedeckt hat. Sie stammen meist aus den späteren Berner Jahren. Es sind größtenteils rechteckige, von Walser aus Kalenderblättern und Werbedrucksachen mit leerer Rückseite, aus Honorarabrechnungen, Briefumschlägen, Packpapier und dergleichen zurechtgeschnittene Streifen. (Schon in »Geschwister Tanner« wird geschildert, wie Simon »ganz wie absichtslos von selber und zwar auf kleine Papierstreifen, die er sich mit der Schere zurechtgeschnitten hatte«, Kindheitserinnerungen aufschreibt.)

Jochen Greven hat festgestellt, daß es sich bei den Mikrogrammen nicht um eine Geheimschrift handelt, wie Seelig meinte, sondern um extrem verkleinerte deutsche Kurrentschrift. Sie kann mit technischen Hilfsmitteln wie dem im Textilgewerbe verwendeten Fadenzähler entziffert werden. Bereits Greven ist es gelungen, den Mikrogrammblättern nebst einer Anzahl Gedichte zwei unbekannte Prosawerke Walsers abzugewinnen: die »Felix«-Szenen, die Erinnerungen an die Bieler Jugendzeit wiedergeben, und den aus Erlebnissen der Mannesjahre schöpfenden »Räuber«-Roman. Seither haben Bernhard Echte und Werner Morlang weitere Entzifferungsarbeit geleistet, deren Ergebnis in den Bänden »Aus dem Bleistiftgebiet« vorliegt. Genaueres über die knifflige Mikrogramm-Philologie hat Morlang in dem von der Kulturstiftung Pro Helvetia herausgegebenen Sammelband »Robert Walser« mitgeteilt.
Die Frage nach den tieferen Gründen, die den Dichter zu so ungeheuerlichen Mühsalen angetrieben haben, läßt sich nicht mit rationaler Eindeutigkeit beantworten. In noch höherem Grad als gewöhnliche Handschriften sind Walsers Mikrogramme Ausdruck seiner einmaligen Individualität und Schriftgestalt einer ins Mikroskopische gehenden Selbst- und Menschenschau.

In der Berner Heilanstalt Waldau starb am 17. November 1916 der an Schizophrenie erkrankte Bruder Ernst. Am 1. Mai 1919 schied Hermann Walser, der Geographieprofessor, während eines Aufenthalts am Vierwaldstättersee freiwillig aus dem Leben. Neurotische Störungen, die das lehramtliche Wirken in Frage stellten, hatten ihn zermürbt. Die Schicksale der beiden Brüder mußten den Dichter auf die dunklen Möglichkeiten des eigenen Weges hinweisen.
Vielleicht in einer Art Fluchtbewegung davor spann er gelegentlich Heiratspläne. Frau Mermet, der Freundin in Bellelay, machte er einen Antrag, doch offenbar ohne die nötige Entschlossenheit, so daß die herzenskluge Frau ihrerseits

kein entschiedenes Jawort zu sprechen wagte. Sie hätte ihn, hat sie im Alter bekannt, wohl geheiratet, wenn sie wirtschaftlich besser gestellt gewesen wäre: »Mir fehlte der Mut, ohne Geld in diese Familie, die leicht gekränkt und von tragischem Geschick umgeben war, einzutreten.« (Brief an Carl Seelig vom 21. Dezember 1953) Nach Lisas Aussage hat Robert Frau Mermet »geplagt«, vermutlich eben mit seiner Unentschiedenheit in der Heiratsangelegenheit. In der Briefsprache nahm sich dies etwa so aus: »Ich liebe an Ihnen die hochachtende Art, wie Sie stets von ›Fräulein Walser‹ sprechen, womit meine Schwester gemeint ist. Ich stelle es mir schön vor, Ihr Mann zu sein und daß wir beide mit Lisa zusammenwohnen würden, beide sozusagen ihr gehorchend, unter ihrem lieben Einfluß, nämlich Lisa's Einfluß. Das wäre schön, falls meine Schwester nicht heiraten würde. Heiratet sie, nun, so heiratet sie eben. Man wird ja sehen und alles so nehmen, wie es sich gibt.« (29. Dezember 1918)
In einigen Briefen an Frieda Mermet finden sich drollig-dreiste, in Ausdrücke der Ehrerbietung eingebettete Erotica, Spielereien der Pagen- und Dienerphantasie Robert Walsers, wie sie auch im literarischen Werk, dort jedoch in weniger deutlicher Form, erscheinen. »Wissen Sie, liebe Frau Mermet, was ich mir wünsche? Sie seien eine vornehme schöne Madame und ich dürfte dann Ihre Magd sein und eine Mädchenschürze umhaben und Sie bedienen, und wenn Sie nicht zufrieden wären, ich irgendwie Ihren Unmut hervorgerufen hätte, so würden Sie mir Kläpfe geben, nicht wahr, und ich würde über die lieben Kläpfe hellauflachen. Das wäre ein hübscheres Leben für mich als die Schriftstellerei, die ja freilich auch nicht übel ist.« Mit Bemerkungen über Zimmermädchen im »Blauen Kreuz« und anderen weiblichen Umgang sucht er die Briefempfängerin neckisch zur Eifersucht zu reizen. Er dankt ihr, aus dem Militärdienst und sonst, für Eßwarenpakete, geflickte Kleider und Socken, berichtet über Tageserlebnisse und Lektüre – über die eigene Arbeit nur beiläufig und andeutend, mehr im Hinblick auf den wirtschaft-

lichen Ertrag und die Stimmung als auf die künstlerische Problematik. »Die Lage«, schreibt er am 6. September 1918, »die der lange Krieg schafft, ist für Künstler und Schriftsteller höchst ernsthaft und kann wohl vorübergehend etwas wütend machen.« Einige Wochen später, am 24. Oktober, ist die Wut vorüber: »Mir, liebe Frau Mermet, geht es insofern nicht schlecht, als ich ziemlich genau weiß, womit ich mich den Winter über zu beschäftigen haben werde. Dieses zu wissen ist keine geringe Beruhigung für einen Dichterkopf, der oft nur zu sehr im Vielerlei, d. h. im Unbestimmten tastet. Ich habe also eine bestimmte Pflicht vor mir, die ich erfüllen muß... Meine schriftstellerischen Geschäfte haben sich in letzter Zeit zu meinen Gunsten entwickelt; ich bin aus mancher Unruhe gut herausgekrochen.«

Ausnahmsweise äußert sich der Unpolitische zum Zeitgeschehen, etwa Ende Dezember 1918: »In Berlin gibt es momentan Straßenkämpfe und die Zeitungen melden, es herrsche dort ein Chaos. Die Schweiz ist fest und wird meiner Meinung nach auch so bleiben.« Oder in anderem Ton: »Ich danke Ihnen herzlich für die guten Sachen wie Käs, Anken, Schinken- und Bifsteckbitzen, nebst Brot, lauter nahrhafte Dinge, die ich mir habe schmecken lassen. Einer so guten Frau anhänglich zu bleiben, ist ja ein Genuß, das werden Sie glauben. Ein wenig Anken aufs Brot ist doch ein herrliches Essen, und es ist zu blöd von der Menschheit, daß sie sich all das Gesunde und Gute so vergällen will. Lauter Strohköpfe, Schafsköpfe, wohin man blickt. Esel, die in die Fabriken laufen und Munition machen und andere Esel und Schafe in Menge. Hundert Millionen Strategen an Eßtischen, wo es nachgerade nichts mehr zu essen gibt. Ein Knäuel von Hilflosigkeit und Maulaffigkeit. Das Elend, das nun in aller Welt verbreitet ist, sieht wie eine göttliche Strafe aus, weil das Schöne, Gute und Göttliche von allen Leuten so geringgeschätzt wird. Kinder, liebe Frau Mermet, kleine Kinder, dumme kleine Jungens mit Spitzbübereien im kleinen Kopf würden besser die Welt regieren und lenken als die heutigen mageren Staats- und Weltlenker, oder Frauen wie Sie oder wie manche andere, sollten Königinnen, Herrscherinnen sein, das ist für mich ganz klar. Die Männer machen jedenfalls einen entsetzlichen Bankerott mit all ihren schmählichen Albernheiten, Schwächlichkeit[en]. Ja, man sieht es heute und kann es mit Händen greifen, wohin es führt, wenn die Menschen alles Große fortgeworfen haben, um ameisenhaft im Kleinlichen und Erbärmlichen herumzukriechen. Alle diese Soldaten sind mehr Dummköpfe als wirkliche Soldaten, und alle Kinder werden von den Tröpfen von Erwachsenen verraten, weil die Erwachsenen kindischer sind wie Kinder. Aber statt manches zu reden, was Sie vielleicht gar nicht besonders gerne hören, will ich Ihnen lieber sagen, daß ich fortfahre, täglich an Sie zu denken und daß Sie in meinen Augen und vor meinem Innern lieb und schön sind.« (Undatiert, vermutlich September 1918)

Die Sprache der Briefe an Frau Mermet unterscheidet sich von der des literarischen Werkes durch einen etwas lässigeren Tonfall. Die Briefe und Karten aus dem Militärdienst entbehren zumeist des walserischen Witzes und Gefühlsausdruckes. Sie gleichen darin den ebenfalls vorwiegend trockenen Brieflein, die er nachmals in den Heilanstalten schrieb.

Einige Bekanntschaften haben das Einzelgängertum Robert Walsers in den Bieler Jahren zeitweilig gemildert. Zu einer wohltemperierten Freundschaft erwuchs die Beziehung zu Klara Wolf, der Lehrerin der Mittelklasse von Meinisberg bei Biel. Sie und ihre Kollegin Gertrud Stettler hatten eine gemeinsame Wohnung und beherbergten Robert Walser, den sie durch Vermittlung eines Journalisten kennengelernt hatten, im Sommer 1920 ein paar Tage lang. Im Bewußtsein der gewahrten Ehrbarkeit durften sie sich über Zeichen des Mißfallens im Dorfe hinwegsetzen. Die schadhaften Kleider des Gastes wurden einer unentgeltlichen Reparatur unterworfen. Obgleich sich Robert Walser eher schweigsam gab und von seinem Dichtertum nicht viel merken ließ, war ihm Fräulein Wolf zugetan und hätte, wie sie später an Carl Seelig schrieb, gewagt, ihn »aus Bewunderung für seinen großen Geist und aus Mitleid mit seiner materiellen Armut« zu heiraten. Indessen blieb es bei der Freundschaft, die sich in Form des Briefwechsels noch in Walsers Berner Jahre hineinzog.

Vielleicht war der Gedanke an Frieda Mermet einer Bindung in Meinisberg hinderlich geworden, vielleicht aber auch eine ältere Beziehung, die sich damals neu belebte. Marguerite Chavanne, Lehrerin in Biel, war seit den Schuljahren mit den beiden Schwestern Robert Walsers befreundet gewesen. Lisa hatte einen Teil des Mobiliars des verstorbenen Vaters bei ihr eingestellt, und in ihrer Wohnung trafen sich die Geschwister, wie Fräulein Chavanne erzählt, öfter »in herzlicher Wiedersehensfreude«. Im Winter 1919 oder 1920 machte ihr der Dichter einen »romantischen Heiratsantrag«. Ihr Gefühl für den ihr von Jugend auf bekannten »Röbi« war indessen, trotz Anerkennung »all seiner guten Eigenschaften«, zu unsicher, als daß sie sich zum Ja hätte entschließen können.

Wer die Partnerin war, von der in dem Prosastück »Der Heiratsantrag« die Rede ist, wissen wir nicht, dürfen aber die autobiographische Richtigkeit für wahrscheinlich halten: »Die nicht sonderlich Hübsche, mit der ich sprach, erhielt vor einigen Jahren, als ich mich noch in keiner Art und Weise mit Europapflichten und dergleichen beschäftigte, in einem Lokälchen voll bunt durcheinandergewürfelter Menschen vom Verfasser vorliegenden Alltagsvertiefungsversuches einen freilich gleichsam nur flüchtig und leichtsinnig angebrachten Heiratsantrag, den sie dadurch glatt ablehnen zu sollen geglaubt hatte, daß sie über mein immerhin freundliches Anerbieten laut lachte, was einen Klang hervorrief, den sich mein Gedächtnis anstandshalber einprägte.« Eine Abwandlung der gleichen Situation finden wir in »Cäsar«. Zweifellos kam ihm bei solchen Gelegenheiten seine paradoxe Empfindungsweise zustatten: »In Sachen Liebe ist ja alle Erfolglosigkeit beinahe etwas Beglückendes.« (»Belgische Kunstausstellung«)

Eine andere Bieler Lehrerin, Claire Zahler, war ebenfalls eine

nahe Freundin Lisa Walsers und pflegte auch mit deren Geschwistern freundschaftlichen Umgang. »Röbi ging als ganz junger Mann bei mir aus und ein. Kaum war er da, erfüllte sich das Zimmer mit Frohsinn, Freundlichkeit und guter Laune. Unsere Konversation war eine Tändelei, ein Lachen und Scherzen. Über seine Arbeiten hat er nie gesprochen. Wenn ich von meinem Beruf erzählte, interessierte ihn nur, was die Kinder Lustiges vorzubringen hatten.« So war es um die Jahrhundertwende gewesen, als Robert Walser gelegentlich beim Vater zu Besuch geweilt hatte. Anders lautet die Nachricht über spätere Begegnungen: »In den letzten Jahren, die er in Biel zubrachte, waren wir uns fremd; nie war eine Störung zwischen uns, aber er ging so abweisend und in sich gekehrt durch die Straßen, daß ich nicht den Mut hatte, ihn anzureden.« Falls dies schon früher als »in den letzten Jahren« angefangen hätte, könnte sich eine Stelle aus der im Mai 1915 veröffentlichten Studie »Im Wald« auf Claire Zahler beziehen: »Ehemals Freundin, war ich ihr und war sie mir jetzt fremd geworden, und wir grüßten uns nicht mehr, schauten uns gegenseitig nicht mehr an. Doch hatte ich sie seltsamerweise lieb wie immer, sie war mir wert und teuer wie immer. Und wahrscheinlich war auch ich ihr lieb wie sonst.«
Zum alten Bieler Bekanntenkreis gehörte auch der dazumal in Grenchen amtierende Pfarrer Ernst Hubacher, der wie sein Bruder Hermann, der Bildhauer, in Biel aufgewachsen war. Einen Besuch Robert Walsers in seinem Heim hat er wie folgt geschildert:
»Er fühlte sich in der fremden Wohnung und in Gegenwart einer ihm noch fremden jungen Frau nicht wohl und gab sich sehr einsilbig. Ich versuchte dem alle Augenblicke darniederliegenden Gespräch dadurch aufzuhelfen, daß ich einen leichten Ton anschlug und eine ironische Bemerkung über seine Absonderlichkeiten fallen ließ. Aber ich geriet an den Unrechten. Auf einmal wurde er puterrot, seine Augen flammten wild, und er zischte mich mit schlecht verhaltener Wut an: ›Halten Sie mich vielleicht für einen Paillasse?‹

Zum Glück traten bald darauf unsere fünfjährigen Zwillinge ein, retteten durch ihr bloßes Erscheinen die Situation und ließen die Ungeschicklichkeit ihres Vaters rasch vergessen. Walsers Zorn verrauchte, und er griff nach einer auf dem Tisch liegenden Bilderbibel, legte sie auf seine Knie, die Kinder flankierten ihn rechts und links, und nun begann er zu erzählen. Es war keine stilgerechte und dogmentreue Sonntagsschullektion, was sie zu hören bekamen, aber alles, was er von dem großen Mann im heiligen Land berichtete, war von einem so tiefen Respekt erfüllt und strömte eine solche Wärme aus, daß die Kleinen gespannt zuhörten und wir Erwachsenen ergriffen dabeistanden.« (»Der letzte Poet«, im »Kleinen Bund« vom 8. Juli 1955)

Ungeachtet des innerlich bejahten Einzelgängertums mag ihm die lebhafte Anteilnahme des im nahen Lengnau wohnenden Lehrers und Schriftstellers Emil Schibli wohlgetan haben. In seiner »Erinnerung an Robert Walser«, die in dem Nachlaßband »Reife und Abschied« enthalten ist, hat Schibli erzählt, wie er 1919 die Bekanntschaft Walsers machte:

»Eines späten Nachmittags fuhr ich nach Biel. Im Speisesaal des Blaukreuzhotels erkundigte ich mich bei einem der Serviermädchen nach Herrn Walser und erhielt den Bescheid, daß er dort drüben an einem der Tische beim Nachtessen sitze. Ich sah hin. Es saßen einige Arbeiter an dem Tische, tranken Kaffee und aßen Kartoffeln, und ich wußte nicht, welcher unter ihnen der Dichter sei; er fiel unter den einfachen Männern durch nichts auf, schien vielmehr einer der Ihren zu sein. Ich fragte das Mädchen leise, welcher von den Vieren es sei, sagte, daß ich warten würde, und ließ mir ein Getränk bringen.

Als Walser den Raum verlassen wollte, erhob ich mich, stellte mich ihm in den Weg, nannte meinen Namen und gestand, daß ich hergekommen sei, um ihn zu begrüßen. Ob er Zeit habe, mit mir ein wenig spazieren zu gehen? Er schien nicht

eben begeistert, musterte mich mißtrauisch, zeigte sich aber dann doch bereit, meinen Wunsch zu erfüllen. Nun, ich hatte keineswegs im Sinne, vor ihm geschwollene Sprüche zu machen; ich erklärte ihm einfach und ohne große Worte, wie sehr wir, meine Frau und ich, durch seine Bücher uns beglückt fühlten, und daß ich hergekommen sei, um ihm dafür die Hand zu drücken.
Er sagte fürs erste nicht viel, und ich wußte immer noch nicht recht, woran ich mit ihm war und ob es ihm nicht lieber wäre, wenn ich wieder verduften würde.
Wir gingen an den See.
Dort taute der Dichter plötzlich auf und wurde gesprächig. Die Zeit verging mir wie im Fluge, und mit Bedauern mußte ich feststellen, daß mein letzter Zug schon um neun Uhr und also in einer Viertelstunde abfahre. Eigentlich, sagte ich, wäre es schön, den zwei Stunden weiten Weg zu Fuß zurückzulegen. Ob er nicht Lust hätte, mich zu begleiten und bei uns zu übernachten?
›Doch‹, sagte er ohne langes Besinnen. ›Doch, das könnte man machen.‹
Mir schlug das Herz vor Freude: Ich hatte seine Sympathie gewonnen. Wir machten uns daraufhin sofort auf den Weg. Die Stadt lag bald hinter uns. Der Tag verdämmerte rosig, es wurde langsam Nacht. Die ersten Sterne begannen still zu leuchten, und der Jura linkerhand wurde dunkler und dunkler, bis er als schwarze Silhouette vor uns lag und sein Grat sich messerscharf in den Himmel zeichnete.
Walser war sehr gesprächig, und ich hörte ihn mit einer sonoren und warmen Stimme neben mir sprechen und sah ihn aus dem gewöhnlichen Manne, der er zu sein schien, sich durch seine Worte und Gedanken in einen Menschen verwandeln, wie mir nie zuvor einer begegnet war. Ehrfurcht und Bewunderung ergriffen mich, und ich hütete mich, mehr zu sagen als nötig war, und ließ ihm das Wort.
Er machte es einem leicht, ihm zuzuhören, denn alles, was er sagte, war von tiefer Herzensgüte und Weisheit durchsättigt,

ohne doch im geringsten sentimental oder weltfremd zu sein. Im Gegenteil.

Ohne Eile zu haben, kamen wir endlich unter einem Sommernachthimmel, der voll von Sternen war, um Mitternacht bei mir zu Hause an.«

Einer in der »Seeländer Volksstimme« vom 27. August 1927 erschienenen abgewandelten Schilderung dieser Begegnung entnehmen wir Ergänzendes: »Der Dichter blieb dann ein paar Tage lang unser Gast. Soll ich etwas über sein Aussehen mitteilen? Nun, er sieht nicht so aus, wie der Leser seiner Bücher ihn sich denkt oder ein Maler ihn gemalt hat. Aus allen seinen Büchern spricht etwas Leichtes, Zierliches, Säuselndes und zumeist Frohbewegtes, oft, und vielleicht zu sehr Verschnörkelndes. Der Dichter dagegen ist schwerfällig, schweigsam, von derber Gestalt, etwa wie ein Handwerker, Schlosser oder Mechaniker, schien es mir. Er macht jedenfalls den Eindruck eines kerngesunden Menschen. Seine Bücher sind seltsam, äußerst eigenwillig und originell, einzigartig persönlich; der Dichter ist unauffällig, bieder, durchaus alltäglich. Nur seine Augen sind bedeutsam. Sein Anzug war fadenscheinig. Auf seinen Knien waren zwei große, mit rührender Hilflosigkeit von seinen eigenen Männerhänden aufgenähte Flicken sichtbar. Der ganze, an Geist und Wissen und, was mehr ist, an Menschlichkeit reiche, über vierzig Jahre alte Mann war die Verkörperung tapfer, ja stolz ertragener äußerer Armut. Immerhin, das Herz tat einem weh dabei. Dieser Dichter, der zehn Bücher geschrieben hat, worunter zwei von besonderer Schönheit, leidet Mangel, trägt die Garderobe eines Vaganten, obgleich er nicht selten wie ein Besessener arbeitet. Dieser Dichter (ein heimlicher König), den die Nachwelt, wenn nicht einen Großen, dann doch einen von seltener Reinheit heißen wird, erträgt die Not bitterster Einsamkeit und duldet die Pein bürgerlicher Verachtung, alles, um ein Dichter sein zu dürfen. Nun, zum Kuckuck! Suche er sich eine einträglichere und achtbare Beschäftigung! Er kann nicht. Gott hat ihm aufgegeben, ein Dichter zu sein. Und so wird er lieber hungern und in fadenscheinigen und geflickten Kleidern herumlaufen und sich vor den kritischen Blicken wohlhabender und fleißig Geld verdienender Bürger weiterhin demütigen. In Gottes Namen. ›Man bezahlt mir für ein Gedicht fünf, wenn es gut will acht oder zehn Franken, und für eine kleine Dichtung, an der ich eine oder zwei Wochen fiebernd gearbeitet habe, zwanzig. Wie soll ich da menschenwürdig leben können? Aber ich werde meinem Berufe dennoch treu bleiben. Er macht mich ja trotzdem glücklich. Ich weiß zwar, daß man mich in der Gesellschaft für einen Verrückten hält (einer unserer bekannten Kritiker hat das deutlich und sorglos ausgesprochen) oder für einen Lumpen und Tagedieb. Immerhin, von tieferer Bedeutung ist das nicht. Das Schicksal wird ja aus mir keinen Heinrich von Kleist machen wollen.‹ Er lächelte. ›Nein, das Glück ist größer als das Leiden. Wirklich.‹«

Robert Walser kehrte noch mehrmals bei Schiblis ein und zeigte sich bei Gelegenheit erkenntlich. »Im vergangenen April«, erzählt Schibli im Novemberheft 1920 des Zürcher Lesezirkels Hottingen, »als ich meine Wohnung wechseln mußte, aus dem Dorf an den Berghang hinauf übersiedelte, schleppten wir manchen Korb und Karren den holperigen, steilen Weg empor, schwitzten wie Pferde und packten Kasten und Kisten gehörig an, und kein Mensch, selbst ein Literarhistoriker nicht, hätte merken können, daß mein Gehülfe der *Dichter* des ›Gehülfen‹ sei. Um so eher konnten wir dann auch das Bier aus der Flasche trinken und die Wurst mitsamt der Haut auffressen.«

»Er war eher verschlossen«, teilt Frau Frida Schibli mit, »und bei aller Bescheidenheit so unnahbar, daß es nicht leicht war, mit ihm in ein Gespräch zu kommen. Er war sehr freundlich und höflich. Wenn er redete, so sprach er langsam, leise und bedächtig, indem er einen unverwandt anblickte. Er fühlte sich nicht zu erhaben, mir jeweils beim Herrichten seines Nachtlagers behilflich zu sein, und er tat es nicht ungeschickt. Aus einem gelegentlichen Gespräch ging hervor, daß er nichts

gegen dichtende Frauen hatte, und einmal sagte er, er wäre froh, wenn er so fließend schreiben könnte wie die Courths-Mahler. Er machte mir den Eindruck eines lebensfrohen, von Gesundheit strotzenden Mannes. Seine Eigenwilligkeit und Einmaligkeit spürte man in jedem Wort.« (Der erste Satz erinnert an das, was Walter Benjamin von Dostojewskis Fürst Myschkin, dem »Idioten«, sagt: »Bei völliger Bescheidenheit, ja Demut dieses Menschen ist er ganz unnahbar, und sein Leben strahlt eine Ordnung aus, deren Mitte eben die eigene, bis zum Verschwinden reife Einsamkeit ist.«)
Um dem Dichter eine größere Einnahme zu verschaffen, regte Schibli beim Lesezirkel Hottingen an, ihn zu einer Vorlesung einzuladen. Walser ließ sich für den 8. November 1920 verpflichten. Er wanderte zu Fuß nach Zürich und logierte bei Hans Bodmer, dem Präsidenten der Gesellschaft. Am Tag vor der Veranstaltung bat ihn Bodmer um eine Leseprobe und quittierte diese mit den erschrockenen Worten: »Aber Herr Walser, Sie chönd ja nüd läse!« Worauf der Dichter, Unliebsames argwöhnend, mit der Faust auf den Tisch schlug und rief: »Meined Sie eigetli, ich seig en Torebueb, Herr Tokter? Ich bin äxtra wägen Ihne uf Züri cho und ha mit däm Honorar, wo Sie mir offeriert händ, grächnet.« Nachdem ihn Bodmer über das Honorar beruhigt hatte, erklärte sich Walser damit einverstanden, daß Hans Trog, der literarische Redakteur der »Neuen Zürcher Zeitung«, an seiner Stelle vorlese. Und so geschah es. Im Vertrauen darauf, daß ihn außer den wenigen Eingeweihten niemand von Angesicht kenne, wurde Walser den im Kleinen Tonhallesaal erschienenen Zuhörern als krank gemeldet, obschon er in der vordersten Reihe saß. Das ist die gekürzte Wiedergabe der Darstellung Schiblis, die unter dem Titel »Die Vorlesung« in der literarischen Beilage des »Bund« vom 15. Februar 1957 erschien. Von Walser selber gibt es zwei im Hauptpunkt voneinander abweichende Darstellungen. In dem bald nach der Veranstaltung verfaßten Prosastück »Der Leseabend« erzählt er, unglaubwürdig genug, er habe in der Stadt eine Stunde vor Beginn der Veran-

staltung einen Bekannten angetroffen, ihn gebeten, die ihm, Walser, nicht liegende Vorleserrolle zu übernehmen, und der habe eingewilligt. »Als nun«, fährt er fort, »die Stunde da war, saß der, der vorlesen sollte, unauffällig unter den Zuhörern, und jener trat hervor und las aus des ersteren Büchern, und alles ging gut; es wurde geklatscht, und ich klatschte mit; weshalb hätte ich's nicht tun sollen? War's mir doch, als säße ich da wie irgendein Beliebiger und mein Kamerad läse Dinge, die mir völlig neu seien.«

Die hier unterschlagene Auseinandersetzung mit Bodmer hat Walser paraphrasierend in einem Mikrogrammtext festgehalten, der sich im vierten der postumen Bände »Aus dem Bleistiftgebiet« findet. Danach hätte der Vortragsveranstalter (Bodmer) das verlangte Probevorlesen als ein stotterndes, kleinlautes und hastiges getadelt und sich geweigert, »zuzugeben, daß der geplante Vortrag stattfindet«. Der Dichter aber hätte mit der folgenden subtilen Begründung auf Abhaltung bestanden:

»Ich kam bei Ihnen an, und nachdem wir einige Einleitungsworte gewechselt hatten, die uns der Lage angemessen schienen, die von uns zweien geschaffen worden war und die auch jetzt noch gleichsam hochaufgerichtet vor uns steht, trug ich Ihnen auf Wunsch vor, was Sie mir die Freundlichkeit erwiesen, anzuhören. Plötzlich sind Sie vom Sessel, auf dem Sie saßen, aufgestanden und haben für geboten gehalten, mir entgegenzuwerfen: ›Sie können nicht Deutsch.‹ Sehr gut beobachteten Sie, daß ich beim Ablegen der Sprechprobe Zeichen der Befangenheit ablegte. Das hindert mich aber nicht, Ihnen zu sagen, daß Sie mich mangelhaft beobachteten. Ich werde, davon bin ich überzeugt, in voller Befangenheit an's Vortragspult treten. Die schlichte, feine, schöne Folge wird sein, daß ich befeuert, mit einem gleichsam besprungbretteten Innern zu lesen anfangen werde. Die Befangenheit wird vielleicht anhalten, ich werde sie aber beherrschen. Aus meiner Stimme, mithin auch aus meinem Vortrag, wird etwas hübsch Lebendiges klingen. Anfangs werden mich einige oder vielleicht sämtliche Zuhörer als unsicher empfinden, das wird aber weniger schaden, als wie's wäre, wenn sie sich sagen müßten, ich sei tonlos, bildungslos. Mein Vortrag wird ein beseelter, beschwingter sein, und da ich das weiß, werde ich ihn, obgleich Sie über diese Eröffnung beinah vor Verwunderung umfallen, bestimmt abhalten.«

Ähnlich hatte er sich selber nach den mißlungenen Versuchen, Schauspieler zu werden, beurteilt (siehe S. 41)

Es ist aber nicht ausgeschlossen, daß er vor Bodmer mehr oder weniger absichtlich schlecht las: entweder weil er die Examinierung als kränkend empfand, oder, eher noch, weil er aus tiefsitzendem Widerwillen gegen öffentliches Auftreten heimlich die Dispensierung erstrebte. »Eine Fabrik zur Gewöhnlichmachung des Ungewöhnlichen scheint im Gang. Schüchterne Poeten gehören der Vergangenheit an. Werde auch ich am Vortragstisch erscheinen und entweiht sein? Bis dahin glaub' ich steif und fest, ich tu es nie.« (»Eine Ohrfeige und Sonstiges«. – Aber als Walser 1924 dieses Prosastück schrieb, hatte er »es« doch schon einmal getan, nämlich mit der Vorlesung aus einem neuen Roman in Zürich, März 1922.)

Verstimmt hat ihn wohl auch, daß der Abend nicht ihm allein gewidmet war: im zweiten Teil interpretierte Salomon David Steinberg Persönlichkeit und Werk des im Frühjahr 1919 gestorbenen Karl Stamm, dessen gefühlsstarke, ernste Lyrik mit Walsers komplexerer Art nicht am besten zusammenging.

Bei privaten Anlässen hat sich Walser, wenn dem Prosastück »Poetenleben« zu trauen ist, gegen das Vorlesen nicht gesträubt: »Da und dort scheint der Poet auch als Vorleser bei hohen Damen stark in Betracht gefallen und ziemlich beliebt gewesen zu sein. Er las Selbstgedichtetes so gut wie anderes mit einem Anstand und mit einer Zungenfertigkeit vor, die, wenn nicht Staunen und Bewunderung, so doch wenigstens Zufriedenheit und Vergnügen erregten.«

Um 1920 sah Robert Walser im Bieler Stadttheater Alexander Moissi als Oswald in Ibsens »Gespenstern«. »Mit Moissi kam ein Stück Berlin hierher... Ich sah Reinhardt im Geist und Frau Eysoldt, nebst andern Persönlichkeiten; dachte mich Unter den Linden und im Tiergartenviertel.« (»Moissi in Biel«) Das triste Gesellschaftsdrama, das er sich von der Galerie aus anschaute, war ihm eher ärgerlich, aber nachher hatte er mit dem berühmten Tragöden, der ihn von seinen Berliner Theateraufsätzen her kannte, eine erfreuliche Begegnung. »Als er (Moissi) Walser erblickte, in ein lautes Freudengebrüll ausbrach, ihm sekundenlang die Hand schüttelte, ihn mit ausgesuchter Höflichkeit, nein mit tiefer Verehrung behandelte, wurde uns erst klar, was für eine Rolle unser Landsmann in der herrlichen wilhelminischen Zeit in Berlin, im Kreis um Max Reinhardt gespielt haben muß.« So erzählt Pfarrer Ernst Hubacher, der zusammen mit seiner Frau bei der Szene zwischen dem verhinderten und dem weltberühmten Schauspieler zugegen war. (»Der letzte Poet«, im »Kleinen Bund« vom 8. Juli 1955) Walser selber schreibt: »Er fragte, ob ich nicht sofort mit nach Berlin fahren wolle. ›Eilt es so sehr?‹ machte ich. Beim Verabschieden rief er: ›Grüßen Sie Ihren Bruder.‹« (Mit Karl Walser, dem Theatermaler Reinhardts, war Moissi wohl noch näher bekannt als mit dem Schriftsteller.)

›Eilt es so sehr?‹ Wenn Robert Walser damals nach Deutschland gereist wäre, so hätte er möglicherweise von den dort zurückgelassenen Ersparnissen, zumal von dem 1914 gewonnenen Preis der rheinländischen Frauen, noch etwelchen Genuß gehabt. Die deutsche Inflation entwertete die bescheidene Rücklage bald gänzlich.

Zur Zeit der geschilderten Begegnung war er vermutlich bereits zum Abschied von Biel entschlossen. Nach dem Prosastück »Reiseerlebnis«, das im Juniheft 1919 der Zeitschrift »Pro Helvetia« erschienen war, hätte er sich schon früher bemüht, eine Stelle in Bern zu bekommen. Am 5. August 1919 hatte er an Frieda Mermet geschrieben: »Ich habe an die

Schweizerische Hülfs- und Kreditorengenossenschaft für Rußland in Genf, die die Aufgabe übernahm, Auslandschweizer nach Möglichkeit finanziell zu unterstützen, ein Vorschußgesuch gerichtet und hoffe, daß es bewilligt werden kann. Schriftstellern ist zur Stunde wohl einer der unlohnendsten Berufe, ich hoffe mich aber dieses Jahr noch behaupten zu können, denn es handelt sich für mich um Fertigstellung nicht nur eines Buches, sondern, ich möchte sagen, um säuberliche Ordnung meines gesamten dichterischen Werkes. Nächstes Jahr kann ich ja dann Wärter in Bellelay oder Kaiser von ich weiß nicht welchem Weltreich werden, oder in ein Büreau treten oder als Arbeiter in eine Fabrik gehen.« Ob das Gesuch Erfolg gehabt hat, ist nicht bekannt; eine langfristig wirksame Hilfe hatte er von jener Gesellschaft kaum zu erwarten. Was er mit der Ordnung des gesamten Werkes meinte, wissen wir ebenfalls nicht; schwerlich hätte er damals einen Verlag für eine Gesamtausgabe gefunden. Über das Schaffensvermögen in der letzten Bieler Zeit hat er sich widerspruchsvoll geäußert. Einerseits »begannen die Motive und Staffagen, die ich aus Biel und seiner Umgebung schöpfte, allmählich zu versiegen« (Seelig, »Wanderungen ...«). Anderseits schrieb er an Frau Mermet im April 1921: »Ich habe auch letzten Sommer hindurch weitaus die besten Sachen gedichtet, ich hoffe sie dies Jahr herausgeben zu können. Ich werde nie bedauern, so lange in Biel geblieben zu sein. Erstens war es ja herrlich zum leben und zweitens ist's für mich eine Station des beruflichen und menschlichen Weiterentwickelns gewesen.«
Vierzehn Jahre bevor er endgültig resignierte, ließ er sich in den »Rheinlanden« (September/Oktober 1919) unter dem Titel »Das letzte Prosastück« so vernehmen:
»Wahrscheinlich ist dies mein letztes Prosastück. Allerlei Erwägungen lassen mich glauben, es sei für mich Hirtenknaben höchste Zeit, mit Abfassen und Fortschicken von Prosastükken aufzuhören und von offenbar zu schwieriger Beschäftigung zurückzutreten. Mit Freuden will ich mich nach anderer

Robert Walser als Konfirmand.

Elisa Walser-Marti (1839-1894),
die Mutter.

Adolf Walser (1833-1914),
der Vater.

Josef Viktor Widmann (1842-1911), Redakteur der Tageszeigung »Der Bund« in Bern; »Entdecker« Robert Walsers und Rezensent seiner frühen Werke. (Gemälde von Ferdinand Hodler)

Robert Walser im Jahre 1900, aufgenommen in Biel.

Seine ältere Schwester Lisa
als junge Lehrerin.

Robert Walser im Herbst 1905,
aufgenommen im Berliner Warenhaus Wertheim.

Sein Bruder Karl Walser (1877-1943)
um 1905 in Berlin.

Robert Walser
um 1907/08 in Berlin.

Einbandzeichnung Karl Walsers zu dem 1908 erschienenen Roman »Der Gehülfe« von Robert Walser.

Warum auch

Und als ein solcher klarer
Tag hastig nun wieder kam,
sprach er voll ruhiger, wahrer
Entschlossenheit langsam:
Nun soll es anders sein,
ich stürze mich in den Kampf hinein;
ich will gleich so vielen Andern
aus der Welt tragen helfen das Leid,
will leiden und wandern,
bis das Volk befreit.
Will nie mehr müde mich niederlegen;
geschehen soll etwas.
Da überkam ihn ein Erwägen,
ein Schlummer: ach, laß doch das.

10

Aus dem 1909 erschienenen, mit Radierungen von Karl Walser geschmückten Band »Gedichte« von Robert Walser.

Hotel »Zum blauen Kreuz« in Biel.
Robert Walser wohnte dort von 1913 bis 1920
in einem Dachzimmer.

Robert Walser,
vermutlich um 1914 in Biel.

Robert Walser
um 1928 in Berlin.

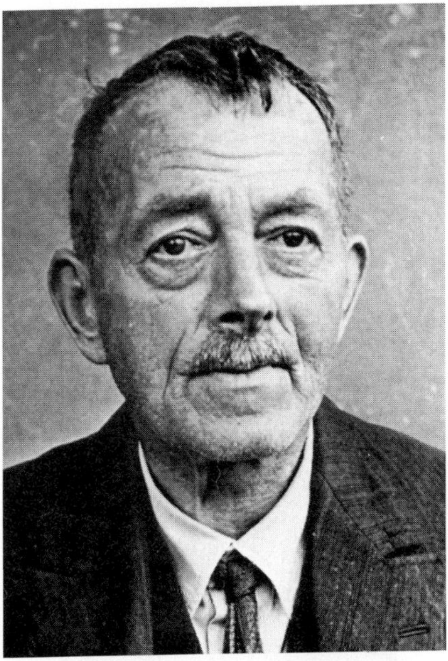

Robert Walser 1949 in Herisau.

Carl Seelig,
Schriftsteller und Journalist in Zürich,
Freund und seit 1944
Vormund Robert Walsers.

Robert Seidel, Redakteur
der »Arbeiterstimme« in Zürich.

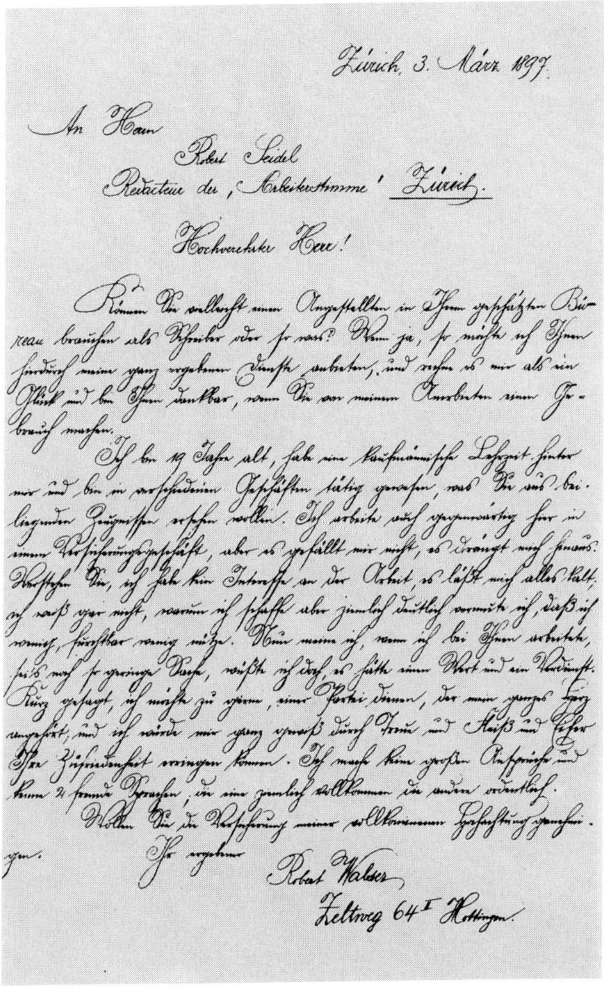
Zürich, 3. März 1897.

An Herrn
Robert Seidel
Redacteur der „Arbeiterstimme" Zürich.

Hochverehrter Herr!

Können Sie vielleicht einen Angestellten in Ihrem geschätzten Bureau brauchen als Schreiber oder so was? Nun ja, so möchte ich Ihnen hierdurch meine ganz ergebenen Dienste anbieten, und rechne es mir als ein Glück und bin Ihnen dankbar, wenn Sie von meinem Anerbieten einen Gebrauch machen.

Ich bin 19 Jahre alt, habe eine kaufmännische Lehrzeit hinter mir und bin in verschiedenen Geschäften tätig gewesen, was Sie aus beiliegenden Zeugnissen ersehen wollen. Ich arbeite auch gegenwärtig hier in einem Versicherungsgeschäft, aber es gefällt mir nicht, es drängt mich hinaus. Verstehen Sie, ich habe kein Interesse an der Arbeit, es läßt mich alles kalt, ich weiß gar nicht, warum ich schaffe, aber ziemlich deutlich vermute ich, daß ich wenig, furchtbar wenig nütze. Nun meine ich, wenn ich bei Ihnen arbeite, sei's auch so geringe Sache, wüßte ich doch, es hätte einen Wert und einen Verdienst. Kurz gesagt, ich möchte gern einer Partei dienen, der mein ganzes Herz angehört; und ich würde mir ganz gewiß durch Treue und Fleiß und Eifer Ihre Zufriedenheit erringen können. Ich mache keine großen Ansprüche und kenne 2 fremde Sprachen, die eine ziemlich vollkommen die andere ordentlich.

Wollen Sie die Versicherung meiner vollkommenen Hochachtung genehmigen.

Ihr ergebener
Robert Walser
Zeltweg 64 I Hottingen.

An Robert Seidel (1897).

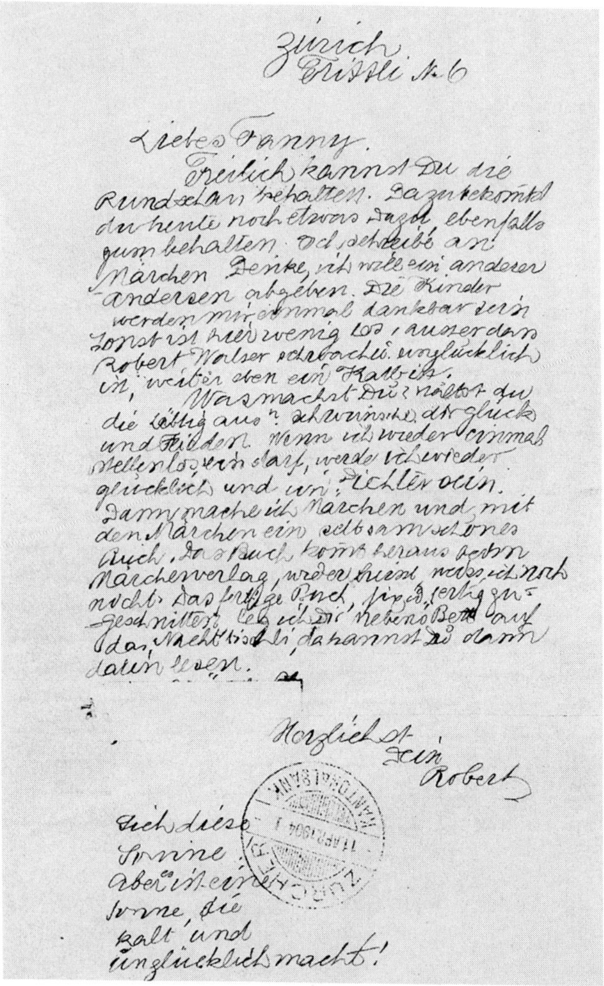
Zürich
Trittli No. 6

Liebes Fanny.
Freilich kannst Du die Rundschau behalten. Dazu bekommst du heute noch etwas dazu, ebenfalls zum behalten. Ich schreibe an Märchen. Denke, ich will ein anderer Andersen abgeben. Die Kinder werden mir einmal dankbar sein. Sonst ist hier wenig los, ausser dass Robert Walser schrecklich unglücklich ist, weiter eben ein Kalb ist.
Was machst Du? hältst du die Lebtig aus? Ich wünsche dir Glück und Frieden. Wenn ich wieder einmal stellenlos sein darf, werde ich wieder glücklich und ein Dichter sein. Dann mache ich Märchen und mit den Märchen ein seltsam schönes Buch. Das Buch kommt heraus beim Märchenverlag, wo der ist, weiss ich noch nicht. Das fertige Buch, fix u. fertig zugeschnitten, leg ich dir neben's Bett auf das Nachttischli, da kannst du dann darin lesen.

Herzlichst
Dein
Robert

ZÜRCHER KANTONALBANK 11.APR.1904

Sieh diese Sonne aber ist eine Sonne, die kalt und unglücklich macht!

An Fanny, die jüngere Schwester (1904).

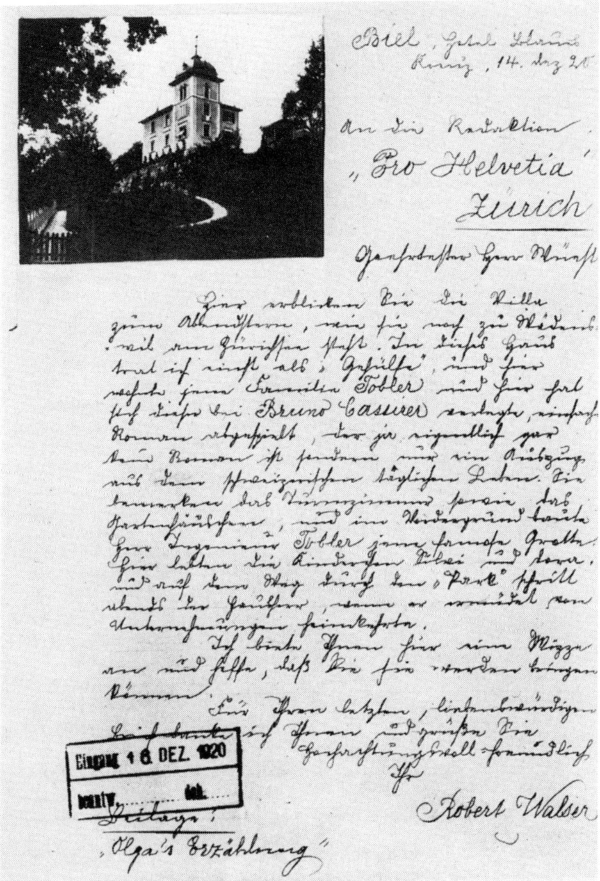

Biel, Hotel Blaues Kreuz, 14. Dez 20

An die Redaktion
„Pro Helvetia“
Zürich

Geehrtester Herr Wüest

Hier erblicken Sie die Villa zum Abendstern, wie sie noch zu Wädenswil am Zürichsee steht. In dieses Haus trat ich einst als „Gehülfe“, und hier wohnte jene Familie Tobler und hier hat sich dieser bei Bruno Cassirer verlegte, einfache Roman abgespielt, der ja eigentlich gar kein Roman ist sondern nur ein Auszug aus dem schweizerischen täglichen Leben. Sie bemerken das Turmzimmer sowie das Gartenhäuschen, und im Hintergrund baute Herr Ingenieur Tobler jene famose Grotte. Hier lebten die Kinderchen Silvi und Dora, und auf dem Weg durch den „Park“ schritt abends der Gehülfe, wenn er jeweilen von Unternehmungen heimkehrte.

Ich biete Ihnen hier eine Skizze an und hoffe, daß Sie sie werden bringen können.

Für Ihren letzten, liebenswürdigen Brief danke ich Ihnen und grüße Sie hochachtungsvoll-freundlich

Ihr

Robert Walser

Eingang 16. DEZ. 1920
beantw. .... Geh.

Beilage:
„Olga's Erzählung“

An Curt Wüest,
Redakteur der Zeitschrift »Pro Helvetia« in Zürich,
mit aufgeklebter Photographie
der Villa »Zum Abendstern« in Wädenswil (1920).

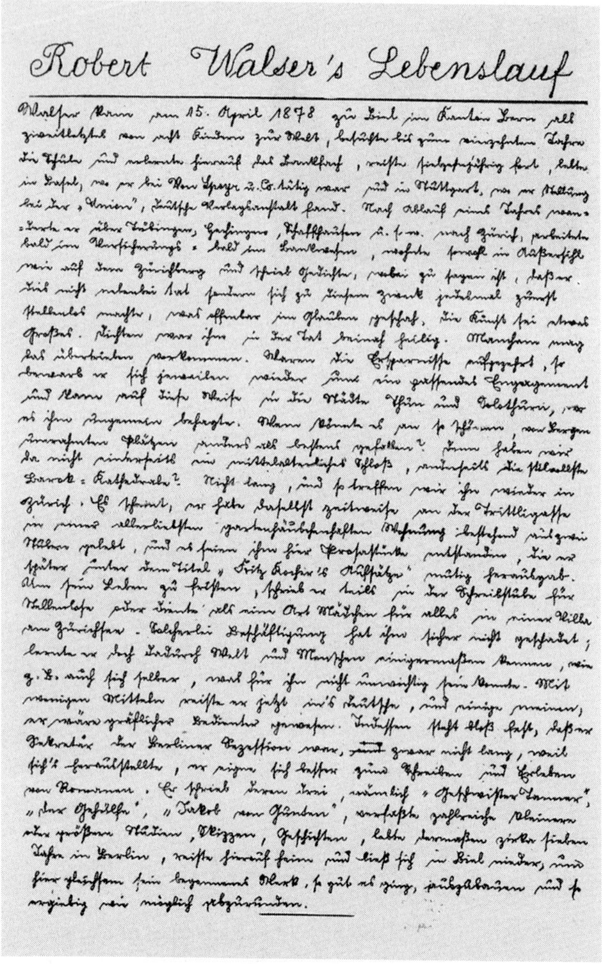

Für das Organ des »Lesezirkels Hottingen« (Zürich)
anläßlich der Lesung vom 8. November 1920
abgefaßter »Lebenslauf«.

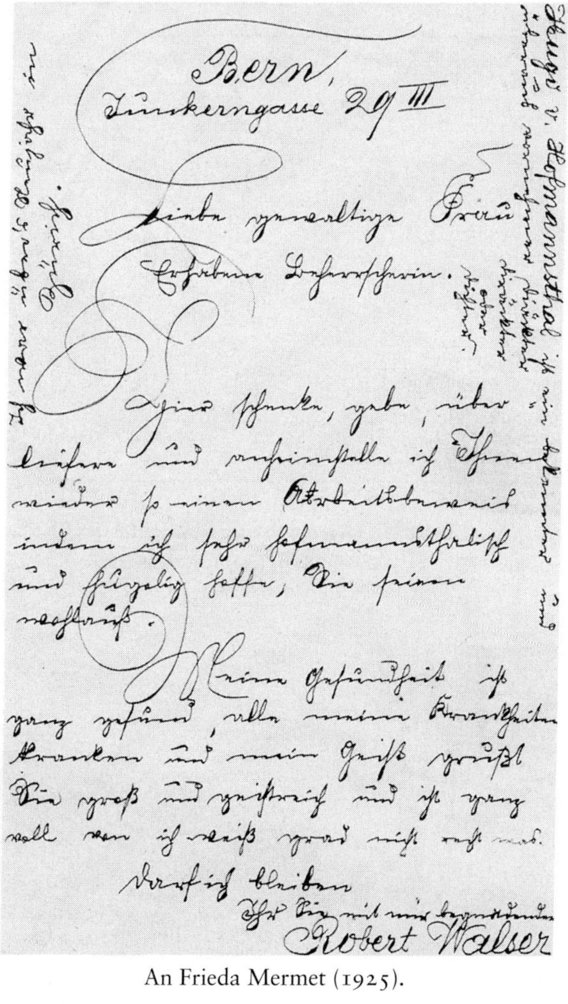
Bern, Junkerngasse 29 III

Robert Walser

An Frieda Mermet (1925).

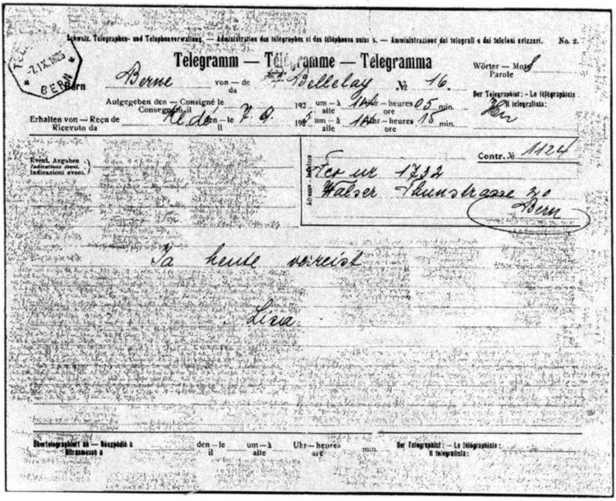
Schweiz. Telegraphen- und Telephonverwaltung. — Administration des télégraphes et des téléphones suisses. — Amministrazione dei telegrafi e dei telefoni svizzeri. No. 2.

Telegramm — Télégramme — Telegramma

Wörter — Mots Parole 8

Bern — Berne von — de da Bellelay № 16.

Aufgegeben den — Consigné le Consegnato il 192 um — à alle 11 Uhr — heures ore 05 min.

Erhalten von — Reçu de Ricevuto da den — le il 7.9. 1925 um — à alle 11 Uhr — heures ore 15 min.

Der Telegraphist: — Le télégraphiste: Il telegrafista:

Event. Angaben Indications éventuelles Indicazioni event.

Contr. № 1124

1732 Walser Thunstrasse 20 Bern

Ja heute verreist

Lisa

Übertelegraphiert an — Réexpédié à Ritrasmesso a den — le il um — à alle Uhr — heures ore min. Der Telegraphist: — Le télégraphiste: Il telegrafista:

»Mikrogramm«.
Blatt Nr. 364 (beidseitig beschriftet),
Telegramm von Lisa Walser
mit Eingangsstempel, Bern 7.9.1925.

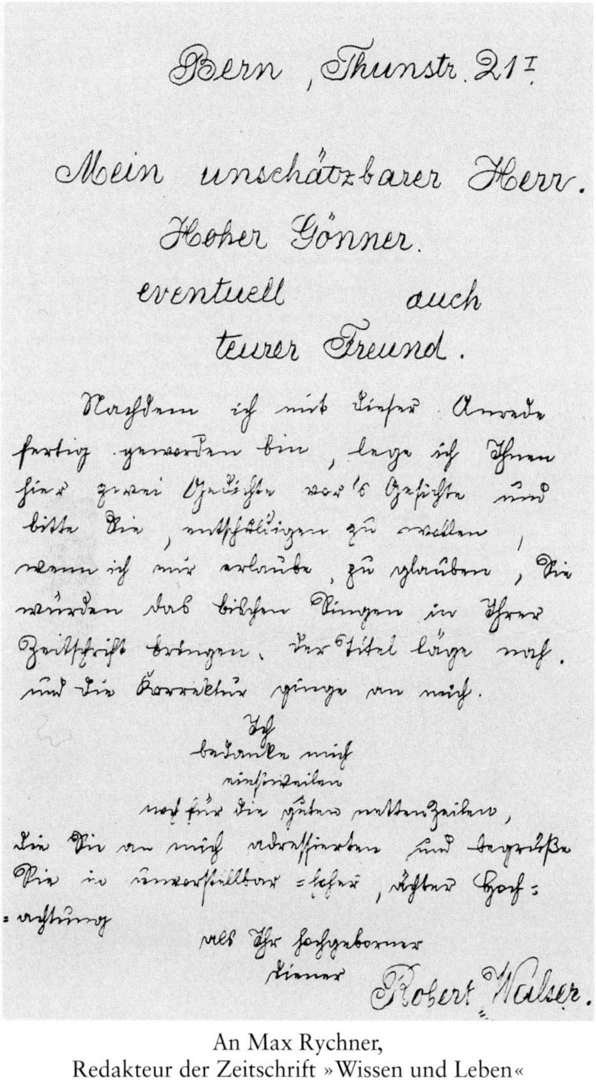

Bern, Thunstr. 21 I.

Mein unschätzbarer Herr.
Hoher Gönner.
eventuell auch
teurer Freund.

Nachdem ich mit dieser Arbeit fertig geworden bin, lege ich Ihnen hier zwei Gedichte resp. Geschichte und bitte Sie, entschuldigen zu wollen, wenn ich mir erlaube, zu glauben, Sie würden das bißchen Dingen in Ihre Zeitschrift bringen. Der Titel läge nah. und die Korrektur ginge an mich.

Ich bedanke mich einstweilen noch für die guten Mitteilungen, die Sie an mich adressierten und begrüße Sie in unvorstellbar=schöner, echter Hoch=achtung als Ihr hochgeborner Diener Robert Walser.

An Max Rychner,
Redakteur der Zeitschrift »Wissen und Leben«
in Zürich (Februar/März 1925).

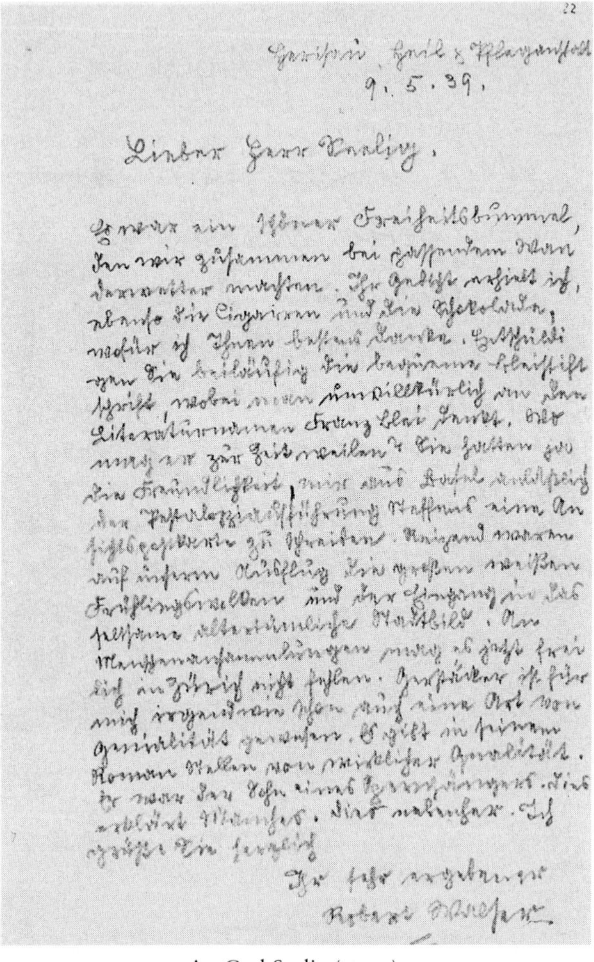
22

Herisau, Heil- & Pflegeanstalt
9.5.39.

Lieber Herr Seelig,

Es war ein schöner Freiheitsbummel, den wir zusammen bei ... Wetter machten. Ihr Gedicht erhielt ich, ebenso die Cigarren und die Chokolade, wofür ich Ihnen bestens danke.

An Carl Seelig (1939).

Arbeit umschauen, damit ich mein Brot in Frieden essen kann...

Zehn Jahre lang schrieb ich fortgesetzt kleine Prosastücke, die sich selten als nützlich erwiesen. Was habe ich dulden müssen! Hundertmal rief ich aus: ›Nie mehr wieder schreibe und sende ich‹, schrieb und sandte aber jeweilen schon am selben oder folgenden Tag neue Ware, derart, daß ich meine Handlungsweise heute kaum noch begreife.«

Darauf berichtet er in verhalten clowneskem Klageton, gelegentlich übertreibend und pointierend, von Erfahrungen mit nörglerischen und saumseligen Redakteuren. An einundzwanzig bis achtunddreißig Redaktionen habe er ein Prosastück folgenden Wortlauts gesandt: »Trab, trab, trab. Was ist mit mir? Bin ich nicht gescheit? Was soll aus mir werden? Etwa Laufbursche? Ich ziehe eine derartige Notwendigkeit stark in Erwägung. Eins, zwei, drei und vier, fünf, sechs. Zwischen Schlafen und Wachen hörte ich es, als wenn es bis in alle Ewigkeit fortdauern wolle. O da stieß ich einen Schrei aus, und mehr wie je war ich mir der Summe meiner Kleinheit bewußt. Nein, der Mensch ist nicht groß, er ist hilflos und schwach. Schon gut.« (Die Fähigkeit, sich selber zu objektivieren, erweist sich darin, daß Walser dieses Leidenszeugnis nur in mittelbarer Weise, als Selbstzitat, darbietet.)

Ob die finanzielle Lage so mißlich war, wie nach einigen Briefen anzunehmen wäre, mag bezweifelt werden. Aus der Hinterlassenschaft seines Bruders Hermann erhielt Robert Walser fünftausend Franken. Er müßte diese Summe für die Bezahlung irgendwelcher Schulden gebraucht haben, wenn er 1920 schlechterdings nicht mehr imstande gewesen wäre, die Existenz des freien Schriftstellers fortzusetzen.

So oder anders war sie ihm zu schwer geworden. Sich in der Vaterstadt wieder in eine Commis-Anstellung oder etwas Ähnliches zu flüchten, widerstrebte ihm natürlich. Daher griff er zu, als ihm in Bern ein Broterwerb geboten wurde.

Bern

Der bernische Regierungsrat Alfred Rudolf war dem Universitätsprofessor Hermann Walser freundschaftlich zugetan gewesen und hatte auch für dessen dichtenden Bruder etwas übrig, als dieser sich um die freigewordene Stelle des zweiten Bibliothekars beim Berner Staatsarchiv bewarb. Seine Schwester Fanny hatte ihn darauf aufmerksam gemacht. Nach vielen Jahren mühsam behaupteter Dichterfreiheit beugte sich Robert Walser nochmals unter das Joch bürgerlicher Erwerbsarbeit. Nochmals, wie schon in den Zürcher Jahren, versuchte er, sich des Guten daran zu freuen. »Im übrigen fühl' ich mich hier in Bern ziemlich wohl. Gewiß bin ich jetzt nicht mehr so unabhängig; ich arbeite tagsüber in einem Büro, das heißt: in einer Art Gewölbe, blättere in allerhand alten Akten, in Briefen, Berichten, Verordnungen, Erlassen, lege Verzeichnisse an und bemühe mich, sachlich zu sein, was ich ganz hübsch finde, obschon ich mich dabei ein wenig anstrengen muß.« (»Neueste Nachricht«) Er habe, schreibt er Mitte April 1921 an Frau Mermet, »gelernt, auch wieder andere Arbeit zu verrichten als schriftstellerische, es geht ganz gut, denn ich kann es noch von früher her.«

Aber »leider verkrachte ich mich nach einem halben Jahr mit dem Vorsteher, den ich durch eine freche Bemerkung vertäubte« (Seelig, »Wanderungen ...«; wogegen in einem Brief an Resy Breitbach nur von einem Vierteljahr die Rede ist). Er wurde entlassen und lebte bis zur Erkrankung wieder als freier Schriftsteller.

Walser bewertete seine Berner Produktion als einen Fortschritt. »Ich begann nun unter dem Eindruck der wuchtigen, vitalen Stadt weniger hirtenbübelig, mehr männlich und aufs Internationale gestellt, zu schreiben als in Biel, wo ich mich eines zimperlichen Stiles bediente.« (Seelig, »Wanderungen ...«) Die erneute literarische Anstrengung hatte jedoch nur mäßigen Erfolg. In den ersten Berner Jahren, etwa bis

1925, publizierte Walser hauptsächlich in der »Neuen Zürcher Zeitung«, im »Bund«, in der Basler »National-Zeitung«, den »Basler Nachrichten«, der »Frankfurter Zeitung«, den Zeitschriften »Pro Helvetia«, »Wissen und Leben«, »Weltbühne«, »Tagebuch« und »Der Neue Merkur«. Die schweizerischen Zeitungen, hat er zu Carl Seelig gesagt, hätten an seinen Arbeiten oft herumgenörgelt. Dies geschah wohl nicht immer aus persönlichem Unverständnis der Redakteure, sondern – was dem Dichter vielleicht verborgen blieb – zuweilen aus Rücksicht auf die Leserschaft. Eduard Korrodi von der »Neuen Zürcher Zeitung«, der jetzt als schweizerischer Literaturkritiker ungefähr die gleiche Stellung einnahm wie einst der 1911 verstorbene Widmann, schätzte Walser, mußte jedoch beim Versuch, ihn dem Publikum zu vermitteln, Ähnliches erleben wie jener. Es sei für ihn, hat er zu Emil Schibli gesagt, immer ein Wagnis, »in der NZZ ein Feuilleton von Walser erscheinen zu lassen; er erhalte nachher jedesmal Briefe von verärgerten Lesern, die ihm drohten, die Zeitung abzubestellen, wenn der Unfug nicht aufhöre«. (Emil Schibli, »Die Vorlesung«, im »Kleinen Bund« vom 15. Februar 1957)

Zu Korrodi hatte Walser ein besonders schwieriges, ambivalentes Verhältnis. Das in der »Prager Presse« vom 22. Mai 1928 erschienene Prosastück »Ein Geistreicher«, das den Zürcher Kritiker porträtiert, schließt folgendermaßen:

»Anläßlich eines Ausdemfensterschauens dichtete ich einen Schwalbenessay für ihn, der mir Beifall eintrug, was ich nicht ohne Eitelkeit bekanntgebe. Weil er mir ehemals ein Manuskript kürzte, ein Vorgehen, wozu er nicht vorbehaltlos ja zu sagen imstande war, zürnt er mir. Was er an mir von jeher nicht zu billigen vermochte, sind die Schnörkel, die meiner Ausdrucksweise zum Teil eigen zu sein scheinen.

Diesen Artikel schreibe ich natürlich in der Voraussetzung seiner Verdienste, die ich mich immerhin nicht entschließen kann, zu überschätzen.

Ich meine, sein Einfluß, seine Wirksamkeit seien nicht frei

von Fraglichkeit. Wer wäre übrigens nicht problematisch, lenkte nicht Zweifel auf sich?
Ich denke, es sei nützlich, sich sowohl gegenseitig mit Vergnügen anzuerkennen wie mit Bedacht zu prüfen, inwiefern sich dies empfehle.
Gewiß ist er geistreich; doch dies sind womöglich viele sonstige ebenfalls, wenn er mir vorurteilslos ins Leben zu schauen die Gewogenheit haben mag zu erlauben, wovon ich zu seiner Verwunderung überzeugt bin.
Ich wünsche, er läse meine Abhandlung mit Erstaunen!«
Von den Honoraren aus Deutschland ging dem Dichter infolge von Transferschwierigkeiten und Inflation vermutlich viel verloren. Durch eine Zuwendung wurden aber die Geldsorgen für eine Weile behoben. Aus dem Vermögen des im Mai 1922 verstorbenen Onkels Friedrich Walser-Hindermann erhielt jedes der fünf Geschwister Walser zehntausend Franken. An der sparsamen Lebenshaltung des Dichters änderte dies kaum etwas. Nach wie vor logierte er in bescheidenen Zimmern, manchmal, wie er selber sagte, in recht schäbigen, und aß in billigen Wirtschaften. Als ein gewisser Luxus erscheint der häufige Zimmerwechsel. »Ich begnüge mich, innerhalb der Grenzen unserer Stadt zu nomadisieren, eine Wanderart, die mir überaus bekömmlich zu sein scheint, denn ich sehe, wie ich sagen kann, verhältnismäßig gesund aus, d.h. es scheint mir, daß ich blühe.« (»Wohnungswechsel«) »... und ist es denn nicht eine Unumstößlichkeit, daß ich zeitweise in der Stadt, die mich beherbergt, nach Lust und Belieben herumzigeunerte, d.h. aus einer Wohnung in die nächstbeste andere wanderte, und daß man mich überall beinahe geradezu mit Freuden aufnahm, was ich mir natürlich nicht ungern habe gefallen lassen. Ich darf vielleicht glauben, mir wäre, was Domizilwechsel betrifft, eine verhältnismäßig stattliche Leistungsfähigkeit zu statuieren geglückt.« (»Klassischer Brief«)
In den ersten sechs Berner Jahren hatte Robert Walser fünfzehn Adressen. Freilich war der Grund des häufigen Zim-

merwechsels nicht bloß Veränderungslust, sondern bestand oft in Verhältnissen, die das Schaffen und Wohlbefinden beeinträchtigten, mehrmals auch in krankhaften Angstgefühlen. Frau Mermet bekam, wenn er danach gelaunt war, Einblick in die menschlichen Hintergründe einzelner Kündigungen, etwa solcherart: »Wie Sie sehen, bin ich von Walkers fortgezogen und wohne nun hier bei einem Ehepaar. Man hinterbrachte mir, Sie wären furchtbar eifersüchtig auf's Anni Walker gewesen. Ich hoffe, daß es wahr ist, denn das würde mir schmeicheln. Zur Eifersucht haben Sie nun also keinen Grund mehr. Anni W. hat mir zum Abschied noch alle Schande gesagt, ich sei ein Lümmel und Saucheib, der den Variétédamen nachlaufe. Wahr ist nur, daß ich einer Genferin, die im Variété singt, Artigkeiten erwies. Anni W. habe ich's erzählt und sie damit böse gemacht.« (Anfang Februar 1922)

Gefallen hat es ihm 1925/26 in einem ehemaligen Patrizierhaus, Elfenauweg 41: »Nun wohne ich ja hier in einem einstigen Fürstensitz, der jetzt der Gemeinde Bern gehört, d.h. der Liegenschaftsverwaltung. Sie werden sich ja leicht denken können, wie ich in's Grüne hineinblicke. Gewiß hätte ich auch ein prächtiges Stadtzimmer mieten können, doch es erschien mir etwas teuer. Ich bin ja so furchtbar sparsam, ökonomisch, obgleich ich hie und da schon ein bißchen Verschwendung trieb, was kaum noch jemals vorkommen wird. Die Elfenau war vor Zeiten wattenwilisch angehaucht, während sie gegenwärtig Walserfärbung aufweist, natürlich mit Genehmigung der Aufsichtsbehörde.« (An Frieda Mermet, Anfang Dezember 1925) »Die Tapete meines Wohnraumes scheint mir von recht anmutiger, gefälliger Art. Ich bin mit der Wandeinkleidung durchaus zufrieden. Der Fußboden ist quadriert; seine Zeichnung freut mich. Da es Winter ist, lasse ich täglich für 60 Centimes einheizen. Der große alte Garten, der den Titel Park verdient, ist mit Schnee bedeckt, was wie eine Pelzbemäntelung aussieht. Es hat so etwas Hermelinhaftes. Im neuen Bett schläft sich's gut. Eine Luft umgibt das

Haus, die von einer Gesundheit ist, und das Haus steht auf einer zarten Anhöhe, zu deren Füßen die Aare gelassen vorbeizieht, die ein Zweigfluß des Rheines ist, an dessen Gestade der Rheinwein wächst.« (»Wohnungswechsel«)

Schon im ersten Berner Jahr arbeitete Robert Walser an einem kleinen Roman, den er »Theodor« betitelte. Vom Literarischen Club des Zürcher Lesezirkels Hottingen zu einer Darbietung eingeladen, überwand er für einmal die Scheu vor dem öffentlichen Auftreten und las am 8. März 1922 im Zunfthaus zur Waag ein Stück aus dem neuen Werke vor, wobei er »öfters ein bischen anhielt, um einen Schluck Rotwein zu trinken, worüber die Zuhörer hörbar räusperten und schmunzelten. Zuletzt gab es einigen recht sehr warmen Beifall.« (An Frieda Mermet) Unterkunft gewährte ihm der Kunstmaler Ernst Morgenthaler, der damals in Wollishofen wohnte. Ohne Walser zu kennen, hatte Morgenthaler, der von Strapazen der Fastnacht übermüdet war, die Pflicht der Beherbergung in letzter Stunde von dem erkrankten Hermann Hubacher übernommen. Die Erinnerungszeilen, die er der Begegnung gewidmet hat, geben ein hübsches Bild von Walsers geselliger Seite:
»Ich kam in einen kleinen, hell erleuchteten Saal, wo um einen massiven Tisch herum feierliche Herren saßen. Es waren lauter wichtige Gestalten, die wahren literarischen Kulturpfeiler von Zürich. Oben am Tisch saß ein rothaariger Mann in grauem grobem Kleid. Mit seinem zündroten Kopf und seinen roten Händen schien er mir schlecht in diesen Kreis zu passen. Es war Robert Walser, der alsbald ein Manuskript aufschlug und zu lesen begann. ›Theodor‹ hörte ich noch als Überschrift, es klang wie aus weiter Ferne; dann versagte jedes Aufnahmevermögen. Ich hätte vom Inhalt dieser Vorlesung mit keinem Wort berichten können. Ich weiß nur noch, daß ich unsäglich gelitten habe. Ich kniff mich unterm Tisch ins Bein, damit der Schmerz mich wach erhalte. Ich tauchte den Finger in den Wein und rieb mir die Augen – weiß Gott

was ich noch für Mittel ersann, um diesen Theodor, der nicht enden wollte, zu überstehen. Doch alles, auch die längste Not, der längste Theodor nimmt einmal ein Ende. Ich ging zu Walser und stellte mich vor. Er begrüßte mich herzlich, als kennten wir uns schon lange.

›Kommen Sie‹, sagte er dann, ›wir gehen jetzt noch an einen gemütlicheren Ort. Wir wollen noch einen ziehen.‹

›Wollen Sie nicht lieber heim? – Sie sind vielleicht müde?‹

›Müde? Von was? Keine Spur.‹

Der Gedanke, daß die Tortur mit dem Theodor vorüber war, belebte mich wieder ein wenig, und bald saßen wir zu zweit in einer kleinen Wirtschaft am Münsterplatz.

Walser war sehr gesprächig, wie es gewöhnlich Menschen sind, die einsam leben, dann aber in Gesellschaft und unter dem Einfluß des Alkohols eine gelöste Zunge bekommen. Er sprach von den Herren des Literarischen Clubs, die ihn zu diesem Vortrag eingeladen hatten, mit übertriebenem Respekt. War es ihm ernst? Oder war ein Stück von jener Ironie dabei, die das Salz seiner Bücher ausmacht?

Die Müdigkeit kam wieder über mich, doch merkte ich bald: es kam Walser gar nicht sehr drauf an, ob ich zuhöre oder nicht. Er monologisierte weiter. Als es zwölf Uhr schlug, wollte ich aufbrechen. ›Wir verfehlen sonst das letzte Tram.‹ Ach was, wir könnten doch zu Fuß gehen, so weit werde das wohl nicht sein. Mein Zustand war ihm offenbar ganz entgangen. Ich ergab mich. Bald aber wurden die Stühle auf die Tische gestellt, und Lampen löschten aus – unmißverständliche Aufforderung, uns auf den Heimweg zu machen.

Walser redete weiter; ich schlief fast im Gehen. Halbwegs an der Roßbergstraße kamen wir an dem Haus meines Schwagers vorbei. Unseligerweise machte ich eine Bemerkung.

›Wie?‹ rief Walser aus, ›hier wohnt Ihr Schwager? Ihr wirklicher Schwager? Da können wir doch sicher noch hinein?‹

Ich bemerkte, es sei ein Uhr vorbei und sicher sei mein Schwager, der tagsüber in einem Bureau arbeite, längst zu Bett gegangen.

Doch Walser begriff nicht. Er insistierte. ›Ein richtiger Schwager? Und der sollte uns zweien sein Haus nicht öffnen?‹

Ich läutete. Im ersten Stock des Hauses ging Licht an, schlaftrunken erschien eine Gestalt am Fenster. Ich gab mich zu erkennen und nannte den Namen Robert Walsers. Sicher wünschte uns der Schwager zum Teufel, aber höflich und wohlerzogen, wie er war, kam er herunter und komplimentierte uns hinein in seinen Salon. Dort stand ein großer Lehnstuhl – mehr weiß ich nicht mehr –, ich warf mich hinein und schlief augenblicklich. Was die zwei diese Nacht getrieben? Auch das weiß ich nicht. Morgens fünf Uhr rüttelte mich mein Schwager wach. Auf dem Tisch stand eine leere Kirschflasche. Munter plaudernd schritt Walser an meiner Seite gegen Wollishofen zu. Der Milchmann und andere Frühaufsteher belebten schon die Straße, als wir endlich nach dieser ereignisvollen Nacht zu Hause anlangten.

Es schien Robert Walser bei uns zu gefallen, denn er blieb vierzehn Tage. Am Abend des ersten Tages kam er äußerst angeregt aus der Stadt zurück. Er sei am Stammtisch seiner Zürcher Kollegen gewesen. Knut Hiltbrunner habe von seinem Besuch bei Hamsun erzählt ... *sehr* interessant ... Wieder funkelte Ironie, diese reifste Form menschlicher Intelligenz, durch seine Rede und machte das Zuhören zum Entzücken.

Wir hatten damals ein siebzehnjähriges, hübsches Mädchen im Hause. Sein Haar hing ihm in zwei langen Zöpfen über den Rücken herab. Das liebliche Kind kam aus Biel, der Vaterstadt des Dichters, und hatte es Walser angetan. Er saß bei ihm in der Küche, er begleitete es auf den Estrich, er begleitete es in den Keller, und wo es etwas zu helfen gab, stellte er sich ritterlich in jeden Dienst. Er schenkte dem Mädchen seine Bücher und schrieb Widmungen hinein, als hätte er es

mit einer Marquise zu tun. Später erhielt es Briefe in der schönen Handschrift, die immer wie gestochen aussah. In umständlichen Wendungen drückte der Dichter seine ganze Ehrfurcht, seine ganze Hochachtung aus, die er vor dem weiblichen Geschlecht empfand. Die leicht entzündliche Phantasie eines Dichters war vor diesem einfachen Mädchen zur hellsten Flamme aufgelodert. Das Mädchen aber hatte keine Ahnung, was da eigentlich geschah. Es hatte eher ein wenig Angst vor dem rothaarigen Mann und dem Ansturm solcher Gefühle, der auch dem unerfahrenen Kinde nicht ganz entgangen sein konnte.
Wie gesagt, nach vierzehn Tagen ging Robert Walser fort. Ich habe ihn nie mehr gesehen.
Nach Jahren hörte ich, daß sich tiefe Schatten über den Geist des Dichters gesenkt hatten. Sie isolierten ihn von der Welt. Sein dichterisches Werk blieb ein Torso. Doch wie hat es mich erschüttert, als ich erst jüngst, nach wohl dreieinhalb Jahrzehnten, zufällig erfuhr, daß Robert Walser oft von jenem Mädchen rede.« (»Ein Tagebuchblatt aus dem Februar 1956«, in der »Neuen Zürcher Zeitung« vom 26. Mai 1957; mit geringen Änderungen auch in Morgenthalers Erinnerungsbuch »Ein Maler erzählt«, Zürich 1957)
In der Skizze »Ferien« (II), die den Aufenthalt bei Ernst und Sasha Morgenthaler schildert, läßt sich Walser indes keine starken Gefühle anmerken: »In der Küche hantierte ein emsiges, artiges Mädchen, die ihrer Herrin, der Frau des Hauses, pünktlich und freudig zu dienen schien.« Ebenso gelassen würdigt er die Unterkunft »im nur einstöckigen, aber saubern Haus«, das Essen, die Unterhaltung und die Zürichseelandschaft.

»Jung zu sein«, schrieb er im Herbst 1925 an Frau Mermet, »gehört nun eben einmal zu meinen Begabtheiten ...« Nebst den Strapazen der Umzüge bewies er sich das mit ausgedehnten Wanderungen in der Umgebung von Bern und darüber hinaus. Bellelay blieb ein bevorzugtes Wanderziel. In Faulensee bei Spiez kehrte er gern auf dem Feriensitz von Bildhauer Hermann Hubacher ein. »Acht Tage weilte ich als Gast im Kreis von liebenswürdigen Leuten am Thunersee, beschäftigte mich in einem liebreizenden Obstgärtchen mit Kaffeetrinken und Lesen und war darüber gar nicht unglücklich.« (»Neues«) Stundenlang konnte er dem Hausherrn bei der künstlerischen Arbeit zusehen. Frau Hubacher behielt das Brombeerensuchen mit dem Gast in lebhafter Erinnerung: »Manchmal entfernten wir uns im Wald ziemlich weit voneinander und führten mit erhobener Stimme durch die Büsche philosophische Gespräche, denen Robert Walser unvergeßliche Wendungen zu geben verstand. Seine Ansichten waren nie banal, von irgendeiner öffentlichen Meinung vorgestanzt. Man wußte bei ihm nie, was kommen werde.«

Einzelne Gewaltmärsche erreichten oder übertrafen die Leistungen der Jugendjahre, etwa eine Wanderung von Bern auf den Niesen und zurück, die von zwei Uhr nachts bis zur folgenden Mitternacht dauerte, oder ein zweitägiger Marsch von Bern nach Genf, worüber in wunderlich schmucklosem Tatsachenstil das Prosastück »Genf« berichtet.

Einen befriedigenden und dauerhaften gesellschaftlichen Anschluß fand Robert Walser in Bern so wenig wie an den früheren Wohnorten. »Mich berührt übrigens die Tatsache angenehm, daß ich hier noch von so gut wie niemand verstanden worden bin, was eine der Ursachen ist, weshalb ich mich mit ungestörtem Vergnügen hier aufhalte. Begreifende greifen in uns hinein, tun uns mit ihrem Verstehen weh ... Ich bringe der Stadt meinerseits ... wenig oder keinerlei Verständnis entgegen.« (»Die Stadt und die Geliebte«) »In hiesiger Stadt kenne ich zirka drei Menschen, was mir beweist, daß ich arbeitsam bin. Wer beschäftigt ist, lernt nicht so rasch Menschen kennen, wie wer herumspaziert und aufs Plaudern ausgeht.« (»Exposé«)

Zwei von den »zirka drei« waren der Bibliothekar und Gotthelf-Herausgeber Hans Bloesch und der Schriftsteller Alfred

Fankhauser, mit dem es jedoch zum Bruch kam. Fankhauser sei unverschämt geworden, hat Walser erklärt; er »hätte ihm eine herunterknallen sollen« (Seelig, »Wanderungen ...«). In einem Brief an den Verfasser hat Fankhauser näheren Aufschluß gegeben:

»Robert Walser und ich? Leider ist da nicht viel Gutes zu berichten ... Vorgestellt wurde ich ihm durch Emil Schibli. Aber während ich den gleichaltrigen Schibli beinahe so respektierte wie den um 22 Jahre älteren Simon Gfeller, realisierte ich nie, daß Robert Walser 12 Jahre älter sei als ich. Das mag denn auch den ›schicksalhaften Abend‹ mitbestimmt haben, der Walser veranlaßte, aus dem Schweizerischen Schriftstellerverein auszutreten, da ich, ein (damaliges) Vorstandsmitglied, ihn einen Affen genannt habe. Das tat ich ganz bestimmt und wiederholte es, als man mir diesen Austritt mitteilte.

Die Sache war so. Ich saß im Bahnhofbuffet Bern bei einem ›Spezial‹. Da kam R. W. und setzte sich zu mir. Erzählte, welche Wanderung und welche Wirtschaften in Berns Umkreis er hinter sich habe. Unter anderem Ortschwaben. Ich sagte zu ihm, in Ortschwaben habe ihn sicher meine Schwester bedient, die da bei ihrer Cousine, der Wirtin, aushelfe. Walser: ›Haben Sie im Sinn, mich mit Ihrer Schwester zu verkuppeln?‹ Ich: ›Gott bewahre meine Schwester vor Ihnen!‹ Meine Auffassung dieses präzisen Dialogs war, wir hätten beide eine zünftige, aber gute Ironie ...

Es kamen dann zu uns andere Bekannte, Felix Loeffel, der Bildhauer Kunz mit Frau, der Buchdrucker Lierow. Walser war irgendwie gereizt, schimpfte über verschiedene Wirtschaften, unter anderm das ›Du Théâtre‹, wo man ihn nicht habe bedienen wollen. Verglichen mit der dort verkehrenden Gesellschaft sei er mehr als nur respektabel. Dann brachte er einen absolut originalen Ausdruck. ›Was mache die Wyber u die Schwächlinge dert under? Alls i allem nüt als Augevögle ...‹ Felix Loeffel wandte sich mir zu: ›Chönntisch du nid mit em Walser abfahre? Er merkt schynts nimme, das mer

au Wybervolch am Tisch hei ...‹ Ich sage zu R. W., wir würden nun ›grad extra‹ ins ›Dü‹ gehen und der Gesellschaft auf die Zehen treten, wenn man uns nicht bediene.
Er, begeistert von der Idee, sagt sofort zu, und wir verschwinden. Im ›Dü‹ bewegte sich unsere Unterhaltung dauernd auf der Höhe des ersten Dialogs. Zum Beispiel sagte er, in seinem Leben werde er keine Zeile von mir lesen. Worauf ich sagte, leider könne ich das nicht versprechen, da ich schon im ›Bund‹ die Rezension seiner Gedichte durch Otto von Greyerz und die darin zitierten Zeilen zu Gesicht bekommen habe. Meiner Meinung nach habe O. v. G. wieder einen Unschuldigen hingerichtet und gar kein Gspüri für Walsers Sprache bewiesen. Walser darauf: Wenn mich der gerühmt hätte, könnte ich abdanken! Und so fort.
Ich fiel dann aus der Rolle und sagte ganz ernsthaft, wenn ich an die gelesenen Verse denke, glaube ich, er, Robert Walser, wäre der einzige deutsch dichtende Autor, der Verlaines Gedichte übertragen könnte. Das war anscheinend eine maximale Beleidigung, denn R. W. fuhr jäh auf und brüllte mich an: ›Verlaine, den alten Bock, soll ich übersetzen? Hab ich nötig, dem Burschen den Portier zu machen?‹
Immer noch war ich der Meinung, wenigstens dreiviertel unseres gegenseitigen Betragens sei ironisch und selbstironisch gemeint. Auf einmal kam mir Verlaines Freundschaft mit dem jungen Rimbaud in den Sinn, und ich sagte: ›Wenn Sie jetzt die Pistole ziehen und mich niederknallen würden wie Verlaine den Rimbaud ... Die Stimmung dazu wäre günstig ...‹ Was er darauf antwortete, weiß ich nicht. Nur daß er plötzlich aufstand, bezahlte, seinen Hut nahm und ging.
Dann kam also sein Austritt aus dem SSV. Der ›Affe‹ war wohl als Antwort auf eine aggressive Ablehnung irgendwelcher Zeitgenossen oder einer meiner Ansichten gefallen. Aber selbst der Abschied nahm mir die Illusion nicht, als hätten wir ›die Szenen gespielt‹ und wüßten genau, *wem* wir gegenübergesessen. *Ich* dem R. W., auf den E. Schibli als auf den größ-

ten Sprachkünstler im Lande schwor und dessen Sprachmusik mich gerade in den von O. v. G. kritisierten und zitierten Versen bezaubert hatte.
Am nächsten Morgen wich mir Walser in der Stadt aus ... in weitem Bogen. Vier Wochen darauf vernahm ich, daß ich ihn aus dem SSV vertrieben habe.
Zwei Jahre später ... ich weiß es nicht genau ... standen W. und ich im selben Heft der ›Individualität‹; der Beitrag Walsers gefiel mir weniger als die früheren, kam mir sehr manieriert vor. Ich sagte zum Redakteur Willy Storrer: ›Dieser Walser entwickelt sich nun doch mehr und mehr zur Sprachkokotte ...‹ Da lachte Storrer laut auf. ›Soll ich Ihnen sagen, was Walser über Sie gesagt hat?‹ Bitte! ›Walser meinte, die ganze Nummer sei prima, ausgenommen der Beitrag dieses Lokomotivführers von Bern ...‹«
Den von Fankhauser vermerkten Mangel an altersgemäßem Benehmen hat Walser in einem seiner Selbstbildnisse bestätigt: »Er machte nämlich einen sehr unausgewachsenen, kindhaften, unfertigen, gleichsam um Schonung bittenden, nicht gerade schlechten, aber doch auch nicht guten Eindruck.« (»Ediths Anbeter«)
Das Austrittsschreiben an den Schweizerischen Schriftstellerverein vom 22. Juli 1924 hat den lakonischen Wortlaut:

»Sehr geehrter Herr.
Aus ruhiger Erwägung erkläre ich hiermit meinen Austritt aus Ihrem Verein und zeichne

Hochachtungsvoll
Robert Walser.«

Die »ruhige Erwägung« wäre zu belächeln, wenn die Verärgerung durch Fankhauser der eigentliche Austrittsgrund gewesen wäre. Dieser ist eher in Walsers finanziellen Beziehungen zum Schriftstellerverein zu suchen. Er war ihm am 18. November 1921 beigetreten, hatte zehn Tage darauf ein Gesuch um Belehnung des Romans »Theodor« an ihn gerichtet und auf Weihnachten guten Bescheid erhalten: aus der seit Jahresfrist bestehenden Werkbeleihungskasse wurden ihm 1500 Franken sofort überwiesen, weitere 1000 sollten folgen, wenn er oder der Verein einen für diesen annehmbaren, d.h. der Rückerstattung des Darlehens förderlichen Verlagsvertrag über das Werk abgeschlossen haben würde. Bis zur Höhe der Belehnungssumme sollten alle Einkünfte aus dem Werk dem Verein zufließen.

Als ernsthafter Interessent trat der Verlag Grethlein in Zürich auf, doch verliefen die Verhandlungen mit ihm tragikomisch. Walser teilte dem Inhaber dieses Verlags, Konsul Hauschild, brieflich mit, er sei bereit, ihn an einem bestimmten Tag bei sich zu empfangen. Das Schreiben war unterzeichnet: Cäsar, Diener von Herrn Walser. Als Hauschild, der Einladung Folge leistend, zu dem ärmlichen Mansardenzimmer emporgestiegen war, öffnete ein Mann in Hemdsärmeln die Tür: Ja, sein Herr, Robert Walser, sei zu sprechen, er lasse bitten, sich einen Augenblick zu gedulden. Zwei Minuten danach ging die Tür wieder auf, und vor dem Besucher stand der gleiche Mann, jetzt mit einem Rock bekleidet: Er sei Walser. Konsul Hauschild, solchen Scherzen abhold, verhehlte seinen Ärger nicht. Die Unterredung und die später unter Mitwirkung des Schriftstellervereins geführten brieflichen Verhandlungen hatten kein positives Ergebnis. Hauschild war bereit, sich nicht nur »Theodors«, sondern auch der früheren Romane anzunehmen, das heißt die betreffenden Verlagsrechte von Cassirer zu erwerben. Walser wäre damit einverstanden gewesen, verlangte jedoch ein Honorar von 3000 Franken, was Hauschild in Anbetracht der erheblichen Summe, die er an Cassirer hätte zahlen müssen, ablehnte. In dem Brief, mit welchem der Dichter dem Schriftstellerverein gleichmütig das Scheitern der Verhandlungen mitteilte, gab er der Erwartung Ausdruck, das Sekretariat werde von sich aus »bei Verlegern Schritte tun«, und fügte bei:

»Inzwischen beschäftigt mich Neues, und wenn ich von Ihnen den Rest der gewährten Darlehenssumme bekäme, so be-

grüßte ich dies Entgegenkommen lebhaft, um so mehr, als es begründet wäre durch den totalen Mangel irgendwelchen Einkommens aus literarischer Arbeit.
Verzeihen Sie, wenn ich versuche, Sie zur Weitherzigkeit zu bewegen. Tun Sie immerhin das, was Ihnen schicklich scheint. Mir ist anderseits vor einer energischen und ruhig vorzunehmenden Berufsänderung nicht bang.«
Hauschild aber klagte dem Schriftstellerverein am 4. April 1924:
»Ich ... konnte trotz unzähliger Briefe an Herrn Walser und eines mehrstündigen persönlichen Besuchs bei ihm nicht mit ihm einig werden, weil Herr Walser auf positive Vorschläge nicht wie andere Menschen zu reagieren pflegt. Ich spreche es ganz offen aus: er ist ein schrullenhafter Herr, ein Bohémien, ein Eigenbrötler, der aber noch nicht so alt ist, als daß er sich diese für den geschäftlichen Verkehr absolut nicht geeigneten Manieren nicht noch abgewöhnen könnte.
Das Bedauerliche ist, daß ein Schriftsteller mit dem feinen und starken Können Walsers mit ausgefransten Hosen in einer Dachkammer Berns hausen muß, nachdem er mit 15 oder 17 Büchern der Literatur angehört, und daß ihm diese starke Produktion scheinbar nicht so viel abwirft, daß er in ein vernünftiges Milieu übergeführt werden könnte ...
Ich für meinen Teil versuchte vor zwei Jahren, als mir Herr Walser erzählte, er wolle einen Schreiberposten in einem Berner Speditionsgeschäft annehmen, Herrn Walser zu veranlassen, diesen Gedanken aufzugeben, dafür aber gegen sofortige Gewährung eines Vorschusses tüchtig zu schaffen und weiter seinen Verleger Cassirer zu veranlassen, daß er Walsers Romane an meinen Verlag verkauft, da er ohnehin nichts für Walser tut und scheinbar mit Walsers Büchern in der Schweiz auch keinen Absatz erzielt.
Leider hat Herr Walser auf alle diese Vorschläge niemals wieder etwas hören lassen, so daß ich kaum den Mut habe, nochmals mit ihm zu verhandeln.«
Die weitere Verlagssuche für »Theodor« war erfolglos. Ein

Probestück aus dem Roman, etwa zwanzig Druckseiten, erschien 1923 in Max Rychners Zeitschrift »Wissen und Leben«. Vereinbarungsgemäß erhob der Schriftstellerverein Anspruch auf das Honorar für diesen Abdruck. Ferner verlangte er Bezahlung des Mitgliederbeitrags, von der sich Walser, durch ein Vorstandsmitglied anscheinend so belehrt, entbunden geglaubt hatte. Der Verdruß über diese Forderungen, rechtlich unbegründet, aber aus der Schwere des einsamen Existenzkampfes erklärlich, und die Enttäuschung über das Ausbleiben der zweiten Darlehensrate mögen ihn, mehr als der Lapsus Fankhausers, zum Austritt bewogen haben.

Der Roman »Theodor« ist entweder beim Verlag Rowohlt, wo er nach einer brieflichen Äußerung Walsers während vier Jahren lag, verlorengegangen oder vom Dichter vernichtet worden. Aus dem in »Wissen und Leben« veröffentlichten Teil ersieht man, daß es sich um einen Tagebuchroman, Improvisationen über die Berliner Erlebnisse des Verfassers, handelte. Liebevoll hat die Erzählerin Lisa Wenger in einem für den Schriftstellerverein abgefaßten Gutachten über das Werk geurteilt:

»Ich freue mich sehr, diesen Roman empfehlen zu dürfen. Er ist eigenartig. Sein Verfasser denkt anders als alle. Er stellt seine Personen in ganz fremdartige, oft nicht möglicherscheinende und darum köstliche Situationen. Beispiel: Der junge Theodor verliebt sich auf natürliche und naive, reizvolle Weise in eine junge Frau. Die Freude reißt ihn hin, er kniet vor ihr nieder – den Gatten der Angebeteten neben sich – und sagt ihr alles, was er auf dem Herzen hat. Dies geschieht zwar anders, als es in Wirklichkeit geschehen wäre, aber es wirkt durchaus wahr.

Entzückend ist die Schilderung des Eremiten und tief durchdacht und poetisch empfunden seine Umgebung, der Wald, die Tiere, sein Innerstes, seine Beweggründe, warum er Eremit wurde. Sehr fein und seltsam ist das junge Mädchen gezeichnet, das Theodor seine Liebe anbietet und ihm sagt, daß

sie nach Mann und Kind verlange. Man tut das nicht. Hat man aber die Szene gelesen, so bedauert man, daß man es nicht tut.
Alle seine Personen tragen irgendein Kleid der Freude, der Anmut, der Poesie, der Achtung. Sie sind nie banal. Vieles ist noch ungeschickt. Vieles ein wenig mager. Aber es ist sicher anzunehmen, daß der Verfasser noch viel zu sagen hat, und es wäre schön, ihm dazu zu helfen, daß er es sagen kann.
Ich empfehle seinen Roman.«
Ein Nachklang zu »Theodor« findet sich in Walsers Brief an Otto Pick vom 17. Mai 1927: »Ich schrieb vor ein paar Jahren einen mangelhaften Roman, den eine in Zürich etablierte Schweizerische Schriftstellervereinigung mit einer ganz hübschen Geldsumme belehnte und darum, daß ich seither keinen neuen starken Roman gedichtet habe, daß ich vielmehr zahlreiche, ziemlich flotte, fröhliche, völlig unvoreingenommene Artikel schrieb, halten sich die Zürcher für berechtigt, in die ganze Welt hinauszuposaunen, der Walser sei faul. Die Schweiz ist klein, und es gibt hier entsetzlich viele Schriftsteller, die sich gegenseitig das Leben sauer machen, und dann haben wir hier viele ledige Lehrerinnen, von denen jede womöglich einen finanzschwachen, im Glauben an sich schwankenden Dichter oder Federhelden geheiratet haben will, damit er an ihr in kürzester Zeit zweckmäßig erstarke.«

Nach »Seeland« (1919/20) kam fünf Jahre lang kein neues Werk von Robert Walser auf den Büchermarkt. Erst 1925 erschien im Verlag Ernst Rowohlt, der damals in Berlin domiziliert war, als letztes von dem Dichter selbst veröffentlichtes Buch »Die Rose«. Walser hat hier mit der Hellsicht seines selbstgewissen Geistes und mit dem kühnen Zugriff seiner Eigensprache mancherlei verborgene Wirklichkeit der Seele und des Gesellschaftslebens ans Licht geholt. Aber die geraffte, oft fragmentarische Darstellungsweise und das im Vergleich mit den früheren Werken herbere und kompliziertere Menschenbild waren dem Erfolg nicht förderlich. »Mein

Büchlein ›Die Rose‹ scheint mit Acht und Bann belegt worden zu sein. Rowohlt behandelt mich als ächter Germane infolge des Mißerfolges dieses Buches mit jeder erdenklichen Unartigkeit. Nichtsdestoweniger bediene ich ihn.« (An Otto Pick, Januar 1926. Zuvor klagt er, daß ihm seine Beiträge für die bei Rowohlt erscheinende »Literarische Welt« nicht bezahlt werden.)

Über das, was man im Hinblick auf »Die Rose« und Verwandtes sprachliche Verwahrlosung nennen könnte, hat sich Walser selber Rechenschaft gegeben: »Ich vernachlässige absichtlich, d.h. instinktiv seit einiger Zeit den sogenannten Elegantismus der Schreib- und Denkweise, um ihn mir einigermaßen zu erhalten, da sich besonders alles Feine schnell abnutzt.« (»Reise in eine Kleinstadt«)

Um die Mitte der zwanziger Jahre vermochte Robert Walser nochmals einige neue Positionen im Ausland zu gewinnen. Das gut zahlende »Berliner Tageblatt«, die »Prager Presse« und das »Prager Tagblatt« nahmen mehr oder weniger regelmäßig seine Arbeiten auf. Literarischer Redakteur des »Prager Tagblatts« war Max Brod, der sich vom Wert Robert Walsers schon früh, um 1910, hatte überzeugen lassen, und zwar durch den damals noch unbekannten Franz Kafka, seinen Freund. Der »Kommentar zu Robert Walser« in Brods Essay-Band »Über die Schönheit häßlicher Bilder« (1913) war die erste in einem Buch erschienene Würdigung des Dichters gewesen. Zum Kundenkreis der letzten Schaffensjahre gehörten auch »Sport im Bild« und die Frauenbeilage der »Frankfurter Zeitung«.

»Meine Ambition bändigend, erteilte ich mir die Weisung, mich mit bescheidensten Erfölgelein zu begnügen. Der Schriftsteller in mir gehorchte den Vorschriften des ruhig weiter zu leben Wünschenden, der's mit mannigfachen Zeitungsredaktionen zu tun bekam. Wie ich glaube, besaß ich einst einen bessern Namen; doch gewöhnte ich mich auch an einen weniger ausgezeichneten, indem ich wünschte, ich erklärte mich mit der Bezeichnung ›Zeitungsschreiber‹ einverstanden. Nie beeinträchtigte mich die sentimentale Idee, man könnte mich für artistisch irregegangen halten. Die Frage: ›Ist's nicht mehr Kunst, was du treibst?‹ schien mir mitunter sachte die Hand auf die Schulter zu legen. Ich durfte mir jedoch sagen, daß sich einer, der mit Bemühtbleiben weiterfährt, nicht von Forderungen behelligen zu lassen braucht, deren idealistische Last ihn beunlustigte.« (»Meine Bemühungen«)

Otto Pick, dem literarischen Redakteur der »Prager Presse«, sandte er zuweilen Arbeiten, die anderwärts zurückgewiesen worden waren, wovon er in den Begleitbriefen freimütig Kenntnis gab, zum Beispiel so: »Der Aufsatz über Bismarck wurde s. Zt. der Wiener Freien Presse erfolglos vorgelegt. Inzwischen ist er neu bearbeitet, d.h. ausgefeilt worden, den Beardsley-Essay lehnte soeben das Berliner Tagblatt nach ›reiflicher Überlegung‹ ab, unter kolossal höflicher Form. Lenau und Cézanne dagegen sind Erstanerbietungen. Ich mache, wie ich Ihnen schon einmal sagte, hierauf aufmerksam, um Sie zu orientieren, nicht um irgendwelche Instanzen zu kränken, was mir vollständig fern liegt. Mir liegt lediglich an meiner schriftstellerischen, dichterischen Behauptung.« (14. Mai 1926)

Daraus, daß er nun hauptsächlich Zeitungen und Unterhaltungsblätter bediente, ist nicht auf eine volkstümlichere Schreibweise zu schließen. Man druckte von dem immerhin namhaften Dichter manches, was einem ganz unbekannten retourniert worden wäre. Aber die zahlreichen, nachmals in die Obhut Seeligs gelangten Manuskripte der späteren Berner Zeit, die der Waldau-Jahre inbegriffen, sind wohl großenteils von den Redaktionen zurückgegebene. Mehr und mehr kaprizierte er sich auf die Erzeugung seltsamer seelenkundlicher Gespinste und rollenmäßig abgewandelter Selbstbildnisse. Das Individuelle, Walserisch-Einmalige kehrte mit zunehmendem Alter mehr die ungesellige als die verbindliche, mehr die analytisch-kritische als die poetisch-harmonisierende Seite hervor. Im allgemeinen Gehaben blieb die späte Prosa

heiter, humoristisch, erging sich sogar häufiger als früher im Burlesken. Inhaltlich aber gab sie Zeugnis von einer schwierig und problematisch gewordenen Welt. »Hier gibt es Montagen von Erlebnissplittern, in die auch Erinnerungsfetzen, historisch Gewußtes, aphoristische Reflexionen, Nacherzählungen und Zitierungen von Trivialliteratur, kleine parabelartige Erzählungen eingesprengt sind, ohne vermittelnde Übergänge und, scheinbar, ohne irgendeinen sinnvollen Zusammenhang. Andere Erzählungen sind phantastisch-unwirklich; Träume spielen eine gewichtige Rolle. Schließlich finden sich Essays rein reflexiven Gehalts, der jedoch nicht in eine begriffliche Sprache gefaßt und in logischer Folge entwikkelt wird, sondern sich in einer Komposition von Anspielungen, verschlüsselten Metaphern, Aphorismen und Assoziationsketten darstellt.« (Jochen Greven, »Existenz, Welt und reines Sein im Werk Robert Walsers«, Diss., Köln 1960)
Den »Elegantismus der Schreib- und Denkweise« mied er besonders eigensinnig in der 1926 beginnenden Spätblüte seines lyrischen Schaffens. »Ich schrieb, als ich zwanzig Jahre zählte, Verse, und im Alter von achtundvierzig Jahren fing ich mit einmal von neuem Gedichte zu schreiben an.« (»Meine Bemühungen«) Das bedeutet nicht, daß er sich in der Zwischenzeit des Verseschreibens gänzlich enthalten hätte. Im Werkverzeichnis zu der Anthologie »Saat und Ernte« des Berliner Verlags Bong hat er 1924 »Neue Gedichte« als bei Rowohlt in Vorbereitung befindliche Publikation angekündigt; dieses Buch ist jedoch nie erschienen. Gedichte in anerkannter und vertrauter Formensprache waren die des bald Fünfzigjährigen freilich noch weniger als die Berner Prosastücke herkömmliche Erzählungskunst. Schon der Zwanzigjährige hatte sich über manche Regeln der gehobenen Verssprache hinweggesetzt. Noch ungenierter mißachtete sie Walser jetzt, da er seinem Dichtertum ahnungsvoll gleichsam die Abschiedsweise sang. Bewußt schien er der überlieferungsmäßigen Vorstellung des Poetischen Hohn zu sprechen. Ein Gedicht wie das zum eigenen fünfzigsten Geburts-

tag (1928) unterscheidet sich von seiner Prosa lediglich durch das jambische Metrum und einige Vokalauslassungen, die solche Lizenz ebenfalls mehr verhöhnen als in ihrem Recht bestätigen:

»Geboren bin ich im April in einem
Städtchen mit reizender Umgebung, wo ich
zur Schule ging; Pfarrer und Lehrer waren
zum Teil mit mir zufrieden. Mit den Jahren
kam ich als Lehrling hübsch auf eine Bank,
wonach ich Städte sah wie Basel, Stuttgart
und Zürich. Hier macht' ich Bekanntschaft mit
einer gar gütigen und lieben Frau,
die bald die Stadt und bald die Landschaft, je,
wie es ihr förderlich erschien, bewohnte,
und die auf Heinrich Heine aufmerksam
mich machte, den ich sicher erst viel später
in seinem weiten Wert begreifen lernte.
Die Frau hieß, wie nur ich imstand wär', es
zu sagen, doch weswegen sollt' ich solches
tun, da mich Diskretion beglückt?* Stellungen
in Handelshäusern hatt' ich manche inne.
Lebhaft verließ ich aus durchaus ureignem
Drang einen Platz, um einen neuen zu
erschwingen und versehen; nebenbei
schrieb ich im Industriequartier Gedichte,
die später im Verlag Bruno Cassirer
womöglich etwas zu pompös erschienen.
So gegen sieben Jahre lebte ich
dann in Berlin als ems'ger Prosaist
und kehrte, als die Herrn Verleger keinen
Vorschuß mir mehr gewähren wollten, in
die Schweiz zurück, die viele um der schönen
Berg' willen lieben, um hier unverdrossen

* Gemeint ist die auf Seite 49ff. geschilderte Louisa Schweizer.

fernerhin dichterisch bemüht zu bleiben.
Nun zähl' ich immerhin schon fünfzig Jährchen,
sagen mir heute ein'ge graue Härchen.«

Eine größere Anzahl der neuentstandenen Gedichte fand noch Aufnahme an Orten, wo sich Walser eines festen Ansehens erfreute, vor allem in der »Prager Presse« und im »Prager Tagblatt«. Max Brod zog sich damit ähnliche Unannehmlichkeiten zu wie Korrodi von der »Neuen Zürcher Zeitung« mit Walsers Prosa: »Als Feuilletonredakteur des ›Prager Tagblatts‹ habe ich oft Gedichte von Robert Walser in die Zeitung geschmuggelt. Der Chef mochte das ›verrückte Zeug‹ nicht; der Krach blieb nie aus.« (»Erinnerung an einen Dichter«, in »Die Zeit«, Hamburg, 7. April 1955)

Die wirtschaftliche Lage verbesserte sich durch die lyrische Phase begreiflicherweise nicht. Die Fähigkeit aber, sich kraft einer einzigartigen Ironie über bedrängende äußere Schwierigkeiten zu erheben, bewährte sich immer wieder. Das anmutigste Zeugnis davon gab Walser, gerade zu Beginn jener Phase, in den Sätzen, mit denen er im Literaturblatt der »Neuen Zürcher Zeitung« vom 18. April 1926 die Rundfrage »Verkannte Dichter unter uns?« beantwortet hat:

»Was mich betrifft, so habe ich mich keineswegs über Verkanntheit zu beklagen. Ich kenne Leute, die sich nach mir sehnen. Individualitäten umwerben mich. Frauen von nicht mißzuverstehender gesellschaftlicher Bedeutung freuen sich, wenn ich nur in geringem Grad artig zu ihnen bin. Jeweilen frühmorgens erquickt sich meine Daseinslust an feinstem holländischen Kakao. In meinen Schränken liegen nicht die besten, aber bekömmlichsten Weine. Meiner Meinung nach werden die Dichter im großen und ganzen nur beinahe zu gern und zu rasch anerkannt. Infolgedessen bekommt man sie dann satt. Mich laden Mädchen zum Tee im sonnigen Freien ein, stellen mich ihren Müttern vor, schreiben mir schmeichelhafte Briefe, die die Schubladen meiner Ziertische mit ihren Zartheiten schmücken. Man gibt sich um mich die erdenklichste Mühe. Um geschmackvoll zu bleiben, spiele ich den Gleichgültigen und erscheine undankbar. In dem Grade, wie ich mit meiner Anerkanntheit zufrieden bin, wünsche ich meinen Kollegen Ähnliches. Meine Verleger teilen mir mit, sie seien entzückt von mir. Sie hoffen in einem fort das beste, und ich verhindere sie nicht an der Ausgestaltung der vorzüglichen Meinung, die sie sich über mich bildeten. Andrerseits unterstütze ich sie aber auch darin nicht. Meine dichterischen Produkte reisen munter und zirkulieren unentwegt durch die Presse. Hie und da fliegt mir ein Goldvögelchen aus blasser und unbekannter Hand zutraulich zu. Täglich beschäftigt mich irgendein Problem. Allgemein gesprochen halte ich nichts für so gesund als eine kräftige Portion Verkennung, die gewiß auch Nachteile haben mag, aber aus fröhlicher Verarbeitung dessen, was nachteilig ist, wächst Vorzügliches.«

Er war mit dieser Antwort der einzige Spaßmacher unter zwanzig von Korrodi angefragten Größen der deutschsprachigen Literatur. Der Gegenpol war die von exklusivem Pathos getragene Äußerung Rudolf Borchardts. Im »Tagebuch«-Fragment von 1926 hat Walser indessen das eigene Geschick ohne ironischen Euphorismus beleuchtet: »... das bißchen Glück oder Anerkennung, das ich mir mit meinem Schriftstellern erwarb, verdankte ich der Unaufhörlichkeit des Umstandes, daß ich betreffs Empfinden, persönliches Wünschen auf eine mich in gewissem Sinn erquickende Reihe von Hindernissen stoßen mußte und durfte.«

Es war keine bloße Flunkerei, wenn er sich rühmte, von Mädchen schmeichelhafte Briefe zu erhalten. Gewiß lag es nicht in seiner Art, sich von derlei stark beunruhigen und engagieren zu lassen. Doch *eine* junge Verehrerin, die Rheinländerin Resy (Therese) Breitbach, nachmals Senhora Brune in Brasilien, hat er eines Briefwechsels gewürdigt, der 1925 begann und sich, ohne daß die beiden einander persönlich kennenlernten, bis in die ersten Krankheitsjahre erstreckte. Walsers Briefe an Resy Breitbach unterscheiden sich von denen an Frau Mermet nur wenig. Der Scherzton ist etwas onkelhafter und mischt sich seltsam mit Anzeichen und leisen Erwähnungen des Leidens, das sich allmählich der Seele des Dichters bemächtigte. Einer der ersten Briefe, in dem erwähnten Zimmer am Elfenauweg geschrieben, beginnt so:

»Sehr verehrtes, liebes Fräulein Breitbach.
Jetzt haben wir hier prächtigen Schnee und eine wundervolle, poetische Kälte, und ich kann Ihnen bloß in Ruhe und *Lilli Haller*- oder Hedda Gablerschönheit oder in der Vornehmheitsallüre einer *grande dame* wie es die *Lidia Escher* war, welche sich sowohl wie den Maler *Karl Stauffer-Bern* grenzenlos und bodenlos unglücklich machte, sagen, daß ich in einem alten Landhaus vor der Stadt lebe, hause und wohne, das von den schönsten Bäumen der Welt umgeben ist und zu sein scheint. Vor meinem Fenster erhebt sich ein Aussichts- oder Feldherrnhügelchen, über das Kinder herunterschlitteln, und Sie, mein sehr liebes, zartes Fräulein, was machen Sie wohl in diesem Augenblick in Ihrem Privatbereich, genannt Mansarde? Nähen Sie etwa? Ich schrieb einige merkwürdige und vielleicht sogar ziemlich grobe Briefe an sehr zartbesaitete, feinfühlende Leute, und die Zeitungen drucken mich, indes die *Messieurs les éditeurs* oder Herren Verlagsmeister nichts von mir wissen wollen, weil sie sorgenvoll, grämlich, gedrückt, pessimistisch sind. Meine Kollegen haben den Verlegern bereits so viel Geld abgenommen, daß sie nun für den Walser, *votre très dévoué ami*, keins mehr haben. Bald werden wir Weihnacht haben. Ich verlange für den Abdruck eines Gedichts von mir 100 Franken ...«

Auch mit dem Bruder Resy Breitbachs, dem 1903 geborenen Schriftsteller Joseph Breitbach, hat Walser Briefe gewechselt. Die seinigen sind während des Zweiten Weltkriegs, als sich Breitbach in Paris aufhielt und von der Gestapo verfolgt wurde, beschlagnahmt worden und verlorengegangen.
Daß er, nach dem zitierten Brief, für den Abdruck eines Ge-

dichtes hundert Franken verlange, tönt scherzhaft, hat aber in Walsers Schriftstellerleben mehr oder weniger ernsthafte Analogien. Vom Wert seiner Arbeit – wenn auch nicht ohne Anfechtungen – überzeugt und auf ihren Ertrag angewiesen, neigte er zu eindrücklichen Honoraransprüchen. In Berlin hatte er, wie bereits erzählt, anläßlich des Romanwettbewerbs von Scherl ein Muster davon geliefert. 1923 scheiterten die Verhandlungen mit Grethlein daran. Für die Novelle »Ophelia«, die Ende 1924, zwölf Druckseiten umfassend, in »Wissen und Leben« erschien, verlangte er dreihundert Franken (nach heutigem Geldwert etwas mehr als zweitausend). Auf Max Rychners abschlägigen Bescheid und Angabe der möglichen Honorarsumme antwortete er:

»Jetzt nur noch:
Lieber Herr *Doctor Rychner*, nicht mehr *Bester*!
Wohl werde ich mit schwerem Herzen nachgeben müssen, denn Ihre Gründe steigen groß wie Alpenkönige und Nationenfeinde aus Ihrem überzeugend gedichteten Brief vor meiner honorarhungerigen Novelleneinsenderseele herauf. Jedem andern als gerade Ihnen würde ich trotzen. Ihren Mut, meine Hoffnungen zu zerstören, bewundere ich, und indem es mir beliebt, zu Ihren Herabsetzungen und Minimallöhnen entweder mürrisch oder freudig Ja zu sagen, sage ich: ›Gesunkener!‹ zu Ihnen und gewärtige die gesenkte, tiefheruntergeschraubte, um die schönere Hälfte gebrachte Summe immer zum Glück noch herzlich gern, Sie verbindlich grüßend als Ihr

Robert Otto Walser
denn so heiße ich in der Tat mit vollem Namen.«

Der Rundfunkleiter Hans Bänninger bat den Dichter im September 1926 um Zustimmung zu einem ersten Robert-Walser-Programm, das vom Sender Zürich-Höngg dargeboten werden sollte. Walser erwiderte: »Meine Honoraransprüche sind pro Stück, Prosastück oder Gedicht, Frk. 50.–. Wenn

Sie unter dieser Bedingung Ihr Vorhaben zur Ausführung gelangen lassen wollen, so wird's mich freuen, Ihnen Anlaß zu geben, mit Produkten von mir sich vor dem Vervielfältiger zu äußern.« Als ihm Bänninger mitteilte, daß für solche Darbietungen bisher keine Autorenhonorare ausgerichtet worden seien, resignierte er mit den Worten: »Ich gebe Ihnen also die Erlaubnis, in der Annahme, daß Sie auf dem Land leben und dort in bescheidener beruflicher Tätigkeit wirken. Einstweilen ist halt noch überall, was Dichtkunst anbelangt, Ausbeutungssystem. Es besteht noch keine Möglichkeit, dem zu widerstehen.« Bänninger rezitierte dann in der Walser-Sendung vom 10. November 1926 Gedichte sowie die Prosastücke »Der Greifensee« und »Ich habe nichts«.

Hartnäckiger verhielt sich Walser ein Jahr später, in einem Fall, wo es um das ihm besonders unangenehme persönliche Auftreten ging. Adolf Schaer-Ris in Sigriswil richtete als Präsident der Kunstgesellschaft Thun im Herbst 1927 die Einladung an ihn, Anfang des folgenden Jahres zusammen mit dem fast zwanzig Jahre jüngeren Bernhard Moser vorzulesen. Als naturverbundener, aus einer Juragegend stammender, autobiographische Stoffe bevorzugender Dichter mochte Moser den Veranstaltern ein geeigneter Partner Robert Walsers gedünkt haben; dem Stil nach paßten die beiden aber wenig zueinander. »Sehr schön!« lautete Walsers Bescheid. »Darf ich mir die übrigens sicher unbedeutende Frage gestatten, weshalb Sie mich gerade mit Moser zusammen Ihrem verehrlichen Publikum vorzustellen denken? Im Allgemeinen habe ich indessen deßwegen nicht die kleinsten Bedenken, wohl aber immerhin wegen meines Übungsmangels im öffentlichen Lesen, indem ich Dichter, nicht aber ein ausdrücklicher Sprecher bin. Ich werde vielleicht anläßlich der Vorlesung ziemlich viel Scheu zu überwinden haben, und es kann sein, daß ich schlecht lesen werde. Das bißchen Aufrichtigkeit, in dessen Besitz ich mich weiß, verpflichtet mich, Ihnen zu empfehlen, sich die Sache, nachdem ich mich Ihnen leicht charakterisiert habe, zu überlegen. Ich bin nun einmal ganz und gar kein Gesellschaftsmensch, einsiedlere schon seit Jahren, wie dies ja bei einem Dichter erklärlich ist.

Wenn Sie glauben, es riskieren zu dürfen, so sind Sie vielleicht so freundlich, mich mit Ihren Honorargewohnheiten gütig bekannt zu machen und sich überhaupt brieflich mit mir in's Einvernehmen zu setzen, beispielsweise der Frage wegen, ob Gedichte vorgelesen werden könnten, oder ob es passende spitzige oder rundliche Prosa zu sein hätte.«

Schaer bot ihm 100 Franken für eine halbe Stunde »spitziger Prosa« an, ferner Reiseentschädigung und freie Station mit der Einladung, einige Zeit sein Gast zu sein. Aber Walser schrieb am 4. Oktober zurück:

»Ich erhielt mit Dank Ihren Brief, den ich mir dahin zu beantworten gestatte, daß ich meine, ein Schriftsteller, wie beispielsweise ich, sei heute in einem Kampf um seine Existenz begriffen, was selbstverständlich so ziemlich jeder Erwerbende von sich sagen kann, unter anderm Moser, der versucht, wie so mancher Andere, von seiner Schriftstellerei zu leben. Also Moser und die elegante Thuner-Lebewelt, und Walser, und kurz und gut, ich bin der sehr höflichen Meinung, Dichtervortragsabende seien in erster Hinsicht Gesellschaftsanlässe, bildeten für die gebildeten Zirkel ein Vergnügen, aber dabei hätten solche Veranstaltungen das Eigentümliche, daß sie einem Dichter ebenso gut schaden wie nützen können. Anläßlich solch eines Sich dem Publikum Vorstellens wird vielleicht riesig gern scharf kritisiert, und ein Dichter kann bei solch einer Gelegenheit um die Hälfte seines Ansehens kommen oder vollständig gebodigt und erledigt werden, wie es dieses Frühjahr hier in Bern mit einem in Zürich lebenden Dichter tatsächlich geschehen ist. Hätte ich Geld, wäre ich reich, so würde ich überzeugt sein können, achtungsvoll behandelt zu werden. Da dies aber nicht der Fall ist, ich zudem noch im anrüchigen Junggesellenzustand lebe, über den man so gern moralisch herfällt, so fürchte ich, wie ein poverer Diabel angeschaut zu werden. Sie selbst wissen,

wie sehr gerade heute auf alles Äußere geschaut, wie lediglich danach der Mensch beurteilt wird. Wir wissen dies ja alle. Ohne mich lange bei Einzelheiten aufzuhalten, um Sie nicht zu ermüden, muß ich Sie in ideeller Hinsicht dadurch aufklären, daß ich Ihnen zu bedenken gebe, daß mein Name durchaus keinen Schild, kein festes Haus, keine Burg bildet, ich muß mir mein bißchen Ansehen jeweilen stets wieder frischweg erarbeiten. Was die materielle Seite unserer Angelegenheit bildet, so veranlassen mich meine bürgerlichen Gegner, die Miene machen, mich für einen Bettler zu halten (und die Verunglimpfungen sind ja das Mächtige in der Welt), Ihnen zu eröffnen, daß ich den Anstand zu beeinträchtigen fürchtete, wenn ich für das Lesen in Ihrer geschätzten Stadt weniger als Fr. 200.– Honorar forderte. Gerade mein Dichtertum ist ja vor einigen Jahren in Bern, das ich seither bewohne, auf eine geradezu zerschmetternde Art und Weise in einer hiesigen, ersten Zeitung angegriffen worden, wovon Sie freilich wohl kaum Notiz nahmen.
Indem ich Sie versichere, daß mir Ihre Einladung sympathisch ist, Sie aber gleichzeitig bitte, die angegebene Honorarforderung als fest zu betrachten, grüße ich Sie hochachtungsvoll-freundlich ...«
Schaer ging auf diese Forderung offenbar nicht ein, worauf Walser endgültig absagte: »Mein Bruder, der Professor Hermann Walser war in der Meinung der Menschen ›arm‹. Seinem Andenken zu liebe nehme ich diese gern geringgeschätzte, nichtsdestoweniger in vieler Hinsicht entscheidende Frage wichtig und bitte Sie, auf meinen Ansprüchen beharrend, auf mich zu verzichten.« (Nach Adolf Schaer-Ris, »Flüchtige Begegnung mit Robert Walser«, im »Kleinen Bund« vom 4. April 1943, und nach Notizen von Carl Seelig)
In einem aus lauter Fragesätzen bestehenden Brief an Frau Mermet belobigte er sich für die bewiesene Festigkeit: »Wäre es nicht kürzlich beinahe zu einer Verakkordierung bezüglich einer Vorlesung in Thun im Monat Januar gekommen? Fand

ich es aber nicht für tunlich, abzusagen? Lassen Ablehnungen nicht einen gewissen Moralitätsgrad vermuten?«
Ebensolcher Moral befleißigte er sich damals auch im Verkehr mit der »Neuen Zürcher Zeitung«: »Die Neue Zürcher Zeitung wandte sich per Herr Arnet, einer Nebenredaktionsstelle, mit der leider nicht sehr geistreichen Bitte an mich, welchem Herbstferienort ich allfällig den Vorzug gäbe, welche Sorte von vulgärer Anfrage ich unbeantwortet ließ. Tatbestand ist der, daß ich mit großem Vergnügen einmal einen irgend ein einschneidendes Kulturthema streifenden Leitartikel in die Zürcher Zeitung schriebe; diese Zumutung wage ich aber an das Bourgeoisblatt, das ich übrigens von Zeit zu Zeit gern lese, nicht zu riskieren, weil da bloß Bankdirektorssöhne usw. in Frage kommen können, obwohl ich überzeugt bin, daß meine Schreibweise sowohl wie meine Gesinnungsart mich in Wirklichkeit berechtigen könnten, mit einer gewissen schicklichen Wichtigkeit in unserer ersten Zeitung aufzutreten, bei welcher leider nach wie vor abstämmliche oder lediglich materielle Rücksichten in eine nachgerade nicht mehr maßgebende Waagschale fallen. Einen Antrag, den mir Herr Korrodi dieses Frühjahr machte, wieder einmal feuilletonistisch in seinem berühmten Käseblatt zu wirken, einem Käseblatt, dem ich das nötige Hochachtungsmaß mit dem größten Vergnügen zolle, glaubte ich höflich ablehnen zu sollen, und zwar deshalb, weil mir Herr Korrodi Sachen zurückgegeben hat, die in Prag gutbefunden worden sind, und weil er mir gegenüber manchmal etwas zu stark den strengen Herrn zu spielen beliebte. Ich bin ganz einfach bestrebt gewesen, ihm zu verstehen zu geben, daß ich es zur Zeit sehr gut ohne ihn und seinen einseitigurteilenden Anhang machen kann, wozu ich mich in jeder Hinsicht berechtigt fühle; denn da ich momentan Moneten habe und bei der Zürcher Zeitung die Moneten maßgebend sind, so orientiere ich mich ja Neue Zürcher-Zeitungsmäßig, wenn meine Haltung sich auf das Besitztum stützt, statt daß ich dem Ruf der Idealität gehorchte, auf den in Zürich kein Mensch, der gesunden Ge-

genwartssinn besitzt, aufmerkt. Wohl weiß ich, daß mich zürcherische und andere gescheite Herrschaften sehr gern als Hirtenknaben, als träumerischen Weltentfremdeten auffassen und nehmen möchten, wogegen aber mir die Ausschließlichkeit einer solchen Dummkopfsrolle keineswegs paßt, zu der die nötigen Grundlagen in mir übrigens absolut fehlen. Viele chären heute miteinander, und mitten unter den Chäripetern das verbindende, versöhnende Engeli zu spielen, hiefür habe ich nicht Apetit, nicht Lust und auch nicht Blindheit genug, da es ja dem Vermittelnden gewöhnlich schlecht geht, indem ihn hintennach sämtliche Chärimitglieder stumpfsinnig und frech zum Gring zwicken, als wäre das Friedensengeli ein bösartiger Luschaib, so eine Art böses Wäschpi, dem man den Garaus machen muß. Ich glaube den Charakter, die Stellung meiner ehrenwerten Herren Freunde und Feinde verhältnismäßig richtig einschätzen zu können, und im Besitz meines kulturellen Neutralitätsgefühls ging ich gestern auf den Friedhof, worin sich meines Bruders Hermann Grab befindet, das wirklich sehr angenehm aussieht, fest, schlank, apart, ohne es zu sehr zu sein. Die Stimmung auf Friedhöfen ist ganz nach meinem Geschmack, ob dies nun den Jetztlebenden gefällt oder nicht, die häufig genug wahre hochmütige Stiesel sind.« (An Frieda Mermet, 20. September 1927)
Zur Rechtfertigung bemerkte er etwas später: »Hinsichtlich des Geschmäuses* mit Zürich und Thun bitte ich Sie, nicht so sehr an Übermut meinerseits zu glauben, als vielmehr nur an den Umstand, daß ich es nicht liebe, Hans in allen Gassen zu sein, was ich auch gar nicht für sehr vorteilhaft halte. Ein Schriftsteller muß sich doch immer vor allem ›erst wieder finden‹; und hiezu gehört das wohlangemessene bißchen Ruhe. Was ich schreibe, fliegt mir nicht schlaraffenlandmäßig in den Mund, sondern es will empfangen, empfunden, bedacht sein.« (An Frieda Mermet, 30. November 1927)

* Schweizerdeutsch Gschmöis: wertloses Zeug.

Vorbemerkungen zur Krankheitsgeschichte

Simon Tanner, der in einer Kneipe unerkannt den Lebenslauf seines geisteskrank gewordenen Bruders Emil schildern und dazu anmerken hört, die Krankheit liege vielleicht in der Familie, gibt sich den Sprechenden zu erkennen und protestiert: »Was da? In der Familie? Da irren Sie sich, mein edler Herr Erzähler. Sehen Sie mich bitte einmal gründlich an. Entdekken Sie an mir vielleicht auch so etwas, das in der Familie liegen könnte? Muß ich auch ins Irrenhaus kommen? Das müßte ich ohne Zweifel, wenn es in der Familie läge, denn ich bin auch aus der Familie ... Nein, in der Familie kann es nicht liegen. Ich leugne das, solange ich lebe. Es ist einfach das Unglück.«

Als Robert Walser mit der gleichen Diagnose wie ehemals sein Bruder Ernst Patient in der Anstalt Waldau wurde, schätzte er die Macht des seelischen Familienerbes wahrscheinlich schon höher ein.

Auf einer Geistesebene, die wohl hauptsächlich durch die Ahnen der Vaterseite vorbereitet war, hatte er die Spannung zwischen dem gelassenen, freundlich-ironischen Naturell des Vaters und dem energischen, jedoch überempfindlichen und wenig anpassungsfähigen der Mutter auszutragen. Das Erbteil des Vaters hatte meist die Vorherrschaft, vermochte aber die Krise des Fünfzigjährigen und das nachherige Verstummen nicht zu verhindern.

Die Erkrankung wird durch das Vieldeutige und Widerspruchsvolle von Robert Walsers Charakter nicht von Grund aus erklärt, aber verständlicher gemacht. Von verschiedenen Seiten ist der Vorwurf oder Verdacht des Egoismus, der Lieblosigkeit und des Autismus geäußert worden. Lisa Walser hat dem Arzt der Waldau gegenüber den Bruder einen Egoisten genannt, wobei sie vor allem sein Benehmen in Bellelay im Auge hatte: er habe dort nur seinem Vergnügen gelebt. Christian Morgenstern, sein Förderer, schrieb am 28. September

1907 an Fega Frisch: »Eine ganz wunderliche Enttäuschung scheint mir neuerdings Robert Walser bereiten zu wollen. Auch er scheint mir eine Natur zu sein, die, um altmodisch zu reden, ›der Liebe nicht hat‹. Eine Mondnatur. Aber vielleicht – und hoffentlich – bin ich nur ein alter Narr und Schwarzseher.« (»Alles um des Menschen willen«)

Solche Urteile bedürfen der einschränkenden Präzisierung. Will man vom Egoismus Walsers reden, so ist mit zu bedenken, daß er sich bis zum Versiegen der Schaffenskraft unter bedrückenden wirtschaftlichen Umständen heldenmütig angestrengt hat, sein Dichtertum rein zu erhalten. Ein Egoist gewöhnlichen Schlages hätte sich in den Commisberuf zurückgerettet oder sich der Nachfrage nach gängiger Unterhaltungsliteratur angepaßt. Der Aussage Lisas, er habe in Bellelay nur dem Vergnügen gelebt und nichts gearbeitet, ist entgegenzuhalten, was er im »Spaziergang« zu dem Steuerbeamten sagt: »Keinerlei empfindsame Eigenliebe darf er (der Dichter) mit sich tragen, vielmehr muß er seinen sorgsamen Blick uneigennützig, unegoistisch überallhin schweifen, herumstreifen lassen, ganz nur im Anschauen und Merken aufzugehen fähig sein, dagegen sich selber, seine eigenen Klagen, Bedürfnisse, Mängel, Entbehrungen gleich wackerem, dienstbereiten, aufopferungsfreudigen, erprobten Feldsoldaten hintanzustellen, gering zu achten oder völlig zu vergessen wissen.« Walsers bescheidenes Spazierengehen und Lesen ist doch wohl erfreulicher als die von manchen Schriftstellern gerne zur Schau getragene, von ihm eher verborgen gehaltene Schaffensbesessenheit. Alles in allem war er recht fleißig. Der Umfang seines zum Teil mühsam erarbeiteten Werkes beweist dies, wobei noch in Betracht zu ziehen ist, daß er als alleinstehender, wenig bemittelter Junggeselle viel Zeit für Alltagsobliegenheiten aufwenden mußte.

Was Morgenstern auf den Verdacht der Lieblosigkeit brachte, sagt er nicht, aber die Vermutung drängt sich auf, er habe an Walser jene Gesprächs- und Teilnahmefähigkeit, jene Bereitschaft zu geistiger Kommunikation und menschlicher

Bindung vermißt, die er selber in hohem Grade besaß. Die etwas summarische und konventionelle Art, wie Robert Walser sich brieflich zu seinen, Morgensterns, Gedichten äußerte, mag ihn verdrossen haben, wenn dies auch schwerlich der unmittelbare Anlaß jenes Verdachtes war. Tatsächlich hat Walsers Anteilnahme am Ergehen und Schaffen der Briefpartner oft einen Ton des Beiläufigen, Unverbindlichen, Flüchtigen, Ironischen, sie unterbricht gewöhnlich nur kurz Mitteilungen und Betrachtungen über sich selber und mehr oder weniger spöttische Bemerkungen über Persönlichkeiten und Geschehnisse der Mitwelt. Indessen gab er damit sich selber und durfte sich zu guter Stunde sagen: »Sein in gewisser Hinsicht vielleicht ein wenig bedenkenerweckendes Leben wurde mit dem über die Abhänge seiner Existenz herabrollenden Goldkugelhaften seines nicht uneigentümlichen Wesens gern entschuldigt.« (»Herbst«) Übrigens zeigt er gelegentlich eine sicher von Herzen kommende Teilnahme, zum Beispiel in Briefen an Frieda Mermet, wo er sich öfter nach dem Ergehen ihres Söhnleins Louis erkundigt.
Daß einem Schriftsteller vor allem das eigene Schaffen wichtig ist, darf ihm, jedenfalls unter den bisherigen Kulturbedingungen, nicht verübelt werden. Walser hat aber viel gelesen, hat in vielen Prosastücken andere Dichter und Schriftsteller geschildert und gedeutet, wenn auch stets in seiner eigentümlichen, mit der fremden Individualität spielerisch umgehenden Art. Er durfte sich rühmen, daß er »mit dem Mut Kameradschaft schloß, mich vor anderer Schriftsteller Vortrefflichkeiten nicht zu scheuen ...« (»Lektüre«) Eine größere Bücherei hat er allerdings nie besessen. Abneigung gegen das, was mit kulturellem Prestige zusammenhing, Geldmangel und der häufige Zimmerwechsel, der durch solchen Besitz erschwert worden wäre, sind die Gründe dafür.
Einem Dichter die Liebe abzusprechen wird immer ein zweifelhaftes, schwer zu verantwortendes Urteil sein. Walser wußte, daß er so beurteilt wurde, und hat es sich scheinbar gefallen lassen. In dem Prosastück »Ein ganz klein wenig

Watteau«, wo er unter den Aspekten des Gleichgültigen, des Trügerischen, des Empfindsamen und der lustigen Person sich selber darstellt, sagt der Gleichgültige: »Hunderte wunderten sich schon über meinen totalen Mangel an Teilnahme. All die Ungehaltenheit, die ich auslöse, ist für mich nicht böse. Mein überaus trockenes Inneres kennt keine Freunde, keine Feinde. Ich bin weder ein Menschenfreund noch -feind. Vor allem bin ich mit kostbarem, kaltem Sammt bekleidet, und wenn ich mir eine schöne, große, vornehme Katze zu sein scheine, die lediglich für sich lebt, so stimmen vielleicht die Vermutungen, die mir einreden, die Vergleichung sei zutreffend. Das Leben ist für mich ein Speisesaal, worin ich allein tafle, schmause. Von hervorragender Eigenart ist an mir, daß ich mich noch nie langweilte. Meine Gliedmaßen bestehen mit der größten Wahrscheinlichkeit aus etwas wie Alabaster, der einen hinlänglichen Grad von Geschmeidigkeit besitzt. Daß mein Benehmen überall als ein höchst gelassenes und kühles empfunden worden ist, hängt mit meiner Beschaffenheit zusammen. Ich gleiche einer Kerze, deren Flamme sich über sich lustig macht, und die immer gleich hoch und gleich tief steht.«

Analoges findet sich anderwärts: »Denn immer hielt ich mich und hielten mich ›alle andern‹ für sozusagen lieblos, für unfähig, begeistert zu sein, für außerstande, sich zu enthusiasmieren, für irgendetwas zu schwärmen, feurig für dieses oder jenes einzutreten, sich entzückt, entflammt zu fühlen.« (»Das ›Tagebuch‹-Fragment von 1926«) »... den Menschen, die sich mit ihm abgaben, flößte er den erkältenden Eindruck ein, er sei herzlos.« (»Ein Weltmann«) Hedwig Tanner freilich bemerkt zu Simon: »Du machst wenig den Eindruck der Klugheit, viel mehr den der Liebe, und du weißt, wie man diese Empfindung ungefähr einschätzt.« (»Geschwister Tanner«) An Frieda Mermet schreibt der Dichter: »Und ist nicht die beste Waffe gegen das Geliebtwerden: daß man von sich aus liebt? Besorgte ich dieses letztere bis heute nicht in einem fort?« Er glaubte an »seine innerliche Jugend, ich meine, seine

Beseeltheit, sein Herz, das sich immer wieder aus der Menge der Herzlosigkeiten, deren er sich im Lauf der Zeit schuldig machte, siegreich hervorhob« (»Selenwanderung«*). Aber: »Leider war er immer sein Verfolger und Verdächtiger selber. Er verachtete sich um seiner Liebe willen. Liebe war entschieden etwas Blödes. Leiden, das ja mit Lieben immer ein bißchen verbunden ist, erschien ihm ganz einfach ekelhaft und saudumm und dann doch beinah wieder gottvoll.« (»Ediths Anbeter«) Jakob von Gunten wiederum bekennt sich zu kühner Verstellung: »Nichts ist mir angenehmer, als Menschen, die ich in mein Herz geschlossen habe, ein ganz falsches Bild von mir zu geben. Das ist vielleicht ungerecht, aber es ist kühn, also ziemt es sich.« Das maßgebliche Selbstzeugnis in der Frage des Egoismus ist wohl dieses: »Heute bin ich egoistisch, doch nein, zu arg will ich mich nicht verleugnen. Ich nehme das Wort zurück, indem ich es als unzulässig bezeichne. Ich fand für Hingabe nur noch immer keinen passenden Anlaß.« (»Fidelio«) Die Hingabe an das dichterische Werk, den ihm wesensgemäßen Dienst, verschweigt er.

Daß die Liebeskraft, ohne die das Werk sicherlich nicht hätte entstehen können, bloß heidnischer Eros und in keinem Sinne christliche Agape gewesen wäre, ist nicht anzunehmen. Mit dem willigen Ertragen der Armut und mit dem kindlichen Grundzug seines Erlebens hatte Robert Walser Anteil am genuin christlichen Menschentum. Aber auch als verfeinerter Geistesmensch durfte er sich solchen Anteil zusprechen: »Am stärksten sind immer die gewissenhaften, treuen, redlichen Menschen von innen her überwacht, und auch die wahrhaft wissenden, mitfühlenden. Wäre er gleichgültiger gewesen, so hätte er umgänglicher, fröhlicher scheinen können, und es würd' ihm ein Leichtes gewesen sein, sich das Aussehen eines Warmherzigen zu geben. Demnach war er, was er nicht scheinen mochte und schien oft, was er nicht war.« (»Bildnis eines Mannes«)

* Vermutlich nach Selene, der griechischen Mondgöttin.

Offenkundig ist nun freilich die hochgradige Selbstbezogenheit, der dichtermäßig sublimierte Narzißmus im Leben und im Werk. »Der Roman, woran ich weiter und weiter schreibe, bleibt immer derselbe und dürfte als ein mannigfaltig zerschnittenes oder zertrenntes Ich-Buch bezeichnet werden können.« (»Eine Art Erzählung«) Die zugrundeliegende, gewöhnlich sorgfältig verheimlichte Lebensangst verrät sich in der Vision am Schluß von »Helblings Geschichte«: »Ich sollte eigentlich ganz allein auf der Welt sein, ich, Helbling, und sonst kein anderes lebendes Wesen. Keine Sonne, keine Kultur, ich nackt auf einem hohen Stein, kein Sturm, nicht einmal eine Welle, kein Wasser, kein Wind, keine Straßen, keine Banken, kein Geld, keine Zeit und kein Atem. Ich würde dann jedenfalls nicht mehr Angst haben.«

Eine ernsthaft werbende, zur Bindung gewillte Frauenliebe ist im Leben Robert Walsers nicht zu finden. »Eigentlich hätte er sich ... rechtzeitig verheiraten können. Daß er's unterließ oder versäumte, schien wesentlich auf einer Trägheit zu beruhen. Er blieb teils absichtlich, teils unbewußt ledig, obwohl es ihm nicht geschadet hätte, wenn er sich um ein Kind und dessen Erziehung würde haben kümmern müssen.« (»Der Lyriker«) Materiell hielt ihn die berufsbedingte Armut vom Heiraten ab. Um eine vermögliche Frau zu werben, verbot ihm der Stolz. Zugleich aber wehrte sich der in Einsamkeit stark und eigensinnig gewordene Dichtergeist sozusagen instinktiv gegen Anforderungen des Zusammenlebens, wie sie der Ehe innewohnen. »Verheiratet ist er nicht, denn er hat nicht die Kühnheit gehabt, sich zu verlieben, weil er allen ihm zu Gebote stehenden Mut dazu hat anwenden müssen, seiner künstlerischen Pflicht gegenüber, die, wie es vielleicht bekannt ist, eine sehr harte sein kann, treu zu bleiben.« (»Der Schriftsteller«)

So rückte Frieda Mermet mehr und mehr in die Mutterrolle. Resy Breitbach blieb das sehr verehrte »Mademoisellchen«. Das Werk läßt die heimliche Sehnsucht nach der Ehe kaum anders vernehmlich werden als in der Form der Selbstverspottung, etwa so: »Ich glaube folgendes: Mein Geist wird im Ehebett seine Auferstehung feiern ... Ich soll sowohl zu einer Ehehälfte, wie zu einem Kunstwerk kommen. Das beste wird sein, ein Kind zu zeugen und das Produkt einem Verlag anzubieten, der es kaum ablehnen wird.« (»Kurt«) An Max Rychner: »Persönlich mit Ihnen zu reden, wird mir ein Vergnügen sein, wobei wir Gelegenheit haben werden, uns über den sicherlich hohen Wert des Verheiratetseins oder Ledigbleibens von Dichtern zu unterhalten. In beiderlei Umständen kann ja, wie ich meine, Licht und Fülle strahlen, falls es der liebe Gott zuläßt.« Den Sieg über mancherlei Angriffe auf seinen Ledigenstand hat er in dem Prosastück »Der andere Junggeselle« gefeiert.

Einer Frau, die für seine Geistesart volles Verständnis gehabt hätte, ist Walser anscheinend nie begegnet. Nicht ohne Grund kommt dem Feind der Sentimentalität gelegentlich der Gedanke, ob ihn »nicht vielleicht gerade die Frauen total mißverständen« (»Das ›Tagebuch‹-Fragment von 1926«). Trotz der romantischen Liebesphantasien seiner Dichtung war er kein vager erotischer Schwärmer. Es gibt Aussprüche von ihm, die von Gottfried Keller sein könnten, zum Beispiel: »Mein Ideal von einer Frau ist nicht Schönheit, nicht Klugheit, obwohl dies auch gut sein mag, nein, sondern Festigkeit, ich meine so: sie muß sich sicher fühlen.« Frieda Mermet, der er diese Worte schrieb, mochte ihn in solcher Art »sicher« anmuten. Seine geistige Eigenwelt, im besondern deren ironisches Element, wirkte sich aber auch ihr gegenüber distanzierend aus.

Dazu kam eine Absonderlichkeit des Trieblebens. Lisa Walser hat zu den Ärzten der Waldau davon gesprochen, wobei sie von dritter Seite Gehörtes erwähnte: Robert Walser »brauche überhaupt keine Frau«. Damit stimmt überein, was er in dem Prosastück »Gespräche« über den ersten Besuch bei einer Dirne berichtet. Nicht mit Bedürfnis, sagt der Ich-Erzähler, sondern aus »Pflichttrieb« – die Dirne selber meint: aus Eitelkeit – sei er gekommen. »Von Genugtuung war keine

Rede; sie bot mir dar, was ich nicht brauchte, gab mir, was ich nicht nahm, nichts in mir verlangte irgend etwas von ihr. Ich schämte mich über ihr zweckloses Gewähren ... Kann sich ein Befriedigter befriedigen gehen? Ich wurde geboren, um ohne Not zu sein, und da ich der Mädchen nicht bedurfte, dachte ich nach, wie's mir möglich wäre, mich trotzdem mit ihnen abzugeben.« Homosexualität kommt nicht in Frage, gegen sie spricht deutlich das Verhalten Simons (Walsers) gegenüber dem homosexuellen Krankenwärter im fünfzehnten Kapitel von »Geschwister Tanner«. Walsers sexuelles Schicksal wird eben das eines aus tieferen Gründen Bindungsscheuen gewesen sein. Er selber hat es im »Räuber«-Roman angedeutet: »... eine geschlechtliche Qual oder Not spürte ich nie, denn es hat mir nie an den sehr einfachen Möglichkeiten gefehlt, mich jeweilen von Andrängungen zu befreien.« In der Zeit der Krankheit hat er, von einem Arzt gefragt, anscheinend ernsthaft erklärt, er habe nie eine Liebesbeziehung gehabt und dies nie bedauert. Wenn das im strengeren Wortsinn zu verstehen ist, so hätten die oft in der Ichform dargebotenen erotischen Phantasien seines Werkes keinerlei reale Erlebnisgrundlage. Ein Vergleich mit dem erotischen Verhalten seines Bruders Karl drängt sich auf. Der Unterschied hat einige Ähnlichkeit mit dem zwischen den Titelgestalten von Hermann Hesses Roman »Narziß und Goldmund«. Karl erlebte dramatische Liebesgeschichten, so mit der verheirateten schöngeistigen Bielerin Flora Akeret, später in Berlin, wo der arrivierte Künstler sein Hausmädchen liebte, das sich erschoß, als er sich Hedwig Czarnetzki, seiner nachmaligen Frau, zuwandte. Aus dem Leben des zwar nicht weltflüchtigen, doch eher introvertierten Dichters ist nichts Entsprechendes bekannt.

Es ist kaum eine arge Übertreibung, wenn er in der ersten Fassung der Skizze »Aus meiner Jugend«, anschließend an das Geständnis von Selbstmordabsichten, schreibt: »Ich hatte hunderte von sonderbaren Trieben.« Es war ihm jedenfalls gegeben, in seinem Werk zumeist die glückhaft-poetische

Seite seiner geschlechtlichen Besonderheit hervorzukehren. Die Dichtkunst oder, eher noch, die Poesie an sich ist seine Geliebte: »Es ist wahr, ich bin für kein Mädchen gefährlich. Ich gehöre mir nicht, geh' nie allein, bin gekettet und dabei zu glücklich, als daß ich Unrechtes tun könnte. Eine begleitet mich beständig, die sich nicht um mich kümmert. Was und wie sie ist, schwebt um mich. Sie spricht mit mir, bald heiter, das heißt, ich lasse sie nie anders als ernst mit mir reden. Ich habe sie so, wie ich sie mir am liebsten denke, mache mit ihrer Erscheinung, was ich will, jage sie oft weg, brauche nicht zu fürchten, ich verlöre sie. Wenn sie wüßte, wie lieb sie mir ist, wie ich mit ihr verfahre, würde sie unwillig, aber kann sie mir das Denken verbieten? Jeder mit ihr zusammenhängende, kleinste Gedanke stärkt mich.« (»Gespräche«) »Sein Geheimnis war seine fort- und fortdauernde Lust. Sein Fühlen war ihm stiller Quell und Brunnen seltsam geheimen Lebensglückes.« (»Der Arbeiter«)
Auch die freigewählte, im geistigen Geben und Nehmen ungefähr ausgewogene Freundschaft blieb für Robert Walser ein verschlossener Bezirk. Als Ausnahme mag die in Zürich angesponnene langjährige Beziehung zu dem ihm wesensverwandten Alfred Kutschera, dem frühverstorbenen Sohn eines Aarauer Musikdirektors, gelten. Nach dem Prosastück »Porträt« glich Kutschera »ein wenig dem König Ludwig von Bayern«, dem romantisch veranlagten, geisteskrank gewordenen Gönner Richard Wagners. Schon vor der Begegnung mit Kutschera hatte Walser seinen Fritz Kocher schwärmen lassen: »O ich bin voll des Bewußtseins der Süßigkeit edler Freundschaft.« Doch sicher fühlte er sich auch schon früh »befremdet von der Fremdheit, die jede Freundschaft schurkisch enthält« (»Fridolin«).
Zu Freundesbriefwechseln, wie sie die Mehrzahl namhafter Geister in neuerer Zeit geführt haben, mochte sich derjenige nicht herbeilassen, der es sich »zur Gewohnheit gemacht haben wollte, zu stolz zu sein, mit Selbstbewußten und Wissenden umzugehen« (»Ein Zeitgenosse«). »Seine Beziehungen

zu den Gebildeten vernachlässigte er aus einem Bedürfnis nach Romantik.« (»Adonis«) Wie er beruflich mit »Wissenden« umging, zeigen besonders charakteristisch die Briefe an Max Rychner. Die Bruderfreundschaft mit Karl, wie er sie in »Geschwister Tanner« hatte verstehen wollen, war nicht von Dauer; die Ahnung davon ist übrigens dort schon ausgesprochen.

Zum Einzelgängertum drängte ferner der Widerwille sowohl gegen landläufige Vertraulichkeit wie gegen das konventionelle Gesellschaftsleben. »Gewisse Leute, die mir zugetan sind, sind mir zuwider, ich kann das hier nicht nachdrücklich genug betonen. Natürlich finde auch ich an der Milde, am Herzlichen Geschmack. Wer könnte so roh sein, alles wärmere Wesen gänzlich zu verabscheuen. Aber ich hüte mich stets, nahezutreten, und ich weiß nicht, ich muß darin Talent besitzen, jemanden von der Unklugheit gewisser Annäherungen stumm zu überzeugen, wenigstens halte ich es für schwierig, sich in mein Vertrauen zu stehlen.« (»Jakob von Gunten«) »Kutsch ... erstrebt das Höchste, und alle, die ganz Hohes erstreben, mögen nicht recht vertraulich zu den Nebenmenschen sein.« (»Kutsch«)

Im ganzen hat er die Einsamkeit mehr genossen, als an ihr gelitten. »Wer wagt so schwach zu sein wie der Einsame, wen stärkt dieser Mut so sehr wie ihn?« (»Der Einsame«)

Das Schaffen Robert Walsers bewegt sich in der Polarität von Kindlichkeit und Ironie, dichterischer Stimmungskraft und unbestechlichem Wirklichkeitssinn. Wohl kein anderer Schriftsteller hat die Gegensätze seines Innern und die einander entgegengesetzten Möglichkeiten des Urteilens so genau und zugleich so gelassen wahrgenommen und so vielfältig ausgedrückt wie er. Das Folgende ist eine Auswahl seiner paradoxen Selbstzeugnisse:

»Du hast«, sagt Klaus Tanner zu Simon, »... etwas zu Wildes an dir, und dann, im Handumkehren, springst du in eine Zartheit über, die wieder viel zu viel Zartheit von den Menschen fordert, um bestehen zu können. Vieles, das dich verletzen sollte, kränkt dich in keiner Weise, und verletzen läßt du dich von ganz selbstverständlichen, aus Welt und Leben herausgewachsenen Dingen.«

»Eigenartig scheint, daß er bekennt, im Unglück oft fröhlich, im Erfolg mürrisch gewesen zu sein, und daß er sagt, der Zug seines Wesens sei Arbeitsamkeit. Nie sah man einen so zufriedenen und zugleich unzufriedenen Menschen. Keiner war rascher und handkehrum unentschlossener.« (»Wladimir«)

»Für mich ist immerhin von Wichtigkeit, daß ich hie und da ein Stürmi* bin und dann mit einmal wieder kolossal klar in die Welt schaue.« (An Frieda Mermet, 4. Juli 1928)

»Bei ihm handelte es sich immer um ein Wiederaufsuchen der Festigkeit bei häufiger Einbuße derselben. Alles ging ihn viel und nichts an ... Er hielt sich weder für stark noch für schwach, wandte sich bald so oder so, je nach der Lage.« (»Erich«)

»Viele meinen, ich sei ein Lamm, dann ist's plötzlich ganz anders.« (»Nachricht Nummer Zwei«)

»Ich nahm mir vor, zurückweichend vorwärtszuschreiten, faulenzend arbeitsam zu sein, mich auf dem Wege der Lieblosigkeit im Gebiet des Liebens auszuzeichnen.« (»Auflauf«)

»Er liebte vielleicht neben dem Redlichen und Guten auch das Böse; neben dem Schönen auch das Unschöne. Bös und gut, schön und häßlich schienen ihm unzertrennlich.« (»Der Arbeiter«)

»... ich habe mir die recht seltsame Einsicht angeeignet, daß Gutes ungut, Freies unfrei, Liebliches tadelnswert, Gerechtes ungerecht, Lustiges melancholisch wird. In jeder Art Zwang liegt etwas viel Erlösenderes als in jeder Art Erlöserei ...« (»Zigarette«)

»Wer hier steht und spricht, dürfte als eine individuelle Individualitätslosigkeit betrachtet werden.« (»Ferienreise«)

»Ich habe vielleicht noch die meisten Gedanken, leicht mög-

* Bernisches Mundartwort für einen unruhigen, drängelnden, lästig daherredenden Menschen, das Gegenteil des bedächtigen, besonnenen Berners.

lich ist das, aber ich verachte im Grunde genommen mein ganzes Denkvermögen.« (»Jakob von Gunten«)
»Ohne denken zu wollen, bin ich ein Denker, und ohne Achtsamkeit beachte ich alles.« (Fidelio«)
»Etwas an ihm war im selben Atemzug kühn und zugleich vorsichtig; tiefsinnig und gedankenlos.« (»Der gestiefelte Kater«)
»In der Tat verfügte er über die Sorgfältiggekämmtheit und das bißchen gesunden Egoismus eines Gutmütigen und über das Abstoßende, das ein Anziehender an sich hat.« (»Der Schriftsteller«, II)
»Man hielt ihn überall, hauptsächlich, weil er ruhig auftrat, für klüger als er sein mochte ...« (»Das kleine Genie«) Anderseits »... behält er stets eine Reserve von Klugheit für sich.« (»Der Philosoph«)
»Ich bin eine Art Dichter, der manchmal ein sehr nüchterner Mensch ist ...« (»Olympia«)
»... ein Frauenfeind erster Güte und doch wieder absolut kein Frauenfeind, sondern ein ganz netter, artiger Mensch, der keinem weiblichen Wesen nur ein Haar krümmte ...« (»Der andere Junggeselle«)
»In seinen ernsthaften Erörterungen oder Darstellungen lag öfter etwas Lustiges, während seine Lustigkeiten etwas wie einen baldsicheinstellenden Ernst ankündigten, was eine Zusammensetzung zweier verschiedener Eingestelltheiten bedeutete, die die Schriftstellererscheinung, von der ich spreche, zu vielleicht einer der gelesensten, die es je gab, gemacht haben kann.« (»Der gestiefelte Kater«)
»Dann und wann trug seine wie aus einer Art von Eingeschlafenheit quillende Geschicklichkeit den Stempel berechneter Naivität oder gekünstelter Ungekünsteltheit.« (»Der Knirps«)
»Er gehörte zu denen, die den festen Willen haben, sich zu entwickeln ...« (»Der Student«) Anderseits: »Ich entwickle mich nicht.« (»Jakob von Gunten«)
»Ich selbst hab Achtung vor mir.« (»Tobold«, Versspiel) Ja-

kob von Gunten jedoch erklärt: »Ich respektiere ja mein Ich gar nicht.« (Vgl. Kuno Fiedler in »Stufen der Erkenntnis«: »Der desillusionierte Mensch hat keine sogenannte Selbstachtung.«)

Von besonderer Bedeutung unter den paradoxen Selbstaussagen ist das Ersuchen an »meine Freunde aus den Kreisen der Intellektualität ..., mich für fähig zu halten, daß ich hier gleichzeitig scherze und ernsthaft bin«. Nicht bloß »hier«, in dem Prosastück »Etwas über Jesus«, sondern an vielen andern Stellen seines Werkes beweist er diese Fähigkeit. Er wollte kein unverbindlicher belletristischer Unterhaltungskünstler sein, wie er denn auch zu Carl Seelig gesagt hat: »Schriftsteller ohne Ethik verdienen durchgeprügelt zu werden.« (Seelig, »Wanderungen ...«)

In dem Gedicht »Harmonie« beschuldigt er sich der zu weit getriebenen Selbstkritik. Meistens aber hat er es verstanden, der Maxime nachzuleben, die dieses Gedicht abschließt: »Die beste Art, belehrt zu sein, liegt im Sichselbstwillkommensein.« Er rühmt sich, imstande zu sein, ein Gesicht zu haben, «worin sich eine gewisse offenkundige Beliebtheit meines Ichs bei diesem selben Ich abspiegelt« (»Brief an ein Mitglied der Gesellschaft«). Indes ist das Selbstgenügen ein mitweltverbundenes: »Indem Hanswurst an sich selber und an sein eigenes Vergnügen dachte, wollte es der Geist, der ihn trieb, und der eigentümliche Umstand, daß er an alle andern dachte und daß er die Ursache vom allgemeinen Vergnügen war.« (»Der Maskenball»)

Scheinbar heiter und unbefangen berichtet er von erlittenen Demütigungen, findet Vergnügen daran, gerügt zu werden – »Ich bin wie geschaffen dazu, getadelt zu werden ...« (»Geschwister Tanner«) –, gefällt sich als Briefschreiber in Formeln wie »meine Wenigkeit« und in Unterschriften wie »Robertchen Walserchen« oder gar »Ihr allezeit treues Hundeli Robert Walser«. Öfter gebraucht er Ausdrücke wie »Taugenichts« und »Null«, um seine bürgerliche Minderwertigkeit zu kennzeichnen. Das eigene Schaffen kann er sehr sarkastisch beurteilen: »Die Eitelkeit veranlaßte ihn, eine Reihe von in jeder Hinsicht unspannenden, harmlosen Büchern zu schreiben, die keiner zu lesen imstande war, ohne zu denken, hier gefalle sich einer in Veröffentlichungen, um zu nichts anderem als zur Beweisherbeibringung zu gelangen, er sei kein eigentlicher Schriftsteller.« (»Der Schriftsteller«, II) Doch unversehens blitzt in einem Satz oder einer Wendung das hintergründige hohe Selbstbewußtsein auf. »Sein Auftreten ließ keinerlei edleres Menschentum ahnen ... Nur da und dort jedoch, bei guter Gelegenheit, redete er frei und ließ er ein wenig spüren, wer und was er sei.« (»Der Arbeiter«) »Religiös war ich insofern stets, als ich noch keinen einzigen Tag ohne Glauben an mich geblieben bin. Man kann Gott nicht mit Kopfhängen gefällig sein.« (»Fidelio«)

Die spielerische Paradoxie seines Selbstbewußtseins erzeugt in einem Brief an Fräulein Breitbach die Formel »aus der Höhe meiner unsäglichen Wenigkeit herunter«. Max Rychner grüßt er einmal als »Ihr diensteifriger Herrscher«, ein andermal als »Ihr hochgeborener Diener«, ferner »in treuer Untertanenhuld ehrfurchtsvoll und gnädig, d.h. vollendet freundlich«. Wie empfindlich dieses paradoxe Selbstbewußtsein reagieren konnte, zeigt die beklemmende humoristische Höflichkeit, mit der er einen kleinen Verstoß Resy Breitbachs zurückweist: »Ihr Brief freute mich sehr, obwohl ich ein bißchen über dieses vielleicht etwas gar zu sorglose ›Robert‹, womit Sie mich titulieren, falls Sie mir das gestatten, stutze. Ich finde das [von] Ihnen furchtbar nett, fürchte jedoch hindiesbezüglich sozusagen die Rache des Himmels oder den Zorn der Götter, ich fürchte, daß die strengen, ernsten Götter z.B. Griechenlands Sie für Ihre Zwanglosigkeiten heimsuchen könnten und möchte Sie daher bitten, die Zutraulichkeit nicht zu übertreiben und stets ›Herr‹ zu sagen, wenn es Ihnen mit mir zu sprechen oder zu korrespondieren beliebt. Zürnen Sie mir nicht, daß ich Ihnen diesen herzlich gut gemeinten Rat gebe, wenn auch Raterteilen ein ganz abscheuliches, meistens sehr undankbares Geschäft ist.« Dabei hatte er selber die

Partnerin in einem früheren Brief als »Liebes Resy« angeredet, um am Schluß freilich zu bemerken: »Ich korrigiere taktvoll noch die Anrede, die etwas zu schlicht und simpel ausfiel und grüße Sie groß, d.h. mit einer weltmännischen Geste ...«
Mehr als ein literarisches Selbstgefühl spricht aus der Erwähnung des »Vaterlandslosen, den ich so nenne, weil er das Schicksal des Vaterlandes, so weit er dies vermochte, leitete ...« (»Der Diamant«) Doch kaum erhoben, wird der quasi messianische Anspruch wieder dementiert: »Mit einer Reihe antilakaienhafter Schriften, die er seinem Freiheitsherzen entnahm, sorgte er, daß man an ihn zu glauben begann. Er gönnte jedoch der Menschheit den Einfluß nicht, den er auf sie ausübte.« (»Ein Lakai«) Ein andermal gönnt er ihn wieder: »Bot er der gewissermaßen leidend im Bett liegenden kultivierten Humanität nicht mit gewinnendem Benehmen quasi sein literarisches Lebenswerk wie eine Tasse ausgezeichnet duftenden Kaffee an? ›Ich gebe dir, was dir nützt: nimm nur‹, sprach er zur Menschheit, die an ihn glaubte.« (»Der gestiefelte Kater«) Zu glauben, daß die Menschheit an ihn glaube, mag er quasi autosuggestiv und in der Hoffnung auf eine empfängliche Nachwelt gewagt haben. Wie dabei das innere Gleichgewicht zu bewahren ist, verrät er am Schluß des »Räuber«-Romans: »Wir halten ihn sowohl für die allgemeine Nonchalance wie für das Gewissen aller Völker.«
Manches in Walsers vielen Selbstbildnissen mutet wie die fragmentarische Darstellung eines modernen, unkirchlichen Heiligenlebens an. So hat auch Pfarrer Ernst Hubacher den Dichter gesehen: »Von ganzem Herzen und mit ganzer Seele, mit allen seinen Gedanken und Gefühlen gehörte er zu den Armen. Man könnte das franziskanisch nennen, aber es war daran nichts Mittelalterliches, vielmehr war in dem allem ein moderner Zug, weil er ja mit sich selber experimentierte.« (»Der letzte Poet«, im »Kleinen Bund« vom 8. Juli 1955. – Der erste der beiden angeführten Sätze variiert einen Satz aus Walsers Prosastück »Oskar«.)

Über Recht oder Unrecht des angedeuteten hohen Selbstbewußtseins ist hier nicht zu befinden. Daß es seinen Träger, auch als er krank wurde, nicht in die Nacht des eigentlichen Wahnsinns riß, verdankt er, von der behutsamen Formulierung abgesehen, der immer wieder geübten Selbstkorrektur: »Wir alle sollten uns sagen, daß wir klein bleiben, daß von Werden und Wachsen, von tatsächlich gut und groß werden bei den meisten keine Rede ist, auch bei mir nicht.« (»Reisebericht«) »Das Schmollen von nicht mit ihm Einverstandenen machte nur einen schwachen Eindruck auf die Schwächlichkeiten seines Wesens, das er Vernunft genug besaß, nicht mit irgend etwas Starkem zu verwechseln.« (»Lebensweg eines Eitlen«)

Im Hinblick auf die tiefe Selbstgewißheit Robert Walsers sei an dieser Stelle Constantin Brunners gedacht, der in dem Buch »Unser Christus« die Selbstgewißheit als die wesentliche Tugend des Genies und als deren höchste Verkörperungen Christus und Spinoza gepriesen hat. Auch in Robert Walser war diese Tugend hochgradig inkarniert. Freilich ist die Sprache *seiner* Selbstgewißheit nicht die prophetische Jesu oder die philosophische Spinozas, sondern die des ironisch-narzißtischen Dichters, der sie mit ungezählten »vielleicht«, »anscheinend«, »meiner Ansicht nach« und ähnlichen Ausdrücken verklausuliert oder in erwägende Fragesätze hüllt.

Die Spottlust erscheint als ein Grundzug Robert Walsers. In den Briefen und in den Gesprächen mit Carl Seelig (»Wanderungen ...«) wirkt sie, da sie hier gegen lebende Personen, zumal Vertreter der zeitgenössischen Literatur, gerichtet ist, manchmal kecker als im Werk.

In einem Brief aus Bern an Ernst Morgenthaler: »Schibli sei gegenwärtig zur Ausbildung in *Paris*, hab' ich gehört, und nun wird er wohl als vollendeter Lebensbeherrscher wieder zu uns zurückkehren und einen zweiten Roman schreiben oder Stücke schreiben, wie sie einst *Molière* schrieb, aber ich glaube Schibli in dieser Hinsicht zuviel zuzumuten. Solche

Schullehrerferienreisen verändern am Typ recht wenig. Acht Tage Lengnaueraufenthalt werden den Pariser ganz hübscheli wieder in einen Lengnauer umwandeln, sicher zum Vergnügen seiner Frau, die womöglich von beiden die Gescheitere ist, da sie die Kunst besitzt, mit dem häuslichen Leben auszukommen. *Hiltbrunner*, der Große, soll um's Haus *Hamsun* herumgeschlichen sein, bis sie ihn packten und einpackten und als Muster ohne Wert franko zu uns heimsandten.«

An Frieda Mermet: »Ich schaute einmal in ein Schaufenster einer Buchhandlung und da erblickte ich ein Buch ausgestellt, nämlich den nigelnagelneuen Roman von Fankhauser. Auf dem Buch lag so ein Zettel, und auf dem Zettelchen stand mit Rundschrift geschrieben, damit man es ja gut sähe: ›Von einem Berner‹. Ich mußte da natürlich ein wenig lachen, weil dieser Zettel mir deutlich bewies, daß die Berner ihren Fankhauser noch nicht sehr gut zu kennen scheinen, da es sonst nicht nötig wäre, sie auf das Bernertum dieses Schriftstellers extra aufmerksam zu machen. Der Berner Fankhauser gibt sich europäisch, und weil er das tut, müssen die Buchhändler betonen, er sei ein ächter Berner; was ein ganz, ganz, ganz kleines bißchen geschwindelt ist. Aber der Handel erlaubt das selbstverständlich. Aber solche kleinlichen Geschäftskniffchen tragen nicht viel ab. Übrigens starb ja der Volksdichter *J. C. Heer*, von dem Sie doch wohl den Berninakönig werden gelesen haben. Welche Köchin kennt nicht ihren *J. C. Heer*? Dieser *J. C. Heer* schrieb hauptsächlich für Vorkriegshofdamen und für Glätterinnen, ob sie nun vorkrieglich oder nachkrieglich sind oder nicht, denn die Lingèren usw. bleiben sich gleich, indes Hofdamen usw. der Mode unterstellt sind. Die ehemaligen Hofdamen lesen jetzt kubistische Romane. Die Quelle des Kubismus ist ja ganz selbstverständlich der Vertrag von *Versailles* und alle seine so einschneidenden Folgen.« (Ende August 1925)

An Resy Breitbach: »Früher gab es hier einen jungen Dichter namens Hans Mühlenstein. Hörten Sie schon von diesem Ge-

nie, welches eine stattliche Münchnerin heiratete, d.h. sie heiratete – ihn, denn er war ihr Hauslehrerchen, und er machte auf ihre Kosten die fruchtbringendsten und weitesten Reisen. Zum Entgelt oder Ausgleich mußte er sie alsdann heiraten. Er schlief aber des nachts nie, der böse Bub, sondern hatte in einem fort nichts als allerhöchste Gedanken, die er einem Phonographen anzuvertrauen pflegte. Am Tag benahm er sich dann jeweilen sehr ruppig, also lieblos. Er hielt es für talentlos, galant und zuvorkommend zu sein, und seine Frau soll die scharmanteste Frau Deutschlands gewesen sein, und so kam es denn vor, daß sie sich leise, leise trennten. Mühlistein stammt, wie ich, aus der Stadt Biel, die zum Kanton Bern gehört und an einem sehr hübschen See liegt, und er befreundete sich eine Zeit lang mit dem Dichter Fritz von *Unruh*, dessen unruhigem Namen Sie wahrscheinlich schon begegnet sein werden. Er spielt ja eine gewisse literarische Rolle. Nunmehr sitzt Mühlestein, der ein Mitglied des Vereins zur Verbreitung des neuen Geistes zu sein scheint, im Graubündischen, und ist mit einer Magd verehlicht, die ihn morgens früh auffordert, ein Fuder Kraut vom Feld noch vor dem Déjeuner in's Haus zu führen. Er trägt einen blauen Leinenkittel, derbe Hosen aus landschaftlichem Tuch und ist sehr glücklich.«
An dieselbe: »Haben Sie vielleicht schon die Neuigkeit vernommen, die darin besteht und sich darauf gründet, daß der Schriftsteller und stellen- oder streckenweise auch Dichter Hermann Hesse sich mit einer bernischen Saaltochter vermählt hat? Sie nannte ihn eines Nachts in dem Lokal, worin sie dient und regiert, einen Waschlappen, was ihm so gut gefiel und ihm so sehr imponierte und ins ganze Wesen drang, daß er leise, gleich einer Geige, um ihre holde Hand anhielt und in der Tat ein Jawort mit nach Hause trug. Alle feineren Bernermädchen sind über die Tatsache dieser wirklich überraschenden Trauung entrüstet. Die Hochzeit fand bereits mit einem gewissen Pomp statt. Ich war auch mit dabei und lachte mich beinahe tot.« (In dem Prosastück »Diskussion« gestand

er dann: »Ich ... teilte einem Mädchen mit, Hesse habe sich mit einer Saaltochter vermählt. Die Empfängerin dieser Benachrichtigung war so liebenswürdig, sie für wahr zu halten. Man kann mit zwanglos aufgetischten Lügen vollen Glauben einheimsen.«)

Über Hesse hat Walser besonders gern gespöttelt. Dahinter stand die Meinung, die er zu Carl Seelig geäußert hat: »Wissen Sie, was mein Verhängnis ist? Passen Sie gut auf! All die herzigen Leute, die glauben, mich herumkommandieren und kritisieren zu dürfen, sind fanatische Anhänger von Hermann Hesse. Sie vertrauen mir nicht. Für sie gibt es nur ein Entweder-Oder: ›Entweder du schreibst wie Hesse oder du bist und bleibst ein Versager.‹ So extremistisch beurteilen sie mich. Sie haben kein Vertrauen in meine Arbeit. Und das ist der Grund, weshalb ich in der Anstalt gelandet bin. – Mir hat halt immer der Heiligenschein gefehlt. Nur mit ihm kann man in der Literatur arrivieren. Irgendein Nimbus von Heroismus, von Duldertum und dergleichen, und schon ist die Leiter zum Erfolg da ... Mich sieht man eben unbarmherzig, wie ich bin. Deshalb nimmt mich niemand ganz ernst.« (Seelig, »Wanderungen ...«)

Das Ressentiment gegen Hesse geht möglicherweise auf den Anfang von Walsers Schriftstellerlaufbahn zurück. Der Kontrast zwischen dem Mißerfolg von »Fritz Kocher's Aufsätzen« und dem außerordentlichen Erfolg des im gleichen Jahr 1904 erschienenen »Peter Camenzind« mag in Walser etwelche Bitterkeit zurückgelassen haben. Es gehört zu den vielen kleinen Grotesken des Geisteslebens, daß Walser – ob auch wahrscheinlich nicht mit unbedingtem Ernst – in Hesses Erfolg ein Hindernis des eigenen sah, Hesse jedoch zu Walsers literarischer Geltung redlich beigetragen hat. »Wenn solche Dichter wie Walser«, schrieb er, »zu den ›führenden Geistern‹ gehören würden, so gäbe es keinen Krieg. Wenn er hunderttausend Leser hätte, wäre die Welt besser. Sie ist, sei sie, wie sie wolle, gerechtfertigt dadurch, daß es Leute wie Walser gibt.« (Anzeige von »Poetenleben« in der »Neuen

Zürcher Zeitung« vom 25. November 1917, Nr. 2222) (Walser selber postuliert im »Aufsatz über einen Landaufenthalt«: »Das Leben mache uns gut, nicht die Bücher.«)
Klatsch und Grobianismus schießen in einzelnen Briefen arg ins Kraut. Es ist, als habe Robert Walser mitunter den Drang gehabt, das in seiner Dichtung und in manchen Lebenslagen bekundete Feingefühl zu verleugnen. Aus dem Gebrauch der derben schweizerischen Volksausdrücke scheint er sich, fern davon, sich dem Volke anbiedern zu wollen, ein Privatvergnügen gemacht zu haben. Oscar, der ältere Bruder, hat auf die Frage seiner bildungsfrommen Gattin, ob die betreffenden, in Seeligs »Wanderungen« wiedergegebenen Ausdrücke im Elternhaus gebräuchlich gewesen seien, mit entschiedenem Nein geantwortet.
Indessen sind Robert Walsers Boshaftigkeiten und Derbheiten meist in eine harmlos muntere, kindliche Grundstimmung eingebettet, so daß es schwer ist, sich ernstlich darüber zu empören. Walser selber fragt sein Spiegelbild in dem Prosastück »An einen Poeten«, »wie es kommt, daß eine Derbheit in deinem Mund keine Derbheit zu sein vermag ...« Seine Spottlust erinnert manchmal an Heine, aber die clowneske Harmlosigkeit, der Verzicht auf den Ton der intellektuellen Überlegenheit unterscheidet ihn von diesem. Zuweilen fügt er an Ort und Stelle abschwächende oder entschuldigende Bemerkungen bei, so in dem Brief an Max Rychner vom 31. Mai 1927: »Ich brüllte einen berlinischen Prosastückvertreter mit wahrer Wonne feldwebelmäßig an, indem ich ihn auf den Mittelstand hetzte, d.h. auf die reichsdeutsche Kleinstadt- und Spießerpresse, für die Schiller ein dummer Cheib und Goethe ein vornehmer Fötzel ist. Ich mußte mich in den letzten Monaten für die ›Cheibe‹ da draußen so kontinuierlich gedrechselt ausdrücken und mich annahmemäßig geberden, daß Sie mir vielleicht jetzt gütigst ein paar gröbere Worte nicht übel nehmen, die klingen, als säße man am Rindermarkt in einem zürcherischen Wirtshaus.« An Resy Breitbach schreibt er: »... man spaßt furchtbar gern über das, was

man schön findet und in der Seele lieb hat. Und man setzt gern herab, wovor man Ehrfurcht hat.« Simon Tanner aber gesteht: »Es ist nicht meine Gewohnheit, zu zeigen, daß ich Ehrfurcht vor vielen Dingen besitze. So etwas pflege ich für mich zu behalten, denn ich denke, was nützt es, eine ernste Miene aufzusetzen, wenn man vom Schicksal dazu bestimmt, ich meine, vielleicht dazu erwählt ist, den Narren zu spielen.« Die Worte, mit denen Walser die Spottlust des Vaters entschuldigt, hat er ohne Zweifel auch auf sich selber bezogen: »Kann ein redlicher Mensch mit harmloser Art Spott es jemals bös meinen? Gewiß nicht. Er wird nur oft mißverstanden, wodurch er sich einem Verkennen aussetzt, das von Menschen herstammt, die vielleicht boshafter sind als der vermeintliche bösartige Spötter selber.« (»Das Bild des Vaters«) Moralisch gesund war er sicher darin, daß er sich nicht bloß hintenherum über andere lustig machte, sondern Gesprächs- und Briefpartner auch unmittelbar zu föppeln und ironisch oder sarkastisch zu behandeln liebte. Gesamthaft hat sich der Hang zur Spöttelei allerdings als ein Grund der Vereinsamung und also mittelbar der Erkrankung ausgewirkt.
Von seiner Erfolglosigkeit sprach er zuweilen mit koketter Übertreibung. »Uns ist ein junger Mann bekannt, der die Kaufmannskarriere zugunsten der poetischen preisgab. Der Himmel und die menschliche Gesellschaft straften ihn hart dafür. Er wurde Schriftsteller und blieb als solcher bodenlos erfolglos.« (»Die Ruine«) An der ihm zuteil gewordenen Anerkennung hatte er selten eine ungetrübte Freude. Schon in den Zürcher Jahren schrieb er: »Ich möchte gerne berühmt sein, aber unter kraftvolleren, edleren Menschen! Ruhm ist eine wundervolle, göttliche Sache, aber ihr Wert verschwindet, wird sie nur ausgeschrieen, nicht ausgehändigt. Also fort damit.« (»Ein Maler«) In seiner Scheu davor, den Eindruck auf das Publikum zu forcieren, verbarg sich dennoch die Hoffnung dessen, der die Paradoxien der Gerechtigkeit im Geistesleben bemerkt. »... denn derjenige Schriftsteller hat am ehesten Aussicht, Erfolg zu ernten, der sich vor der Mit-

sowohl wie Nachwelt möglichst klein macht ...« (»Gnädige Frau«) »Aus allem, was ich Dir hier sage, geht übrigens mit genügender Unzweideutigkeit etwas Unmodernes hervor, und vielleicht ist gerade dieser Umstand die Ursache, weshalb die Modernen sozusagen aufmerksam auf mich blicken, als mache sie meine Unwissenheit bezüglich dessen, was Mode ist, staunen, als hielten sie diesen Mangel für irgendwelchen Vorzug, als überzeuge sie meine Unbehülflichkeit vom Vorhandensein einer Kraft in mir.« (»Brief eines Mädchens an ein Mädchen«)

Mag allerhand Subjektives die literarischen Urteile Robert Walsers gefärbt haben, so hat seine Literaturkritik, genauer betrachtet, doch etwas sehr Grundsätzliches, sie ist Kritik der Kultur überhaupt. Neben der angestrengten Bemühung, seiner Idee des Dichtertums Genüge zu leisten, hat er von früh an die Kunst fragwürdig gefunden und ihr Verhältnis zum Leben kritisch beleuchtet.

»Sie (die Kunst) ist ein so überaus reines und selbstzufriedenes Wesen, daß es sie kränkt, wenn man sich um sie bemüht. Sie straft den, der ihr, indem er sie fassen will, entgegenkommt. Künstler erfahren das. Sie sind es, die ihren Beruf darin sehen, sich mit ihr zu befassen, die durchaus nicht angefaßt werden will.« (Fritz Kocher's Aufsätze«)

»Die Schönheitssucher müssen vielfach empfinden, daß es allein mit dem Suchen nach Schönheit in der Welt noch lange nicht getan ist, daß da noch anderes zu finden ist, als das Glück, vor einer reizenden Antiquität stehen zu bleiben. Das Ringen der armen Leute nach ein bißchen Frieden, ich meine die sogenannte Arbeiterfrage, ist doch sozusagen auch etwas Interessantes und muß einen wackeren Geist mehr beleben als die Frage, ob ein Haus schlecht oder gut in der Landschaft steht. Was gibt es nur für müßige, schönredende Köpfe auf der Welt. Gewiß: jeder denkende Kopf ist wichtig und jede Frage kostbar, aber es dürfte anständiger und für die Köpfe ehrender sein, zuerst Lebensfragen zu erledigen, bevor die zierlichen Kunstfragen erledigt werden.« (»Geschwister Tanner«)

»Ich tu mir Zwang an und schreibe weiter. Dies tun viele Dichter, denn es gibt eine Menge von womöglich ganz abscheulichen Beweggründen, die ihnen dies befehlen. Mich treibt vielleicht bloße Langeweile, über Dinge zu schreiben, die, wenn sie mich aus den Worten ansehen, mich Trauer, wenn nicht etwas noch viel Schlimmeres empfinden lassen. Die Welt geht darüber hinweg; sie scherzt mit halben Talenten, wie ich eins zu sein scheine. Sie nimmt hin, was sie energisch von sich weisen sollte. Sie nennt mich allerdings, was ich leider nur zu wenig bin, einen Narren; wagt mir dies aber nicht ins Gesicht zu sagen. Ich bekomme es von hinten, von der Seite, flüsternd von oben zu hören. Die Welt läßt es mich ahnen.« (»Dichter«)
»... Einer, der immer von leben oder von lieben spricht, stört sich sein Lieben oder Leben. Das was man nicht erwähnt, lebt am lebhaftesten, weil jedes Erwähnen, Andeuten irgend etwas von dem Betreffenden wegnimmt, ihn's* angreift, mithin vermindert. Das erfahren hauptsächlich die Gebildeten, die nicht essen, nicht in der Elektrischen fahren, nicht lesen können, ohne immer gleich einen Essay darüber zu schreiben, und sich so das Essen, das Fahren, das Lesen usw. in seinen Einwirkungen schwächen. Natürlich gehöre auch ich zu denen, die dies schon gespürt, erlebt haben, denn sonst wüßte ich es nicht.« (An Frieda Mermet, 27. Dezember 1928, kurz vor der Erkrankung)
»Die Erfolge der literarisch Tätigen wurden infolge ihres vielfältigen Auftretens notwendigermaßen bescheiden. Erstens verringerten sich die Eindrücke; zweitens protestierte irgendwie das nationale Leben gegenüber fortwährender Ausbeutung. Ein Land und ein Volk wollen nicht in einem fort geschildert, dargestellt oder abgebildet, sondern begehren in Ruhe gelassen zu sein.« (»Die literarische Schweiz«)
»Das Leben ist zu roh geblieben; dagegen ist die Kunst verhältnismäßig zu ästlich, zweiglich, zu zart und zu fein gewor-

* Berndeutsch für »es« im Akkusativ.

den. Nach mir ginge es uns allen besser, wenn sich die Kunst kräftig gäbe, dafür aber das Leben lieb und fein.« (»Tagebuchblatt«, III)

Walser empfindet es als unwürdig, daß dem anerkannten Schriftsteller zugemutet wird, »jährlich irgendwelche neue Hundertprozentigkeit ans Tageslicht gelangen zu lassen« (»Schriftstellergeschichte«). So ist der Grund zur Vernichtung eigener Manuskripte nicht bloß Entmutigung durch ablehnende Verleger und Redakteure: »Jeweilen, d.h. von Zeit zu Zeit werfe ich zerrissene Manuscripte in den Papierkorb, im Instinkt, daß es hübsch, fein, propper, nobel sei, stets irgend was aufzuopfern, und damit das Schaffen mäßig bleibe.« (An Otto Pick, 5. Oktober 1927)

»... wir sind ja, sobald wir irgendwo in Gesellschaft auftreten, oder Kultur treiben, ohne weiteres eitel, denn die Kultur selber ist ja gewiß nichts anderes als die Eitelkeit selber, sie muß sie sein, und wer ganz und gar darauf verzichtet, eitel zu sein, der geht verloren, oder er gibt sich preis.« (»Das ›Tagebuch‹-Fragment von 1926«)

Den Aspekt des Kampfes hat er wie selten einer gesehen und bezeugt: »Unser friedliches Kulturleben besteht ja aus zahllosen kleinen Kämpfen, Gefechten und Schlachten. Einer sucht den andern zu überlisten, zu hintergehen, zu erdrücken, zu schwächen, weil er meint, daß er sich selber dadurch stärke, was aber ein grenzenloser Irrtum ist.« (»Der Jesuit«)

Jakob von Gunten schreibt: »Jeder spürt den unheimlichen Überrumpler, den heimlichen Dieb, der mit irgendeiner neuen Begabung dahergeschlichen kommt, um Schädigungen und Herabsetzungen aller Art um sich herum zu verbreiten, und deshalb ist in diesen Menschenkreisen der ganz Neu-Auftretende immer der Gesuchteste und Bevorzugteste, und wehe den Älteren, wenn sich dieser Neue durch Geist, Talent oder Naturgenie irgendwie auszeichnet. Ich drücke mich übrigens etwas zu einfach aus. Es ist da noch etwas ganz anderes. Es herrscht unter diesen Kreisen der fortschrittlichen Bildung eine kaum zu übersehende und mißzuverstehende

Müdigkeit. Nicht die formelle Blasiertheit etwa des Adels von Abstammung, nein, eine wahrhafte, eine ganz wahre, auf höherer und lebhafterer Empfindung beruhende Müdigkeit, die Müdigkeit des gesunden-ungesunden Menschen.« Jakob träumt denn auch davon, mit dem Institutsvorsteher Benjamenta durch die Wüste zu wandern, und es »sah so aus, als wenn wir beide dem, was man europäische Kultur nennt, für immer, oder wenigstens für sehr, sehr lange Zeit entschwunden gewesen seien«. Das abweisende, gelegentlich unvernünftig schroffe Verhalten des Dichters gegen Männer, die ihm förderlich wohlgesinnt waren, zum Beispiel Adolf Schaer und Walter Muschg, kam wohl nicht so sehr aus falscher Beurteilung solcher Menschen als aus dem heimlichen Drang, der europäischen Kultur zu »entschwinden«.

Dem zunehmend radikalen Beurteiler des Literaturbetriebs und der Kultur insgesamt mußte die Glaubensgrundlage des eigenen Tuns verlorengehen. Vererbung, wirklicher und eingebildeter Mißerfolg, wirtschaftliche Bedrängnis, Überreizung und Vereinsamung waren nicht die einzigen Ursachen der Krankheit und des Verstummens, auch der Kulturüberdruß hat dazu mitgewirkt. Verwandte Abkehrbewegungen haben Clemens Brentano, Arthur Rimbaud, Franz Kafka und im Alter Conrad Ferdinand Meyer vollzogen. Doch keinem von diesen war es aufgetragen, das Renegatentum bei gesundem Verstande fast ein Vierteljahrhundert lang durchzuhalten. Und der Radikalismus Walsers verringerte sich im Alter nicht. Noch auf der Weihnachtswanderung 1952 hat er zu Carl Seelig gesagt: »Ist in seiner Art nicht auch ein erfolgreicher Schriftsteller ein Mörder?« (Seelig, »Wanderungen ...«)

An der Richtigkeit der Negation konnte er um so weniger irre werden, als er hintergründig einen hohen utopistischen Gedanken hegte, der in »Seltsame Stadt« ausgesprochen ist: »Dichter gab es (in der seltsamen Stadt) keine. Dichter hätten solchen Menschen nichts Erhebendes, Neues mehr zu sagen gewußt. Es gab überhaupt keine Berufskünstler, weil Geschicklichkeit zu allerhand Künsten zu allgemein verbreitet war.«

Weltanschauliches und Religiöses als Problemgegenstand scheint an der Erkrankung Robert Walsers nicht beteiligt gewesen zu sein. Wie schon früher angedeutet, hat er nie ein ernsthaftes Interesse für Gedankensysteme und Glaubenslehren bekundet. Von einer religiösen Erziehung im Elternhaus ist nichts zu hören; man vermied es, über Glaubensfragen zu sprechen. Vater Walser, der Sohn eines zum Politiker und Publizisten gewordenen Pfarrers, stand der Kirche ziemlich gleichgültig gegenüber. Der Dichter, der wie die Geschwister ordnungsgemäß konfirmiert worden war, hat nie ein Verlangen nach der damit vorgegebenen Glaubensgemeinschaft gezeigt. Dem Moralisten, der er bei aller inneren Widersprüchlichkeit war und blieb, genügte scheinbar eine bloße Humanitätsreligion. »Religion ist nach meiner Erfahrung Liebe zum Leben, inniges Hangen an der Erde, Freude am Moment, Vertrauen in die Schönheit, Glauben an die Menschen, Sorglosigkeit beim Gelage mit Freunden, Lust zum Sinnen und das Gefühl der Verantwortungslosigkeit in Unglücksfällen, Lächeln beim Tode und Mut in jeder Art Unternehmungen, die das Leben bietet. Zuletzt ist tiefer, menschlicher Anstand unsere Religion geworden.« (»Geschwister Tanner«) Von Gott spricht er gelegentlich wie ein Glaubender, doch nicht zugunsten der Gottesdienste: »Nun, er wird eben lächeln zu unsern immer noch so finsteren Bemühungen und er wird hoffen, daß es uns eines Tages einfällt, ihn ein wenig mehr in Ruhe zu lassen.« (»Geschwister Tanner«) In dem merkwürdigen Aufsatz »Etwas über Jesus« hat er zwar die Kirche bejaht, aber nicht gesagt, welcher von den geschichtlich gewordenen die Bejahung gelte. Die Frage, wie man Gott mehr in Ruhe lassen und dennoch das gottesdienstliche Reden und Tun der religiösen Gemeinschaft fortsetzen könne, ist ihm anscheinend nicht zum Problem geworden – oder er hat in seiner lässigen Menschenfreundlichkeit darauf verzichtet, andere damit zu beunruhigen. Jesus hat schon dem Kinde einen unauslöschlichen Eindruck gemacht: »Rührend und zu manchem erhebenden, das Gemüt in Bewegung setzenden Gedanken Anlaß gebend, war für ihn und sein jugendliches Verständnis die heilige Gestalt des Sohnes Gottes. Er erklärte Jesus weniger bewußt als liebend und mitleidend, und ohne ein Wort darüber zu sagen, für seinen Liebling.« (»Die Kindheit«) Als Erwachsener bezeugt er einen zu theologischer Erörterung wenig geeigneten Glauben an Jesu Göttlichkeit: »Sämtliche Dichter waren doch immer irgend etwas wie Bürger, er aber glitt wie ein Licht in den Räumen des Lebens zum Glück kaum oder überhaupt nicht sichtbar einher, und die Dichter und Künstler und alle sonstigen Menschen können sich meiner Ansicht nach ihm gegenüber unmöglich anders als mit stärkerer oder gelinderer Gebärde anbetend betragen.« (»Etwas über Jesus«) Trotz oder wegen solcher Einschätzung hat er nur selten von ihm gesprochen. Hinsichtlich seiner selbst mag ihn gedünkt haben, frommes Reden passe nicht zu der von ihm gewählten Clownsrolle. Als Dichter konnte er einen fixierten Glaubensinhalt entbehren. »Woran glaube ich? Ich weiß es nicht, ich weiß nur, daß mir viel fehlt, wenn ich nicht gläubig bin.« (»Der Proletarier«) Von einem Versuch des Erkrankenden, in einem bestimmten Glauben Heilung oder eine letzte Zuflucht zu gewinnen, findet sich keine Spur, ebensowenig in der weiteren Krankheitsgeschichte.

Die Lehre vom Tao hätte ihm, wenn er sie gekannt hätte, wahrscheinlich am meisten zugesagt. Was Max Weber als die typische Haltung Laotses bezeichnet hat: »eine spezifisch gebrochene Demut, ein Minimisieren des Handelns, eine Art von religiösem Inkognito«, kann auch von Robert Walser gelten – wobei das Minimisieren weniger als ein Vermeiden denn als ein nüchternes, unprätentiöses Bewerten des Handelns zu verstehen ist.

Wenn Max Brod an Robert Walser gerühmt hat, er habe die entspannende Reaktion auf Nietzsche gebracht, so ist dies insofern wahr, als Walser keinen Willen zur Macht und keinen Übermenschen proklamiert hat. Aber vom Nihilismus angefochten war auch er. Dies mutet um so unheimlicher an, als seine nihilistischen Gedanken mit vielfältiger Lobpreisung des Lebens verflochten sind und niemals in doktrinärer Form erscheinen. Die paradoxale Denkart befähigt ihn, die Verzweiflung gleichzeitig einzugestehen und zu überspielen. »Vor allen Dingen: komme dir nie verstoßen vor. Verstoßen, Bruder, das gibt es gar nicht, denn es gibt vielleicht auf dieser Welt gar, gar nichts redlich Erstrebenswertes. Und doch sollst du streben, leidenschaftlich sogar. Aber damit du nie allzu sehnsüchtig bist: präge dir ein: nichts, nichts Erstrebenswertes gibt es. Es ist alles faul.« (»Jakob von Gunten«) Sein Schweizertum, die schweizerische Nüchternheit, hat ihn wohl nicht nur davor bewahrt, »allzu sehnsüchtig« zu sein, sondern auch davor, sich so verzehrend wie Nietzsche mit dem Nihilismus befassen zu müssen. Es mag etwas daran sein, wenn Walter Benjamin meint, die Figuren Walsers kämen aus der Nacht des Wahnsinns, sie seien geheilte Wahnsinnige. Gleichwohl ist Walser – und aus seinen Figuren spricht ja zumeist er selber – ein Genie des gesunden Menschenverstandes zu nennen. »Im Alltäglichen ruhen die Wahrheiten«, sagt Jakob von Gunten. Als Meister der zärtlich-kühnen Durchleuchtung des Alltäglichen ist der Dichter auch ein großer Denker gewesen. Freilich hat er das Gesellschaftsleben krank gefunden, und wahrscheinlich weil er gesund war, ist er davon krank geworden. Halb tadelnd, halb bewundernd hat er bemerkt, Carl Spitteler komme ihm »wie ein Irrenarzt vor, der als kleiner Herrgott über den Narren thronte« (Seelig, »Wanderungen ...«). Er selber, Robert Walser, hat sich auf seine Weise auch als Irrenarzt gefühlt, nur vermied er geflissentlich, was nach einem Thronen aussah, und begab sich schließlich, als ihn die Narrheit der Welt zu sehr leiden machte, ins Inkognito eines Irrenhauspatienten.

Vorzeichen und Ausbruch der Krankheit

Nach dem eigenen Zeugnis hatte Robert Walser gegen Ende der Bieler Zeit unter Mangel an »Motiven« gelitten und sich teilweise deshalb zur Ortsveränderung entschlossen. Allein bei der Kraft seines innerlichen Erlebens war dies schwerlich ein Hauptgrund. Vielleicht spürte er schon damals die Diskrepanz zwischen seinem literarischen Sonderfach, der höheren Clownerie, und dem reiferen Mannesalter. Ihm, der sich in guten Stunden gerne der Begabtheit zum Jungsein rühmte, wurden beim Übergang in das sechste Lebensjahrzehnt Überdruß und Ermüdung als Erschöpfung fühlbar, die sich durch keinen Ortswechsel beheben ließ. »Ich fühle mich genötigt, alle meine bisherigen Munterkeiten geringzuschätzen; es handelt sich für mich darum, daß ich Mittel und Wege finde, mich ernst nehmen zu können, weil ich das Bedürfnis danach habe.« (»Brief an ein Mädchen«) »Ja, er war müde geworden ... Die Menschen hatten ihm mit zahlreichen Zumutungen gleichsam Wunden beigebracht. Er nannte seine Seele eine gejagte, geplagte. Immer diese Leistungen, die er hervorzubringen, verborgenem Edelmetall ähnlich, aus der Eingeschlossenheit seines Wesens zu heben hatte. Diese fröhlichen Witze, anmutigen Anspielungen, die er für seine Pflicht hielt zu zeitigen. Wer anfängt, überlegen zu scheinen, macht sich zum Abhängigen seiner Ironie, die im Grund eine Überheblichkeit ist. Man sieht's ein, fährt jedoch fort. Wer ihn wegen Überarbeitetheit traurig sah, schaute ihn verwundert an und verstand ihn nicht ... Bis zu einer gewissen Grenze hatte er die und die anerkennungweckende Geschicklichkeit gezeigt. Damit war für eine Zeitlang gedient. Innerhalb des Rahmens, den er sich gezeichnet hatte, leistete er jedoch nachgerade stets annähernd nur wieder ein und dasselbe, was ihn und Sich-für-ihn-Interessierende gleichgültig werden ließ.« (»Das Gebirge«, II) »Er hielt sich mitunter für

einen Zauberer. Zauberte er aber einst zielsicher, d.h. auf naive Art, als spiele er auf der Flöte seines Unbewußtheitsreichtums, was eine vielleicht etwas unalltägliche Ausdrucksweise sein mag, so glich jetzt sein Zaubern eher einem nörgeligen Zaudern als einem fröhlichen Ausschreiten in die Lebensebene.« (»Herbst«, II) Robert Walser erfuhr das Reifsein, das er im »Hamlet-Essay« als »etwas ganz und gar nicht Wünschenswertes«, als den »Zustand vor der Fäulnis«, als Verkümmerung der Lebensmöglichkeiten verpönt hatte, an sich selber, konnte es sich nicht mehr verheimlichen.
Die sich mehrenden Bemängelungen und Ablehnungen seiner Arbeit von seiten der Redaktionen verschärften das Gefühl des Ausgeschrieben- und Verbrauchtseins. »Stellen Sie sich meinen Schrecken vor«, hat er Carl Seelig erzählt, »als ich eines Tages von der Feuilletonredaktion des ›Berliner Tageblatts‹ einen Brief bekam, in dem mir angeraten wurde, ein halbes Jahr lang nichts zu produzieren! Ich war verzweifelt. Ja, es stimmte, ich war total ausgeschrieben. Totgebrannt wie ein Ofen. Ich habe mich zwar angestrengt, trotz dieser Warnung weiterzuschreiben. Aber es waren läppische Dinge, die ich mir abquälte. Immer ist mir nur das geglückt, was ruhig aus mir selbst wachsen konnte und was irgendwie erlebt war. Damals habe ich ein paar stümperhafte Versuche unternommen, mir das Leben zu nehmen. Ich konnte aber nicht einmal eine rechte Schlinge machen.« (Seelig, »Wanderungen ...«)
An Max Rychner schrieb er am 31. Mai 1927: »Ich bekam vom Berliner Tagblatt, nachdem ich siebenundzwanzig mal darin vertreten sein durfte, einen Klapf, daß ich hinausflog. In Deutschland scheinen keine Chancen mehr für mich zu blühen; ebenso verhält sich die Tschechoslowakei abwartend-kühl, sehr reserviert, und nun frage ich mich, ob ich Ihnen womöglich so etwas vielleicht lieber gar nicht hätte sagen sollen? Gegenüber Corrodi glaubte ich mich noch vor drei oder vier Wochen ziemlich protzig oder patzig oder bärentatzig benehmen zu können. Was meine Situation betrifft,

so bin ich in Sachen Staat Oestreich oder besser dem schönen Wien an der blondblauen Donau erbärmlich hereingefallen, wo es Gräfinnen zu geben scheint, die sich damit amüsieren, auf meine Manuscripte mit ihren hübsch beschuhten Füßchen zu treten. Ein gewisser ›Spiegel-Verlag‹, der womöglich eher ein sorgfältig verhülltes Bordell betreibt, als daß es ihm mit Literatur wirklich ernst ist, lud mich ein, ihm Einsendungen zu machen, und nun ist es, als existiere er überhaupt nicht, ich bekomme aus Wien nichts mehr zu hören.«

Dies war eine der letzten in der langen Reihe gescheiterter Bemühungen um Buchpublikationen. Jochen Greven hat davon eine Liste zusammengestellt: 1904 bis 1907 vergebliche Verhandlungen mit dem Insel-Verlag über einen Band mit dramatischen Dichtungen, einen Gedichtband und eine Sammlung kleiner Prosa; 1912 mit Georg Müller, München, über »Geschichten«, die dann bei Kurt Wolff erschienen sind; um 1912 mit Paul Cassirer, der einen eigenen Verlag gegründet hatte, über »Aufsätze«; 1917 mit Huber, Frauenfeld, über »Studien und Novellen«; 1918 mit Wolff und 1918/19 mit Rascher, Zürich, über einen Sammelband »Kammermusik«; 1919 mit Rascher über den Roman »Tobold« und ein Werk unbekannten Inhalts, »Mäuschen«; 1919 mit Hermann Meister, Heidelberg, über die Sammelbände »Kleine Malerei« und »Liebe kleine Schwalbe« sowie ein Werk unbekannten Inhalts, »Der Blumenstrauß«; 1922 mit dem Insel-Verlag über Dichtungen (Versspiele?) aus der Bieler Zeit; 1922 und später mit dem Rhein-Verlag (Basel), Grethlein, Rascher und Rowohlt über den Roman »Theodor« (teilweise durch Vermittlung des Schweizerischen Schriftstellervereins, der dieses Werk belehnt hatte); 1925 mit Orell Füßli, Zürich, über einen Sammelband »Aquarelle«; 1927 durch Vermittlung Max Brods bei Zsolnay, Wien, über einen Gedichtband.

Den ablehnenden Redakteuren und Verlegern mag zugute gehalten sein, daß die Mehrzahl von Walsers späteren Prosastücken schwach verschleierte Selbstbildnisse oder Selbstana-

lysen waren, von denen es tatsächlich zweifelhaft war, ob sie, einzeln dargeboten, ein breiteres Publikum ansprechen würden. Der Wert solcher Selbstdurchleuchtung kann wohl nur dem empfänglichen Betrachter der Gesamtheit dieser Arbeiten offenbar werden.
Die Berner Briefe an Frieda Mermet vermelden bald einen befriedigenden, bald einen flauen Gang des »Schriftstellergeschäfts«. Niemals kommt es zum Eingeständnis der Entmutigung oder zu sonstiger ernster Klage über den Gemütszustand. Gerade vor der Frau, die er einer weitgehenden Vertraulichkeit würdigte, verbarg er das Leiden – zum Teil vielleicht aus Besorgnis, daß durch Klagen ihr gegenüber auch die Schwester alarmiert würde. Gegenüber Resy Breitbach, die er persönlich gar nicht kannte, war er merkwürdigerweise weniger zurückhaltend. Auch da freilich wahrte er die Gebärde der inneren Überlegenheit, indem er klagende Mitteilungen trocken und wie nebenbei vorbrachte. Aufschlußreich ist ein Brief vom Oktober 1925:

»Rösi Breitbach!
Mein ganz hoch verehrtes Fräulein!
Im Wunsch, daß Sie meine Briefe, wenn Ihnen das innerlich möglich ist, schlicht und groß und lieb Ihren Eltern zu lesen geben, möchte ich Ihnen mitteilen, daß ich hier eine Zeit lang gar keinen dichterischen Stoff mehr hatte, da ich ja schon so viel geschrieben, Sie verstehen mich. Da las ich zufällig einmal so ein kleines, dummes Büchlein, wie man sie für dreißig Rappen im Kiosk kauft, und diese Lektüre bedeutete für mich eine sehr nette Unterhaltung. Ich hatte mich an guten Büchern etwas satt gelesen. Sollte es denkbar sein, daß Sie mich hierin begreifen? Wenn das der Fall wäre, so wäre das von Ihnen sehr artig. Alle hiesigen Mädchen finden mich ungeheuer langweilig, weil sie alle von schwungvollen, genialen Jungens riesig verwöhnt sind. Unsere Herrenwelt verfügt über eine sehr weitgehende Sicherheit im Auftreten. Einmal erlaubte ich [mir] z. B. einer Sängerin unseres löblichen Stadt-

theaters zum Zeichen der Bewunderung ein Exemplar der bei Kurt Wolff erschienenen ›Aufsätze‹ zu übersenden. Das Buch wurde mir zurückgegeben mit der Bemerkung, ich könne ja noch gar nicht Deutsch schreiben. Man nimmt mich hier allgemein für ein in jeder Hinsicht unreifes Element. So hält mich ja auch Thomas Mann, Sie wissen, jener Gigant im Gebiet der Romanschriftstellerei für ein immerhin ganz kluges Kind. In Zürich sollte ich einmal aus meinen bisherigen Werken vorlesen, aber der Vorsteher des literarischen Zirkels behauptete, ich könne noch gar nicht deutsch reden. Eine Zeit lang hielt man mich hier für wahnsinnig und sprach laut in unseren Arkaden bei meinem Vorübergehen: er gehört in eine Irrenanstalt. Unser großer Schweizerdichter Conrad Ferdinand Meyer, den Sie sicher kennen, saß auch zeitweise in einem Sanatorium für geistig nicht ganz mehr so recht auf der Höhe Stehende. Jetzt feiert man dieses armen Menschen hundertsten Geburtstag mit Ansprachen und Gesangsdeklamationen. Und er wagte einst kaum die Feder in die Hand zu nehmen, aus Furcht, er wäre ein lumpiger Stümper. Ich ging dann eines Tages in's Café und verliebte mich in ein Töchterchen, das sehr romanhaft aussah, das war natürlich eine große Dummheit von mir, alle Nützlichkeitsnaturen sprangen mir nach und erinnerten mich an die sauren Obliegenheiten meines so schönen und kostbaren Berufes, der die Eigenheit hat, kein Geld einzutragen. Ich liebte dieses schöne junge Mädchen, das bereits zur Fettleibigkeit zu neigen schien, infolge der Musik, die ich täglich dort im Café hörte. Die Macht der Musik ist ja groß, mitunter gewaltig. Auf einmal war alles verändert, ich lernte eine sogenannte Saaltochter, d.h. Kellnerin kennen, und von da existierte die erste teils nur noch halb, teils überhaupt nicht mehr für mich. Lieben und was man schwärmen nennt, sind ganz, ganz verschiedene Zustände, verschiedene Welten. Ich ging dann sehr häufig zur Natur, d.h. in die Landschaft, ich fand recht viel Einfälle, Ideen, die ich bearbeitete. Indes ich das tat, ging sie aus dem Saale, worin sie diente, fort, und seitdem sah ich sie nicht mehr; ich dichtete sie alsdann an in Gedichten, und nun gibt es bei uns und wohl auch bei Ihnen sehr viele Leute, die der Ansicht sind, daß Gedichte keine Arbeit sind, vielmehr etwas sozusagen Komisches, Verachtungerregendes. Das war ja von jeher im Land der Dichter und Denker so und wird so bleiben. Unsere Stadt ist sehr schön. Ich badete heute in entzückend kaltem Wasser bei leisem, feinen Sonnenschein in dem Fluß, der unsere Stadt umläuft, umschillert wie eine Schlange. Es weiß selbstverständlich kein Mensch um diejenige, die ich teils in Prosa schrecklich ausgelacht und andersteils in Versen angehimmelt habe. Ich habe in Zimmern gewohnt, wo ich ganze Nächte vor Angst kein Auge zudrücken konnte. Jetzt ist es so: ich weiß nicht mehr ganz haargenau, ob ich sie noch liebe. Man kann ja, mein liebes Fräulein, Empfindungen sehr wachhalten oder auch erkalten lassen, vernachlässigen. Und dann interessiert einen doch immer viel anderes. In der Hoffnung, daß Sie munter sind, daß Ihnen die Tage zu Ihrem Vergnügen verfließen und daß Sie ein wenig zufrieden und womöglich auch ein bißchen unzufrieden mit diesem Brief seien, grüße ich Sie herzlich und sozusagen natürlich hochachtungsvoll

Robert Walser«

Die hier sich anzeigende Empfindlichkeit erscheint gesteigert in den an Walter Muschg gerichteten Zeilen vom 12. November 1926:

»Im Besitze Ihres Briefes, womit Sie mich zur Mitarbeit an den ›Annalen‹ einladen, die also eine schweizerische Monatsschrift sein werden, bin ich so freiherzig, Ihnen erstens natürlich für Ihre mich angenehm berührende freundliche Einladung höflich zu danken, Ihnen dagegen aber zweitens meine Bedenken mitzuteilen, die sich meiner beim Gedanken bemächtigen, Ihnen einen Beitrag aus meiner Feder anzuvertrauen, die eine der verhaßtesten Federn des In- sowohl wie Auslandes zu sein scheint. Ich habe erfahren, sehr verehrter Herr Doktor, daß es einen oder auch verschiedene Provozie-

rungstricks gibt, die mir gegenüber gern angewendet werden, z.B. ein oder mehrere Arbeiten von mir zu akzeptieren, sie aber nie zu publizieren, d.h. dem Autor zu verstehen zu geben, daß Geduld eine gute Übung sei.
Darf ich Ihnen in diesem nur kurzen Brief anvertrauen, daß mich ein junger Intellektueller neulich hier in Bern darüber informiert hat, daß Sie, sehr verehrter Herr, im Verlag Orellfüßli Lektor seien, und daß ich nun den gewiß naheliegenden Einfall habe, es möchte wünschenswert für mich sein, zuerst mit irgend einem Buch bei besagtem Verlag anzukommen, ehe ich es für richtig halten könnte, in den ›Annalen‹ zu erscheinen. Ich hörte übrigens, nebenbei ausgesprochen, daß Herr Hiltbrunner dem genannten Verlag für eine neue Gedichtausgabe Fr. 500.– zu zahlen eingeladen worden sei, was bewiese, daß das Haus Orellfüßli ›rechnen müsse‹. Ich nehme also mit Ihrer gütigen Erlaubnis Ihrem Zeitschriftenunternehmen gegenüber eine abwartende Haltung ein. Ihnen Bedingungen zu stellen, würde ich für sehr unhöflich halten; weit eher würde ich Ihnen anempfehlen, im Interesse des Friedens, weil sich sonst die Sittlichkeitsklicke herausgefordert fühlen könnte, auf mich überhaupt liebenswürdigerweise zu verzichten, denn in der Tat, in Wirklichkeit habe ich Ihren und sämtlicher Kollegen Schutz u.s.w. nicht nötig.«
Bereits an Verfolgungswahn erinnert es, wenn er in dem Brief vom 30. Mai 1927 an Resy Breitbach über Enttäuschungen durch Verleger klagt und dann fortfährt: »Man hat die Empfindung, es gebe nach allen erdenklichen Richtungen hin Mäuse- oder Wolfsfallen, d.h. Gruppen von Interessierten, die einem nur zu dem Zweck sich anbiedern, um sich wegen irgend etwas zu rächen.« An Frau Mermet am 12. Juli 1927: »Von links sowohl wie von rechts wird mit scharfen Propaganda-Kanonen auf mich gepülvert, ohne mir jedoch erheblich zu schaden.« Belege dafür gibt er nicht. Indessen dürfen wir ihm glauben, daß er sich – unabhängig von Tatsächlichkeit oder Einbildung in diesem Punkte – durch unfreundliche

Gefühle anderer wenig bedrückt fühlte: »... das Kind hatte innerlich keinen Feind und ertrug darum jeden spielend.« (»Das Kind«)

Mehrfach, sowohl im Werk wie privat, sind krankhafte Angstzustände bezeugt. Bereits das Prosastück »Der Baron«, das im »Schweizerland« vom August/September 1915 erschienen ist, schildert Gespenstergrauen auf eine Art, die eigenes Erleben vermuten läßt. Von Schreckensträumen berichten die Prosastücke »Ich bin zur Zeit kränklich« und »Tobold«, von halluzinatorischen Erlebnissen der »Freiheitsaufsatz« und der »Brief an die Geduldige«, in dem Walser außerdem meldet, daß er »hie und da etwas wie einen epileptischen Anfall« bekomme – womit wahrscheinlich dasselbe gemeint ist wie in dem Brief an Resy Breitbach vom 19. April 1928: »Ich bekam vor zirka zehn oder elf Jahren Schwindelanfälle, die sich hie und da vorübergehend wiederholen. Ganz plötzlich, unvermutet kommt das. Man bekommt ein Glitzern vor den Augen. Es sind vielleicht Grippe-Überbleibsel.« An Max Brod schrieb er am 4. November 1927: »Ich erhielt ein Angebot, auf eine schöne Anhöhe in die Zurückgezogenheit zu gehen; doch kommt bei mir immerhin vor, daß ich mich wie ein dummer Bub nachts in der Stille vor mir oder vor irgendwelchen eingebildeten Herbeischleichungen fürchte.« Zu Carl Seelig bemerkte er: »... man täuscht sich, wenn man glaubt, in Bern sei es partout gemütlich. Im Gegenteil. Es spukt und gespenstert dort an vielen Orten. Deshalb bin ich auch oft umgezogen. Manche Zimmer hatten für mich geradezu etwas Unheimliches.« »In den letzten Berner Jahren quälten mich wüste Träume: Donner, Geschrei, würgende Halsgriffe, halluzinatorische Stimmen, so daß ich oft laut rufend erwachte.« (Seelig, »Wanderungen ...«) Die Skizzen »Nachtgedanken« und »Gespenster« bestätigen dies. Er selber nennt sich einmal den »unvergleichlichen Unheimlichen«, »den ich« – womit die Selbstdämonisierung wieder gedämpft wird – »für einen netten, brauchbaren Menschen halte« (»Der verlorene Sohn«) Ein Mikrogrammgedicht schließt mit den Versen:

»...Mir ist oft, was ich denke,
fürchterlich, und ich steige aus
der Nachtzeit wie aus granitenem Grab
und aus gespenstischem Schlaf wie aus vieler
armer geplagter Seelen bleiche
Bilder um ihre Schläfen schleudernder
Vergangenheit
und kann am Morgen meines Lebens wieder froh sein.
Niemandem wünschte ich, er wäre ich.
Nur ich bin imstande, mich zu ertragen:
So vieles zu wissen und so viel gesehen zu haben und
so nichts, so nichts zu sagen.«

Im Sommer 1925 verbrachte Frau Mermet ein paar Ferientage in Murten, und Robert Walser leistete ihr Gesellschaft. Sie hatte ein Hotel gewählt, das, wie der Berner sagt, von den »Mehbessere« frequentiert wurde, und sie mußte dies bereuen, denn Walser fühlte sich unbehaglich. Das Hotel war gut besetzt, man hatte im Speisesaal wenig Abstand voneinander, und das von anderen Tischen herübertönende Gerede scheint den Dichter irritiert zu haben. Während eines Mittagessens stand er plötzlich auf und schrie Schimpfwörter an die ganze Tischgesellschaft. Alles war sprachlos, und Walser, anscheinend über sich selber erschrocken, beruhigte sich wieder. Am Nachmittag verließen die beiden das Hotel. Walser reiste nach Bern zurück, Frau Mermet, von schlimmen Vorahnungen bedrückt, nach Bellelay. In einem Brief an die Freundin vom 27. Januar des folgenden Jahres kam er nochmals auf den Zwischenfall zu sprechen: entrüstet äußerte er sich über eine zu der Tischgesellschaft gehörende, ihm durch ordinäres Benehmen widerwärtig gewordene Malersfrau, und zwar so, daß anzunehmen ist, eine ärgerliche Begegnung mit ihr habe den Ausbruch in ihm vorbereitet. Der Zusammenhang der Vorgänge wird nicht ganz klar, und die von

Walser gebrauchten derben Schimpfwörter erregen Zweifel an seiner Sachlichkeit. »... ich bin ja selber«, gesteht er schließlich, »der gröbste Berner, den's jemals gab, und vorhin schrieb ich über die Grobheiten Anderer.«

Karl Walser hatte noch die Einbandzeichnung zu dem Prosabüchlein »Die Rose« geschaffen: eine an ein Tischchen gelehnte Serviertochter, auf dem Tischchen eine Vase mit einer Rose darin. Im Erscheinungsjahr der »Rose«, 1925, ließen sich der Künstler und seine Frau, die schon einen Teil der Kriegsjahre in der Schweiz, hauptsächlich in Twann am Bielersee, verbracht hatten, in Zürich nieder. Der Winterthurer Kunstförderer Oskar Reinhart, für den er 1918 Wandbilder gemalt hatte, stellte ihm an der Stampfenbachstraße eine angenehme Atelierwohnung zur Verfügung. In jener Zeit muß es zwischen den Brüdern zu einer tiefgehenden Entfremdung gekommen sein, deren besondere, anlaßgebende Gründe nicht bekannt sind. Ohne Erklärung brach Robert Walser in der Folge auch die Beziehungen zu Bildhauer Hermann Hubacher ab, der sowohl mit ihm wie mit Karl befreundet war. An einem Sommertag begegneten die beiden einander unerwartet in den Lauben von Bern.

»Robert Walser«, erzählt Hubacher, »sah mich kommen und drehte sich ostentativ nach einem Schaufenster um, sichtlich gewillt, mich nicht zu grüßen. Ich ging trotzdem auf ihn zu und legte ihm die Hand auf die Schulter: ›Hallo, Walser, was ist denn los, was macht Ihre Arbeit?‹ Da schaute er mit seinen schönen blauen Augen vollkommen fremd zu mir hin, wurde langsam rot vor Zorn und schnauzte gegen mich: ›Was geht es Sie an, ob ich arbeite oder ob ich nicht arbeite? Gar nichts geht Sie das an!‹ Im Moment war ich betroffen, dann aber nahm ich ihn besänftigend am Arm: ›Walser, jetzt hören Sie! Wenn ich einem Künstler begegne, so frage ich ihn zuerst, wie es mit seiner Arbeit steht, dann weiß ich auch im ganzen, wie es um ihn bestellt ist.‹ Da lüftete Walser seinen alten Melon, machte eine vollendete Verbeugung: ›Voilà une réponse!‹ und reichte mir die Hand.

Einige Umstehende waren durch den komischen Auftritt und das überlaut geführte Gespräch aufmerksam geworden; ich hörte kichern hinter mir und konnte Walser zum Weitergehen bewegen. Die Kluft schien übersprungen; er erkundigte sich nach meiner Frau, nach unserem Haus am Thunersee, nach Louis Moilliet*, den er dort getroffen hatte, und wurde auf eine skurrile Art beinah fröhlich. Erinnerungen tauchten in ihm auf, und im alten vertrauten Ton wurde über dieses und jenes gesprochen. Doch als Walser am Zeitglocken eine Trambahn bereitstehen sah, eilte er mir, ohne ein weiteres Wort zu sagen, unversehens davon, sprang auf den bereits anfahrenden Wagen und winkte vom Trittbrett mit einer unnachahmlichen Handbewegung ein merkwürdiges Lebewohl.« (»Der Bildhauer Hermann Hubacher«, Zürich 1965)

Ob und in welchem Sinne sich Walser hier »krankhaft« benahm, ist unsicher. Eine bewußte Finte wäre es gewesen, wenn sich folgende Worte aus dem Prosastück »Es war einmal« darauf bezögen: »Einmal grüßte ich auf der Straße einen Gebildeten absichtlich nicht, um herbeizuführen, daß er mir sozusagen zürne, nicht wisse, woran er mit mir sei, was an sich interessanter war, als wenn er gedacht hätte, mit mir lasse sich's reibungslos umgehen. Vielfach macht uns ja erst das Nichtbegreifen zu leise mit Begreifen Beginnenden.«

In der Absicht, Robert Walser auf den fünfzigsten Geburtstag hin zu porträtieren, kam der Graphiker und Maler Emil Stumpp aus Königsberg im März 1928 nach Bern. Walser jedoch, so hat Stumpp dann in der Zeitschrift »Annalen« erzählt, »lehnte mit ausgesucht behutsamen, rücksichtsvollen Worten meine Zeichnerkünste ab«. Statt mit berufseigenen Mitteln gibt Stumpp das Physiognomische beschreibend wieder: »Ein merkwürdiger Kopf. Bäurisch, eckig zugehauen, von auffallender Unregelmäßigkeit in der Anlage; blond und rot bei ausgesprochener Hohlwangigkeit. Eine steil und et-

* Louis René Moilliet (1880-1962), schweizerischer Aquarellist.

was verquer herausragende Nase mit unruhigen großen Nüstern, von denen sich scharfe Faltenpaare in die Wange zogen, starken Kiefern und einem breiten, gespaltenen Kinn, lodernden, großen, dunkelblauen Augen, die einen verbohrten und gefährlichen Ausdruck annehmen konnten; die ganze Erscheinung ein mittelgroßer, hagerer Vierziger in abgetragenem Anzug.« Den Dichter, der nicht Modell sitzen wollte, reute die Zeit nicht, sich mit dem Künstler ausgiebig über Deutschland und die Schweiz, Weltgeschehen und Kunstfragen zu unterhalten. »So standen wir einander fast drei Stunden gegenüber, bis er darauf kam, daß wir uns ebenso gut hätten setzen können. Als ob ihm seine Wände zu eng würden, ging er dazwischen manchmal auf und ab. Seine weltmännisch scheinen wollende Geziertheit im Sprechen hatte längst einer frischeren, von innen kommenden, unmittelbar auf die Sache gehenden Sprechweise Platz gemacht, sein Mißtrauen schien sich gelegt zu haben. In diesem anfänglichen Mißtrauen, in der nervösen Sprunghaftigkeit der Gedanken und Impulse, in den rastlos arbeitenden Gesichtsmuskeln gemahnte er mich lebhaft an den großen Norweger Edvard Munch, mit dem ich in seinem winterlich zugeschneiten Skøjen stark in der Erinnerung haftende Stunden verlebt hatte, auch er ein Einsiedler aus Selbstbestimmung, auch er mit dem Hunger nach dem Leben draußen, durch das er sich so gern stören und überrumpeln ließ.« Der anschließende Bummel durch die Stadt endete bei einem die Gemütlichkeit stark belebenden Liter Rotwein in der Halle des »Volkshauses«. »Was für blanke Augen dieser menschliche Vulkan bekommen konnte! Zu früh mußten wir aus dieser burschikosen Ausgelassenheit zum Bahnhof. Ich holte mein Gepäck, er ließ es sich nicht nehmen, mein ›Täschli‹ zu tragen. Auf Wiedersehn! ›Grüßen Sie Deutschland!‹ Winken.«
In Walsers »blanken Augen« nahm sich die Angelegenheit so aus: »Herr Stumpf aus Königsberg, eine Art Schlirgi, will sagen, ein Zeichner von Beruf zeichnete zu meinem dummen, gänzlich überflüssigen Geburtstag in den Zürcher ›An-

nalen‹, die eine Zeitschrift sind, die bis heute scheinbar noch nicht rentiert, ein Portrait über mich. Darf ich hier mit Ihrer Erlaubnis einen Zeitungsartikel aus Wien beilegen. Jener Herr Stumpfsinnig sah idiotisch aus, wie wenn er aus dem Kaffernland hergekommen sein könnte, als er vor mir stand. Er besuchte mich nämlich persönlich und benahm sich im Allgemeinen ganz nett.« (An Frieda Mermet, 4. Juli 1928)
Einige Zeit nach der gescheiterten Verhandlung über einen Leseabend in Thun besuchte Adolf Schaer-Ris den Dichter in seinem letzten Berner Logis, an der Luisenstraße. »Die ärmlich gekleidete, magere Gestalt, die sich ängstlich im schmal geöffneten Türspalt zeigte und Miene machte, die Türe sofort wieder zuzuschlagen und zu verriegeln, ist mir in ihrer ergreifenden Hilflosigkeit unvergeßlich geblieben. Gar nichts, außer dem weitaufgerissenen, unerhört seelenvoll leuchtenden großen Auge, verriet den außerordentlichen Menschen. Ohne diese Augen hätte man ihn für einen einfachen Arbeiter nehmen können. Die Stimme klang unsicher, aber überaus freundlich, warm und gütig. Ein richtiges Gespräch wollte nicht zustande kommen. Ich hatte das Gefühl, vor einer menschlichen Tragödie zu stehen, und der Name Hölderlin fuhr mir durch den Kopf.« (»Flüchtige Begegnung mit Robert Walser«, im »Kleinen Bund« vom 4. April 1943)

Noch Ende 1928 schrieb Robert Walser an Frau Mermet zwei muntere Briefe. Am 18. Dezember berichtet er: »Mein Geschäft geht über die Festzeit mis, d.h. ziemlich miserabel, was mich jedoch nicht hindert, guten Mutes und vor allem zufrieden zu sein. Ich esse oft sogar vor lauter Zufriedenheit zum Frühstück Spiegeleier, ganz in heißer Butter schwimmend ...« Und am 27. Dezember: »Auch ich denke meinerseits hie und da gern an Biel, an die Gemütlichkeit seiner Zeit im Blaukreuz, an die Stubenmädel in demselben, an Magglingen und die Taubenlochschlucht, und wie der Winter in Biel hübsch war. Ich habe im Sinn, bald einmal hinüber zu gehen, um mir einmal eine dortige Theatervorstellung anzuschauen, worauf ich mich lebhaft freue.«

Nach solchen Briefen war es für die beiden Frauen in Bellelay eine erschreckende Überraschung, als ihnen bald nach Mitte Januar 1929 gemeldet wurde, Robert Walser sei von einem schweren Gemütsleiden befallen. Die Nachricht kam wahrscheinlich direkt von den Schwestern Häberlin, zwei älteren Fräulein, in deren Wohnung, Luisenstraße 14, dritter Stock, der Dichter seit zweieinhalb Jahren – bei seiner sonstigen Unrast schon verwunderlich lange – logierte. Er hatte schwere Angstzustände, hörte Stimmen, die ihn verspotteten, litt unter Schlaflosigkeit und war unruhig in der Nacht, so daß sich die beiden Logisgeberinnen fürchteten. Einer jeden von ihnen machte er unvermittelt einen Heiratsantrag, was wohl einem Versuch gleichkam, sich dem hereinbrechenden Verhängnis zu entziehen.

Auf die Nachricht hin reiste Lisa Walser nach Bern und brachte den Kranken zu dem Psychiater Dr. Walter Morgenthaler, einem älteren Bruder des Kunstmalers Ernst Morgenthaler, der den Dichter ein paar Jahre zuvor in Wollishofen beherbergt hatte. Während seiner Ausbildungszeit in der Berner Heilanstalt Waldau hatte Dr. Morgenthaler den 1916 dort gestorbenen Ernst Walser behandelt. Am Gymnasium war er Schüler von Hermann Walser gewesen. Er fand den Patienten, wie es in seinem knappen »Ärztlichen Bericht über Herrn Robert Walser, Schriftsteller« heißt, »ausgesprochen deprimiert und schwer gehemmt«. Er habe Krankheitseinsicht und klage über die Unmöglichkeit, arbeiten zu können. Er möchte gern zur Schwester nach Bellelay, was aus äußeren Gründen nicht angehe. Mit der Feststellung, daß Anstaltsaufenthalt dringend nötig sei, wies Morgenthaler den Patienten in die Waldau ein.

Am Tag nach dieser Konsultation, am 25. Januar, begleitete Lisa den Bruder dorthin. »Noch vor dem Eingangstor habe ich sie gefragt: ›Tun wir auch das Richtige?‹ Ihr Schweigen sagte mir genug. Was blieb mir übrig, als einzutreten?« (Seelig, »Wanderungen ...«)

Im Hinblick auf das vorausgegangene anscheinende Wohlbefinden war die Krankheit überraschend ausgebrochen. Walser selber meinte, man habe sie, wenn man sein Wesen gesamthaft betrachtete, kommen sehen müssen: »Was man erwartete und wegen seiner Kostbarkeit beinahe zu wünschen für gut fand, traf ein. Eine Krankheit ergriff ihn, der er nicht widerstand, von der er sich, Erinnerungen hinterlassend, fortführen ließ.« (»Der Kostbare«) Anderseits dachte er wieder, sein inneres Schicksal sei den Blicken der Mitmenschen gänzlich verborgen: »Daß sich in einem von Haus aus ernsten Menschen etwas wie eine heimliche Tragödie abspielte, schien niemand notieren zu wollen, und so achtete also kein Mensch auf die, wie man sagen möchte, in jeder Art und Weise bizarre oder elegante Zerstörung seiner Seele.« (»Ein Zeitgenosse«)

Heilanstalt Waldau

Über den Aufenthalt in der Waldau berichtete 1957 der damalige Direktor, Professor Dr. Max Müller, auf Grund der Aufzeichnungen früherer Ärzte u. a. Folgendes:
»In der Anstalt lebte sich Herr Walser rasch ordentlich ein, erklärte auch bald, die Angst sei verschwunden und die Stimmen seien in ihrer Intensität schwächer geworden; sie quälten ihn aber trotzdem während des ganzen Aufenthaltes weiter. So äußerte er sich etwa, es handle sich um ›feindliche Stimmen seines Seins, die ihn verhöhnen und in seine Gedanken störend eingreifen‹; er berichtete auch über optische Halluzinationen, über Bilder, die er im Wachen sehe. Im übrigen sonderte er sich sehr ab, hatte kaum Kontakt mit den Mitpatienten, obwohl sich damals darunter einige sehr gebildete und interessante Herren befanden. Bald einmal ging er nachmittags in die Gärtnerei arbeiten, vormittags half er beim Aufräumen der Zimmer, abends machte er noch einen Rundgang um die Anstalt und kehrte jeweils pünktlich zurück. Diese Tageseinteilung blieb ununterbrochen die gleiche bis zur Überführung nach Herisau. Dazwischen spielte er vor allem Billard, meist allein, gelegentlich aber auch mit einem andern Kranken, hie und da auch einmal Schach. Aus der ersten Zeit wird noch berichtet, er habe sehr eifrig gelesen, Molière, Rousseau, Tolstoi, Gottfried Keller, C. F. Meyer; später scheint ihn die Lektüre weniger interessiert zu haben.
Die Unterbringung erfolgte wegen Platzmangel zunächst in einem Schlafsaal (Wachsaal), womit sich Herr Walser aber ohne weiteres einverstanden erklärte. Als dann ein Einzelzimmer frei wurde, weigerte er sich, dieses zu beziehen. Erst im März 1930 ließ er sich dazu überreden. Der Versuch mißlang aber schon nach zwei Tagen, indem Herr Walser klagte, er habe fürchterliche Angst, allein zu sein, könne nicht schlafen. Er bat flehentlich, ihn wieder in den Wachsaal zu versetzen, wo der Nachtwächter über ihn wache und er sich gebor-

gen fühle und schlafen könne. So blieb es bis zum Dezember 1931, wo es gelang, ihn zum Bezug eines Zweierzimmers zu bewegen. In diesem lebte er sich dann rasch ein und war zufrieden, auch mit seinem Zimmergenossen. Von irgendwelchen Konflikten mit den Ärzten oder mit der Anstaltsdirektion ist in der Krankheitsgeschichte nichts vermerkt. Der Patient scheint lediglich mit andern Kranken Schwierigkeiten gehabt zu haben, indem er leicht aufbrauste und sogar grob wurde, wenn es selten einmal zu einem Gespräch kam.
... In der Waldau stand die Diagnose einer Schizophrenie von Anfang an fest. Auch nach der heutigen Auffassung kann an dieser Krankheit nicht gezweifelt werden, wobei höchstens fraglich bleibt, wie weit der Beginn des Leidens zurückliegt, ob wirklich nur wenige Wochen vor dem Eintritt in die Anstalt, oder länger.«
Einen Monat nach der Aufnahme äußerte Robert Walser den Wunsch, möglichst bald entlassen zu werden: »Er müsse etwas verdienen, und hier habe er Angst, verwöhnt zu werden, weil er es so schön habe. Er sollte seine Arbeit, die Schriftstellerei, wieder aufnehmen; hier, meint er, werde er nicht arbeiten können, er müsse frei sein, draußen sein.« (Eintrag in der Krankengeschichte, 24. Februar 1929, mitgeteilt von Prof. Müller)
Wie schon der Gast in Bellelay, so empfand auch der Insasse der Heilanstalt: das Schönhaben verminderte den Arbeitseifer. Für die Freiheitsbeschränkung war der Mann, der einst Stellen aufgegeben hatte, um in Freiheit dichten zu können, besonders empfindlich. Daß er Besuche empfangen und in die Stadt gehen durfte, konnte ihn über den Status des internierten Kranken nicht hinwegtäuschen. Gleichwohl hat er, im Widerspruch zu der angeführten Behauptung, in der Waldau noch literarisch gearbeitet, »mit Vorliebe früh vormittags« (an Frau Mermet). Er habe dort, erzählte er später, nicht viel geschrieben, »nur, um meine Kundschaft weiter zu bedienen«, vorab die großen Tageszeitungen in Berlin und Prag. (Seelig, »Wanderungen ...«) Neben Prosastücken entstan-

den zahlreiche Gedichte – nach einem Brief an Fräulein Breitbach mehr als hundert –, freilich von jener Art, die dem Durchschnittsgebildeten nicht mehr als Dichtung gilt und daher auch bei den Redaktionen oft auf Ablehnung stieß. Die Geistesarbeit des Kranken war immerhin respektabel und läßt sich schwer mit der Diagnose »Schizophrenie« vereinbaren, da zu den Symptomen dieser Krankheit die geistige Zerfahrenheit gehört. Im April 1933 hatte er noch die Genugtuung, mit dem Verlag Rascher in Zürich eine neue Auflage der »Geschwister Tanner« vereinbaren zu können.

Das fortdauernde wirtschaftliche Bemühen manifestiert sich eindrücklich in den Zeilen, die das für Walser wieder offenstehende »Berliner Tageblatt« in der Morgenausgabe des 30. August 1929 unter dem Titel »Beschwerde« erscheinen ließ:

»Robert Walser, der das zarteste Deutsch schreibt, ist auch in seiner geschäftlichen Korrespondenz von vorbildlicher Höflichkeit, und die Redaktion kann es sich nicht versagen, einen Beschwerdebrief aus seiner Feder zu Nutz und Frommen aller Autoren hier abzudrucken.

›Sehr verehrter Herr!

Sie beliebten mir meine drei letzten von Ihnen gütig veröffentlichten Beiträge mit Mark ... zu honorieren. Meines Wissens machten wir gegenseitig eine Taxe von Mark ... pro Prosastück ab, weshalb ich Sie mit Heutigem freundlich um gefällige Übersendung von Mark ... bitten möchte, indem ich der angenehmen Meinung bin, Ordentlichkeit sei überall, d.h. für alle Menschen, hübsch, und daß Abmachungen besonders im geschäftlichen Verkehr von Nation zu Nation ernst zu nehmen seien.

Indem ich mir gestatte, zu erwarten, von Ihnen keine unchevalereske Behandlungsart erfahren zu sollen, grüße ich Sie in ausgezeichneter Hochachtung

Robert Walser.‹«

In vermindertem Umfang wurde auch die private Korrespondenz weitergepflegt. Witz und frohe Laune quellen in den Briefen aus der Waldau allerdings nicht mehr wie früher. Trockene Mitteilungen und banale Bemerkungen herrschen vor. Scherzhaftes kommt nur in gedämpftem Ton und wie versehentlich zum Wort. Hinter den Mauern der Irrenanstalt gab sich der Briefschreiber Walser »normaler« als in den gesunden Jahren. Die Frage bleibt offen, ob er mit dem Verzicht auf die bisherige launige Ausdrucksweise und deren Extravaganzen den unversehrten Verstand beweisen wollte oder ob er es einfach für angemessen hielt, als internierter Kranker keine witzigen Privatbriefe mehr zu schreiben. An Resy Breitbach am 23. Dezember 1929:

»Liebes, sehr verehrtes Fräulein.
Ihre Briefe erhielt ich im Lauf des Jahres, das seinem Ende entgegengeht. Hoffentlich zürnen Sie mir nicht allzu sehr, daß ich Ihnen lange nicht schrieb, was daher rührt, daß ich jetzt außerhalb der Stadt in einer schöngelegenen Heilanstalt lebe. Ich bin vollständig gesund und zugleich sehr ernstlich oder erheblich krank, und da werden Sie entschuldigen können, daß ich zunächst Ihrer liebenswürdigen Nachfrage auswich. Ihr Bruder ist also neuerdings nach Paris gegangen. Ich möchte auch nach Paris gehen, aber ich kann es vorläufig nicht. Frühling, Sommer und Herbst waren hier schön, jetzt ist Winter, und immer lanciere ich bisweilen noch kleine Arbeiten in einige Blätter Ihres Vaterlandes. Wie gefällt es Ihnen dort, wo Sie sich jetzt befinden? Die Prager Presse hat ziemlich aufgehört, Sachen von mir zu veröffentlichen. Gegenwärtig spielt Radio eine gewisse Rolle bezüglich der Literatur. Ihr Bruder scheint regelrechter Schriftsteller geworden zu sein. Ich habe hier Gelegenheit gehabt, das Billardspiel zu lernen und mich beispielsweise des Alkoholgenusses vollkommen zu enthalten. In der Stadt trank ich dummerweise ein wenig viel. Das kam so, ohne daß ich Notiz davon nahm, und früher war ich doch einer der Solidesten, die in der

Schweiz existierten. Im Allgemeinen geht es mir übrigens ganz gut und ich hoffe von Ihnen Ähnliches. Man kann sehr viel entbehren lernen und sich dabei wohlfühlen. Täglich mache ich mich einen halben Tag, d. h. etwa drei Stunden lang im Garten oder sonstwie im Freien nützlich. Meine Krankheit ist eine Kopfkrankheit, die schwer zu definieren ist. Sie soll unheilbar sein, aber sie hindert mich nicht, zu denken, an was ich Lust habe oder zu rechnen oder zu schreiben oder höflich mit den Leuten zu sein oder die Dinge, wie z. B. ein gutes Essen usw. zu konstatieren. Ich schrieb hier vor der Stadt, gleichsam wie in einem Vorwerk, eine Reihe neuer Gedichte. Verrichten Sie Ihre Arbeit gern? Ich will es wünschen und ich wünsche Ihnen außerdem fröhliche Festtage und ein gutes neues Jahr. Mit herzlichem Gruß bin ich Ihr

Robert Walser.«

Aus einem Brief an Frieda Mermet, September 1931: »Hie und da gelingt mir in meiner dichtenden und trachtenden Geringfügigkeit ein Gedichtelchen oder ein Prosastückli, und dann und wann sende ich irgend, was mir passend scheint, an meine ausländischen Kameraden.«
An dieselbe, am 18. April 1932: »Noch immer bin ich in der Waldau. Die Tage, die Wochen vergehen. Nach Deutschland konnte ich letzthin wieder einmal ein Artikelchen verkaufen. O, wär' ich in Frankreich auf die Welt gekommen! Unsere Frau Doktor* reist heute an die Riviera. Die meisten meiner Kunden draußen im arm gewordenen Reich haben sich bereits von mir entfernt. Stolz und arm! Der seelische Zustand von Solchen, die besiegt wurden. Wer kann heute mit Deutschen noch gute Geschäfte machen? Doch man fügt sich in's Unvermeidliche.«

Ende März 1933 trat Professor Dr. Wilhelm von Speyr, der seit 1890 die Anstalt in hausväterlichem Geiste geleitet hatte,

* Wahrscheinlich Frau Dr. Marie von Ries-Imchanitzky, eine langjährige Assistenzärztin der Waldau.

in den Ruhestand. Mit ihm war Robert Walser gut ausgekommen. Sein Nachfolger, Professor Dr. Jakob Klaesi, machte sich sofort an eine weitgehende Reorganisation. Er entließ eine größere Anzahl von beruhigten und gebesserten Kranken und brachte andere in den bäuerlichen Außenstationen der Anstalt unter. Für Robert Walser ergaben sich dabei Schwierigkeiten, deren subjektive und objektive Anteile nicht mehr genau zu ermitteln sind. Die folgenden, am 18. Juni 1933 niedergeschriebenen Zeilen der ärztlichen Krankengeschichte fassen zusammen, was sich vermutlich über einige Wochen erstreckt hatte:

»Da Pat. sehr ruhig ist und keiner besonderen Behandlung bedarf, wird ihm vorgeschlagen, in eine unserer Kolonien zu gehen. Er weigert sich aber. Spricht davon, aus der Anstalt entlassen zu werden und sich draußen eine Stelle zu suchen, macht aber keine Anstrengungen dazu, obgleich man ihm volle Freiheit läßt, zu tun, was ihm beliebt in dieser Hinsicht. Wie man auf eine Transferierung nach Herisau zu sprechen kommt, verhält sich Pat. völlig passiv, wie wenn es ihm gleich wäre, hinzugehen oder hier zu bleiben. Wie alles abgemacht ist, weigert er sich plötzlich, abzureisen. Er sei wohl hier, er sehe den Grund nicht ein, daß er nun in eine andere Anstalt gehen müsse. Er habe doch seine eigene Freiheit, zu tun, was ihm beliebe, er wolle überhaupt entlassen werden, aber nicht wieder in eine neue Anstalt. Will aber doch wieder nicht fort, bleibt trotz allem Reden stets passiv und läßt mit sich geschehen, was die andern wollen.«

Der Schwester fiel wieder die Aufgabe zu, für den kranken Bruder zu handeln. Der Direktor von Bellelay hatte ihr empfohlen, Robert in die Heilanstalt des Heimatkantons, nach Herisau, versetzen zu lassen, was sie alsbald zu ermöglichen suchte. Die Brüder Oscar und Karl waren dagegen. Unter dem Eindruck der fortgesetzten literarischen Tätigkeit Roberts neigten sie zu der Ansicht, er sei überhaupt nicht ernstlich krank. Nach etlichen Schwierigkeiten und nachdem sich Karl zürnend von Lisa abgewendet hatte, konnte diese ihre

Absicht durchsetzen. Mehr oder weniger mit Gewalt auf die Reise geschickt, wie Professor Müller an Seelig schrieb, fuhr Robert Walser am 19. Juni 1933 in Begleitung eines Wärters nach Herisau. Die dortige Heil- und Pflegeanstalt des Kantons Appenzell-Außerrhoden wurde ihm für die letzten dreiundzwanzig Jahre seines Lebens zum dauernden Aufenthalt.

Herisau

»Vielleicht werde ich nie Äste und Zweige ausbreiten. Eines Tages wird von meinem Wesen und Beginnen irgendein Duft ausgehen, ich werde Blüte sein und ein wenig, wie zu meinem eigenen Vergnügen, duften, und dann werde ich den Kopf, den Kraus* einen dummen, hochmütigen Trotzkopf nennt, neigen. Die Arme und Beine werden mir seltsam erschlaffen, der Geist, der Stolz, der Charakter, alles, alles wird brechen und welken, und ich werde tot sein, nicht wirklich tot, nur so auf eine gewisse Art tot, und dann werde ich vielleicht sechzig Jahre so dahinleben und -sterben. Ich werde alt werden. Doch ich habe kein Bangen vor mir. Ich flöße mir durchaus keine Angst ein. Ich respektiere ja mein Ich gar nicht, ich sehe es bloß, und es läßt mich ganz kalt. O in Wärme kommen! Wie herrlich! Ich werde immer wieder in Wärme kommen können, denn mich wird niemals etwas Persönliches, Selbstisches am Warmwerden, am Entflammen und am Teilnehmen verhindern. Wie glücklich bin ich, daß ich in mir nichts Achtens- und Sehenswertes zu erblicken vermag. Klein sein und bleiben. Und höbe und trüge mich eine Hand, ein Umstand, eine Welle bis hinauf, wo Macht und Einfluß gebieten, ich würde die Verhältnisse, die mich bevorzugten, zerschlagen, und mich selber würde ich hinabwerfen ins niedrige, nichtssagende Dunkel. Ich kann nur in den untern Regionen atmen.«

Mit diesen Worten Jakob von Guntens hatte der Dichter die Vorahnung der grauen Einförmigkeit seines letzten Lebensdrittels kundgetan. Indessen war der Stolz nicht schlechthin gebrochen, er war bloß ein anderer geworden, ein Stolz, der nicht mehr künstlerische Leistung gebot, sondern Verzicht auf sie: Verzicht des Alternden auf die öffentliche Rolle des sublimen Clowns, Verzicht auf Teilnahme am kulturellen

* Ein Mitschüler Jakob von Guntens in der Dienerschule Benjamenta.

Wettbewerb überhaupt. Erhalten blieb ihm der Stolz des Entsagens, verloren ging ihm, was er einst unverlierbar geglaubt hatte, die Fähigkeit des Warmwerdens und Teilnehmens, jedenfalls des normal-geselligen, gleichmäßig-gegenwärtigen. Verwirklicht hat er als Insasse der Herisauer Anstalt in hohem Grade jenes Dienertum, von dem er in »Jakob von Gunten« und anderwärts Gedanken und Bilder entworfen und in welchem er sich zeitweilig schon früher praktisch versucht hatte. Der freischweifende Individualist wurde zum unauffälligen Glied der Anstaltsgemeinschaft. Morgens half er die Abteilungen reinigen und gebärdete sich unwirsch, wenn ihm jemand dabei in die Quere kam. Nachmittags beteiligte er sich am Falzen und Leimen von Papiersäcken, einer Arbeit, die den hierzu geeigneten Patienten der unteren Verpflegungsklasse ein Taschengeld einbrachte. Manchmal hatte er auch Wolle zu zupfen, Stanniolabfälle oder Schnüre zu sortieren. Die Gartenarbeit mied er, da er sich mit dem Herisauer Anstaltsgärtner nicht so gut vertrug wie mit dem der Waldau.

Am Feierabend las er mit Vorliebe in alten illustrierten Zeitschriften, namentlich in den »Fliegenden Blättern«, dem einst weitverbreiteten humoristischen Wochenblatt. Auch sonst entlieh er aus der Anstaltsbibliothek vorzugsweise ältere Bücher, zum Beispiel den »Spaziergang nach Syrakus« von Seume, »Onkel Toms Hütte« von Harriet Beecher-Stowe, »Im Hause des Kommerzienrats« von der Marlitt, »Die Kinder des Kapitäns Grant« von Jules Verne, »Im Eckfenster« von Friedrich Gerstäcker und die Erzählungen Heinrich Zschokkes. Seine Hochachtung für solche volksnahe Erzählertalente hatte er schon in gesunden Tagen öfter bezeugt. Anspruchsvolle zeitgenössische Literatur verschmähte er.

Sonntags machte er regelmäßig einen Spaziergang, wobei er immer den Regenschirm mitnahm. Fragte man ihn nachher, wo er gewesen sei, was er gesehen und erlebt habe, so gab er knappen, ausweichenden Bescheid. In den schriftlichen Berichten der Ärzte kehrt mehrfach die Feststellung wieder, ein affektiver Rapport mit Robert Walser sei nicht möglich. Auf Fragen antworte er zwar höflich, doch stets mit fühlbarer Distanz und ohne das Gespräch von sich aus fortzuführen. Auf der Abteilung sei er ungesellig: wenn er nicht lese, stehe er steif in einer Ecke.

Aufgeschlossener gab er sich, wenn seine Schwester Lisa oder Frau Mermet ihn besuchten. Mit ihnen unternahm er in den ersten Herisauer Jahren noch größere Wanderungen.

Direktor der Anstalt war Dr. Otto Hinrichsen. Nebst psychiatrischen Schriften hatte dieser begabte Mann unter dem Pseudonym Otto Hinnerk eine Reihe von Komödien mit phantasievoll gefügten Handlungen und ebenso kühner Problematik veröffentlicht. Der Bühnenerfolg war jedoch ausgeblieben. Etwas Gemeinsames mit Robert Walser hatte Hinrichsen nicht bloß im literarischen Mißerfolg, sondern auch in der ironischen Betrachtung dieses Geschickes. Eine deutliche Verwandtschaft der beiden bestand in der clownesken Haltung, die bei Hinnerk allerdings gröberen Charakter hatte, und in der paradoxalen Denkweise. Nicht der bänkelsängerischen Form, aber dem Inhalt nach könnten die Schlußverse von Hinnerks »Zauberformel« in der 1940 erschienenen Sammlung »Gedichte zum Vortrag« von Walser sein:

»Also, seitdem ich nun dieses recht weiß,
nämlich, daß Kaltes doch irgendwie heiß,
nämlich, daß Dunkles doch irgendwie licht,
mithin hat jedes ein doppelt Gesicht,
so daß in allem, womit dich will schinden
Leben, ist immer noch andres zu finden,
sag' ich mit jenem, der klug ist: Ih wo,
ist es schon so, es ist dennoch nicht so,
dennoch nicht, dennoch nicht, dennoch nicht so!«

Indessen konnte Walser für Hinrichsen keine rechte Sympathie aufbringen. Einige burschikose, nicht sehr taktvolle Äußerungen des Arztes verstimmten ihn, und dessen Dichtertum konnte er nicht hoch einschätzen. Das Schauspiel »Ehrwürden Trimborius«, das Hinrichsen ihm schenkte, ließ er ungelesen. »Ein Destillat aus einem Höfling und einem Zirkusartisten«, so hat er ihn gekennzeichnet. (Seelig, »Wanderungen ...«)

Abgesehen von kurzen Brieflein, schrieb Robert Walser in Herisau nichts mehr, kam jedenfalls über fruchtlose Versuche nicht hinaus. Umsonst stellte ihm Hinrichsen für literarische Arbeit ein Zimmer zur Verfügung. Ermunterungen zu neuen Anläufen ärgerten ihn. »Es ist ein Unsinn und eine Roheit, an mich den Anspruch zu stellen, auch in der Anstalt zu schriftstellern. Der einzige Boden, auf dem ein Dichter produzieren kann, ist die Freiheit.« So im Gespräch mit Carl Seelig, dem er später, 1944, noch einen anderen Grund des Verstummens nannte: »Meine Welt wurde von den Nazis zertrümmert. Die Zeitungen, für die ich schrieb, sind eingegangen; ihre Redaktoren wurden verjagt oder sind gestorben. Da bin ich ja beinahe zu einem Petrefakt geworden.« (Seelig, »Wanderungen ...«) Freilich hätte er in den Hitlerjahren noch mancherlei Möglichkeit gehabt, in der Schweiz zu publizieren.
Die verhöhnenden Stimmen, die auch in Herisau nicht aufhörten ihn zu bedrängen, beschrieb er den Ärzten gegenüber als die Stimmen zweier Personen, von denen er nicht sagen könne, wer sie seien. Sie kämen immer aus einer abgemessenen Entfernung und unterhielten sich nicht miteinander, doch sei es hie und da möglich, daß *er* mit ihnen rede und Antwort erhalte. Meist seien sie unangenehm, machten ihm Vorwürfe wegen Faulheit. Er fühle sich durch sie nicht verfolgt, aber beunruhigt. Er höre sie besonders nachts, doch auch bei der Arbeit und beim Spazierengehen, weniger beim Lesen. Die Erklärung, daß es sich um Projektionen seines Innern handle, ließ er nicht gelten.

Das Stimmenhören war nach seiner Aussage das Haupthindernis des literarischen Schaffens. Es muß sich dabei um ein Resignieren aus Ermüdung gehandelt haben, denn in der Waldau hatte er den Stimmen zum Trotz noch geschrieben, und in Herisau nahm das Leiden nicht zu. Das eigentliche Hindernis war doch wohl der dem Schaffen widerstrebende allgemeine Geistes- und Gemütszustand, mit Einschluß der früher erwähnten Abwendung vom Kulturbetrieb. – Arbeiten, die Otto Pick auf Vorrat angenommen hatte, erschienen übrigens in der »Prager Presse« bis 1937.

Der Dichter kümmerte sich auch nicht mehr um das Fortwirken seiner Bücher. Wenn man ihm neuerschienene ehrende Erwähnungen seines Schaffens zu lesen gab, nahm er sie zwar zur Kenntnis, hatte aber meist etwas auszusetzen daran. Die Tatsache des fortdauernden literarischen Ansehens konnte ihn vom Gefühl des erfahrenen überwiegenden Mißerfolgs nicht befreien.

Zur Besorgung der Geldangelegenheiten erhielt Robert Walser im Jahre 1934 einen Vormund in der Person von Gemeinderat Jakob Walser in Teufen. Bei dessen Amtsantritt hatte der Dichter noch ein Vermögen von 6295 Franken, das für die Anstaltskosten während sieben Jahren ausreichen konnte. Daß er mit dem Finanziellen nicht mehr unmittelbar zu tun hatte, war ihm sicher recht. Sorge verursachte ihm der Gedanke, man könnte ihn nach Erschöpfung der kleinen Summe als Armengenössigen ins Bürgerheim von Teufen abschieben.

Dies verhindert zu haben – sofern es die ärztlichen Befunde überhaupt zugelassen hätten – ist eines der Verdienste, die sich Carl Seelig um ihn erworben hat. »Ich empfand das Bedürfnis«, lesen wir am Anfang des Erinnerungsbuches »Wanderungen mit Robert Walser«, »für die Publikation seiner Werke und für ihn selbst etwas zu tun. Unter allen zeitgenössischen Schriftstellern der Schweiz schien er mir die eigenartigste Persönlichkeit zu sein.« Ein paar Briefe – »kurze, sachliche Fragen und Antworten« – sowie Kontaktnahmen mit Hinrichsen und Lisa Walser gingen der ersten Begegnung voraus. Sonntag, den 26. Juli 1936, fuhr Seelig, nachdem sich Walser mit seinem Besuch einverstanden erklärt hatte, nach Herisau. Er sprach zuerst mit Direktor Hinrichsen, der ihm vorsorglich bedeutete, eine Entlassung des Patienten aus der Anstalt sei nicht ratsam. »Nun kam der achtundfünfzigjährige Dichter in Begleitung eines Wärters aus einem Nebenhaus. Ich war frappiert über seine äußere Erscheiung. Ein rundes, wie durch einen Blitzschlag gespaltenes Kindergesicht mit rot angehauchten Backen, blauen Augen und einem kurzen, goldenen Schnurrbart. Die Schläfenhaare schon angegraut. Der ausgefranste Kragen und die Krawatte etwas schief sitzend; die Zähne nicht in bestem Zustand.« Die beiden wanderten durch die hügelige Wald- und Wiesenlandschaft nach St. Gallen, wo sie zu Mittag aßen. Wieder zu Hause, schrieb Carl Seelig noch am Abend des gleichen Tages an Lisa Walser, die ihn über das mißtrauische Wesen des Bruders informiert hatte, Robert sei »von der ersten Minute an erstaunlich aufgeschlossen und gesprächig« gewesen. In den »Wanderungen« berichtet er allerdings von einer Zeitspanne beidseitigen Schweigens auf dem Weg nach St. Gallen. Er bestand aber diese Probe, und der Abschied war, wie er nach Bellelay melden durfte, »sehr freundschaftlich«. Der Tag war zum Anfang einer der seltsamsten literarischen Freundschaften geworden.

Carl Seelig, 1894 geboren, war als Sohn des Besitzers einer Zürcher Seidenfärberei von Hause aus vermöglich. Nach mancherlei Studien und Reisen wirkte er in Zürich als Journalist und Schriftsteller, schrieb für zürcherische und andere Zeitungen und Zeitschriften Buchbesprechungen und Berichte über kulturelle Veranstaltungen, hauptsächlich über Filme und Theaterstücke, war Herausgeber und Übersetzer und veröffentlichte eigene Lyrik. Wer nichts als das von ihm wüßte, könnte in ihm den Typ des vielgeschäftigen Großstadtliteraten ohne festen Gesinnungsgrund vermuten. In

Wahrheit lebte er aus einer Gesinnung der helfenden Mitmenschlichkeit, wie man sie zumal im neuzeitlichen Kulturleben selten antrifft. Davon angesprochen, pflegten Männer wie Stefan Zweig, David Herbert Lawrence, Henri Barbusse, Alfred Polgar, Max Brod und Max Picard freundschaftlichen Verkehr mit ihm. Der ihn erfüllende Humanitätsglaube gab ihm den Antrieb, die Biographie Albert Einsteins zu schreiben. Auf den ersten Blick mag es seltsam dünken, daß der gleiche Mann Biograph zweier so äußerst verschieden begabter Geister, des sachbezogenen physikalischen Denkers Einstein und des ungebundenen, die Probleme der Forschung ignorierenden Dichters Walser, werden konnte. Verständlicher wird es, wenn man das bei aller Verschiedenheit Gemeinsame der beiden sowie des Biographen beachtet, eben den freiheitlich-humanen Gesinnungsgrund.

Seelig war noch mehr ein Täter als ein Lobredner der Humanität. Gerne setzte er sich für abseitige und erfolglose, ihm aus diesem oder jenem Grund sympathische Dichter und Schriftsteller ein, förderte sie durch öffentliche Hinweise, von ihm angeregte Preisverleihungen, persönlichen Ratschlag und manchmal auch durch unmittelbare materielle Hilfe. Ein Helfer war er auch Flüchtlingen, Kranken und Bedürftigen ohne Ansehen von Bildung und Leistung, zudem ein großer Tierfreund. Im Drang zu kulturdienlichem und mitmenschlichem Wirken ließ er sich freilich auf allzu vieles ein. Die Qualität seiner journalistischen und literarischen Arbeit litt darunter, und die höheren Schöngeister Zürichs behandelten ihn deswegen ein bißchen herablassend. Aber in der Beschwingtheit seiner Herzensgüte war er gegen Verbitterung gefeit.

Die Vielgeschäftigkeit hinderte ihn nicht, sich dort, wo er es der Mühe wert fand, kraftvoll und mit unentwegter Treue einzusetzen. Robert Walser mußte seinem Helfersinn quasi als Idealfall erscheinen: ein Dichter, dessen Werk er bewunderte und für wertbeständig erachtete, zugleich ein Mensch, der für den materiellen Fortbestand dieses Werkes und für sich selber Hilfe nötig hatte. Walser bedurfte nicht nur der Hilfe gegen die drohende Gefahr der Armengenössigkeit, sondern im Grunde, trotz des Alleingängerstolzes, wohl auch einer freien, nicht vom verwandtschaftlichen oder ärztlichen Pflichtgefühl bestimmten Teilnahme, dazu vielleicht einer diskreten Verbindung mit der sonst abgetanen literarischen Welt. All das bot ihm Carl Seelig, und Walser nahm es an. Betrübt und abgestoßen vom »Kampf ums Dasein«, den er im öffentlichen Geistesleben als herrschend erkannte, begegnete er in Seelig der tröstlichen Ausnahme, einem Literaten, der nicht so sehr mit den Kollegen rivalisieren als sie fördern wollte. Seeligs herzliche Ungezwungenheit, seine Fähigkeit, ohne eigenen Geltungsanspruch, doch auch nicht unterwürfig, auf den Partner einzugehen, lockte hervor, was noch an geselliger Mitteilungskraft in dem Kranken war. Es entstand die Kontrastfreundschaft zwischen einem, der sich die Selbstdarstellung zur hauptsächlichen Aufgabe gemacht hatte, und einem, dem es anscheinend zur Natur geworden war, das eigene Selbst zu verbergen – eine Kontrastfreundschaft mit dem gemeinsamen, bei Walser freilich verwickelter angelegten Gefühl des Humanen.

Carl Seelig dachte vorab an eine von ihm zu besorgende Auswahl aus den Dichtungen Walsers, wodurch diesem eine neue Einkommensquelle und vielleicht ein literarischer Preis zu verschaffen wäre – dann aber auch, trotz der Abmahnung Hinrichsens, an die Möglichkeit, daß der Dichter aus der Anstalt entlassen und wieder zu schreiben anfangen würde. Als er auf der ersten gemeinsamen Wanderung den literarischen Plan vorbrachte, reagierte Walser ablehnend: die Zeit für seine Bücher sei vorbei, und am üblichen Literaturbetrieb möchte er nicht mehr teilnehmen. Seelig drängte nicht, kam jedoch bei späterer Gelegenheit darauf zurück, und nun willigte Walser ein. »Die Auswahlsfrage bezüglich der Prosastücke«, schrieb er in seinem geschäftsmäßigen Patientenstil, »würde ich gegebenenfalles vertrauensvoll Ihnen überlassen.« Der von Seelig zusammengestellte Band »Große kleine

Welt«, der im Herbst 1937 bei Eugen Rentsch (Erlenbach-Zürich) erschien, umfaßte nebst ein paar Seiten Lyrischem und Dramatischem Prosastücke aus den älteren Büchern, solche aus Zeitschriften und Zeitungen und eine Anzahl bisher ungedruckter. Die Texte zu den beiden letzteren Gruppen waren ihm von Lisa Walser übergeben worden, in deren Gewahrsam der kranke Bruder seine Druckbelege und Manuskripte zurückgelassen hatte. Hierbei war es ihr einziger Wunsch gewesen, es möchte kein Prosastück aufgenommen werden, »in welchem von unserem verstorbenen Bruder Hermann in absprechender Weise geredet wird«. – Ebenfalls durch Seeligs Bemühung war schon vorher, 1936, eine Neuausgabe des »Gehülfen« bei den Schweizer Bücherfreunden (St. Gallen) zustande gekommen, allerdings unter finanziellen Bedingungen, die den Verfasser nicht befriedigten.

Während der Vorbereitung des Auswahlbandes hatte sich Seelig mit Karl Walser in Verbindung gesetzt, der nun in Zürich lebte und in großzügigen Wandmalereien für öffentliche und private Gebäude seinen Altersstil entwickelte. Der Künstler hatte den Sachwalter des kranken Bruders freundlich empfangen und die Bitte, für »Große kleine Welt« den graphischen Schmuck zu entwerfen, nicht abschlägig beantwortet. Aus unbekannten Gründen kam die Arbeit jedoch nicht zustande; sie wurde dann von Gunter Böhmer besorgt. An Lisa Walser schrieb Seelig, die Entfremdung Karls von Robert sei ihm ein Rätsel. Lisa, die anscheinend auch nichts Wesentliches darüber wußte, besuchte Karl und dessen Frau im Juli 1937, bevor sie zu Robert nach Herisau reiste. Das gute Einvernehmen wurde in offener Aussprache wieder hergestellt, aber die Schwester mußte sich damit abfinden, daß Karl weiterhin von dem Bruder möglichst wenig hören wollte. Er fürchtete, wie sich Lisa ausdrückt, durch die Erinnerung an alte »Zwistigkeiten« in der Arbeit gestört zu werden. In Herisau bekam sie hinwieder den Eigensinn Roberts zu spüren. Er war gut gelaunt und machte Spaziergänge mit ihr – allein »er hat nicht nötig gefunden, sich für seine Schwester zu rasieren, und so

mußte ich mit ihm herumgehen wie mit einem entlassenen Sträfling, nicht anders sah er aus«. Dem Patienten konnte sie begreiflicherweise auch nicht zumuten, den ersten Schritt zur Versöhnung zu tun. Die ehemals lebhafte, vom gemeinsamen Schaffen genährte Gefühlsbindung an den Bruder schien erstorben zu sein. Nach den Herisauer Arztberichten zeigte sich Robert Walser kühl und ablehnend, wenn man versuchte, mit ihm über Karl und dessen Werke zu reden. Er habe, sagte er zu dem Sekundärarzt Dr. Hans Steiner, niemals Bilder seines Bruder besessen oder bei sich aufgehängt gehabt. Es sei diesem nicht angenehm gewesen, wenn er, Robert, sich für seine »Beruflichkeit« interessiert habe.
Was der Dichter an hier zitierten und anderen Stellen des Werkes über sein Verhältnis zum Bruder gesagt hat, gibt einige Hinweise auf die tieferen Gründe, die zur beidseitigen dauernden Abkehr voneinander geführt haben, vor allem auf die verschiedene Einstellung zur »Welt«. Eine abschließende Deutung muß angesichts so komplizierter Persönlichkeiten und doch nur fragmentarischer Zeugnisse unterbleiben.

Die Stellung Carl Seeligs festigte sich rasch. Zwar noch im Februar 1937 bemerkte Robert Walser zum Anstaltsdirektor, Herr Seelig könnte sein Feind gewesen sein und sich heute an ihm rächen wollen. Doch war dies ein flüchtiger, vielleicht von den »Stimmen« herrührender Einfall, eine der seltenen offenkundig krankhaften Äußerungen. Hinrichsen betrug sich großmütig. Obgleich er selber von Walser auf Distanz gehalten wurde, anerkannte und förderte er die Beziehung zwischen den beiden, sobald er die günstige Wirkung auf den Patienten wahrnahm. Seelig wiederum war dem Arzt in dessen literarischen Angelegenheiten förderlich.
Noch bevor der Vertrag mit Rentsch über »Große kleine Welt« abgeschlossen war, unternahm Seelig in seinem weiten, auch in die Geschäftswelt reichenden Bekanntenkreis eine Geldsammlung für Robert Walser, die mehr als fünftausend Franken einbrachte. »Sie können sich gar nicht vorstellen«,

schrieb ihm daraufhin Lisa Walser, »was es für mich bedeutet, an Ihnen eine so tatkräftige Hilfe bekommen zu haben.« Ihre Scheu überwindend, suchte sie selber seinen Bemühungen dienlich zu sein. Als er dem Schweizerischen Schriftstellerverein den Antrag stellte, Robert Walser auf den sechzigsten Geburtstag hin mit einer Ehrengabe zu bedenken, wandte sie sich an Hermann Hesse, dessen Wertschätzung Walsers ihr bekannt war, und bat ihn, diese Eingabe zu befürworten. Hesse entsprach der Bitte mit dem folgenden Brief an den Schriftstellerverein:

»Hochgeschätzte Kollegen
Wie ich eben erfahre, wird eine Ehrengabe für Robert Walser beantragt. Diesen Antrag möchte ich auf das Nachdrücklichste unterstützen. Die Schweiz hat allen Grund, auf diesen Dichter stolz zu sein, und was er bis zu seiner Erkrankung veröffentlicht hat, genügt vollkommen, um ihm in der Geschichte der Literatur und der deutschen Sprache seinen festen Platz zu sichern. Und gerade daß er den Begriff des Schweizer Schrifttums erweitert und um bisher hierzulande nahezu ganz unbekannte Nüancen bereichert hat, müssen wir ihm umsomehr zum Verdienst anrechnen, als gerade diese Differenzierung ihn zum populären Autor, oder auch nur zum Lieblingsautor eines höher gebildeten Kreises in der Schweiz, ungeeignet macht. An uns ist es, hier zwischen Quantität und Qualität zu unterscheiden. An uns ist es auch zu erkennen, daß die scheinbar unschweizerischen Nüancen in Walsers Dichtung, das anmutig Verspielte, melodiös Zierliche, bei ihm mit höchst bodenständigen Nationaleigenschaften zusammentreffen, vor allem mit einer ganz unbändigen Liebe zur Freiheit und Unabhängigkeit, und einem hartnäckigen, durch keine Macht und keine Not zu beeinflussenden Festhalten an seiner Eigenart.
So selten ich mir erlaube, in den Angelegenheiten unsres Vereins mitzureden, so herzlich möchte ich diesmal befürworten, daß das irgend Mögliche für Robert Walser geschieht.«

Ungeachtet so gewichtiger Fürsprache wurde der Antrag Seeligs abgelehnt, vermutlich um keinen Präzedenzfall für andere Schriftstellergeburtstage zu schaffen.
Mit den Geschwistern teilte Seelig eine Zeitlang die Meinung, der Dichter könnte aus der Anstalt entlassen werden und wieder zu schaffen anfangen. Lisa mühte sich fortwährend mit Plänen ab, wie sie dem Bruder ein mehr oder weniger ungesorgtes Leben außerhalb der Anstalt ermöglichen könnte. Robert selber bestärkte sie in dieser Absicht, indem er, einer euphorischen Stimmung folgend, in seinem Neujahrsbrief 1937 kundgab, er möchte für sich und für die Öffentlichkeit wieder etwas Tüchtiges leisten. Ihn nach Bellelay zu nehmen, scheute sie sich wegen der zu kleinen Wohnung und der Schwierigkeit der Verköstigung, aber auch weil sie fürchtete, der Belastung seelisch nicht gewachsen zu sein, solange sie noch im Schuldienst stand. Er sei, schrieb sie an Seelig, bei ihr immer nur herumgesessen und spazierengegangen, »und ich war in meinen eigenen vier Wänden nicht Meister, sondern mußte mich jeder seiner Launen fügen«. Sie habe ihn, berichtete sie im selben Schreiben vom 3. März 1937, brieflich gefragt, ob er geneigt wäre, »z. B. in einer Gärtnersfamilie Unterkunft zu nehmen« und neben der Schriftstellerei etwas Gartenarbeit zu verrichten, habe jedoch keine Antwort darauf bekommen, ebensowenig auf die Frage, ob er in der Anstalt nicht ein eigenes Zimmer beziehen wolle, um ungestört schreiben zu können.
Nun dachte sie an eine zu bestellende Leibrente, die ihm das Leben außerhalb der Anstalt erleichtern oder, wenn er dazu nicht mehr fähig wäre, ihn wenigstens vor dem Armenhaus bewahren würde. Oscar und Karl konnten sich aber für diesen Plan nicht erwärmen und verweigerten Beiträge. Gern wäre sie vom Schulamt zurückgetreten und hätte eine bescheidene Wohnung für sich und Robert gemietet, womöglich mit einem Garten, der ihm gesunde körperliche Beschäftigung neben der geistigen Arbeit geboten hätte. Falls das Geld nicht gereicht hätte, wäre sie trotz geschwächter Ge-

sundheit bereit gewesen, sich noch als Hilfe in einen leichten frauenlosen Haushalt zu verdingen. Denn da sie wegen der jahrelangen Mutterstellvertretung im Elternhaus verspätet Lehrerin geworden und dann noch längere Zeit im Ausland gewesen war, hatte sie nur eine reduzierte Pension zu erwarten. Dies war auch der Grund, daß sie noch eine Weile im Amt bleiben wollte. »Sie sind so eminent praktisch«, wandte sie sich bereits im Sommer 1937 an Carl Seelig, »wollen Sie mir helfen, etwas zu finden? Wo auch Robert dabei sein dürfte?«

In der Entlassungsfrage verhielt sich Seelig nun aber behutsam. Auf der zweiten gemeinsamen Wanderung, Anfang 1937, meinte Walser in einem Hoffnungsanflug: vielleicht käme der »große Durchbruch«, wenn er zwei, drei Jahre außerhalb der Anstalt leben könnte. Gefragt, wieviel im Jahr er ungefähr brauchen würde, um als freier Schriftsteller existieren zu können, gab er 1800 Franken an; in der Jugend habe er oft mit weniger auskommen müssen. Er möchte aber, fügte er hinzu, keine Verpflichtung gegenüber einer Zeitung oder einem Verlag eingehen. Jedoch anders tönte es, als ihm Seelig im Frühling 1939 die direkte Frage stellte, ob er Lust hätte, die Anstalt zu verlassen. »Man könnte es probieren«, war die zögernde Antwort. Und als Seelig weiterfragte, ob er wieder zu schreiben beginnen würde, erhielt er den unhöflichen Bescheid: »Auf diese Frage gibt es nur eines: sie nicht beantworten.« (»Wanderungen ...«) Seelig ließ die Angelegenheit wieder eine Zeitlang ruhen und brachte sie dann bei Hinrichsen zur Sprache, der ihm am 9. September 1940 in seiner saloppen, aber ehrlichen und, entgegen der Ansicht Walsers, gar nicht höflingsmäßigen Art Folgendes schrieb:

»... Also, wenn Sie auf mich hören wollen, nicht ihm davon reden, daß er wieder etwas schreiben solle, nicht ihn hier herausbringen wollen! Das mag Ihnen nicht plausibel sein, ist aber doch das einzig Richtige. Intimeren Anschluß habe ich an ihn nicht, und er hat darnach kein Verlangen. *Er fürchtet sich, allein zu schlafen*. Besser, Sie fragen ihn nicht darnach.

Sein Zustand ist verhältnismäßig gegenüber anderen derartigen Kranken ein glücklicher und, wenn er schon etwa hier weg will, ist das kein so voller Ernst von ihm, und es wäre für ihn unglücklich, wirkte man nach dieser Richtung auf ihn ein, jagte ihn auf, wo er Fürsorge nötig hat, alle Initiative und Elan nun einmal weg ist und auch nicht wieder kommen wird. Aber ihm das nicht durch Anforderungen zu Bewußtsein bringen! Lassen Sie ihn weiter hindämmern. Schließlich habe ich einiges Urteil, einige Erfahrung in diesen Dingen und muß so vor Experimenten durchaus warnen. Wenn Sie sich seiner wie bisher annehmen, ist das recht und schön von Ihnen. Mehr ist in Gottesnamen nach meiner genauesten Überzeugung nicht zu wollen.«

Hinrichsen starb, 71 Jahre alt, im Sommer 1941. Ihm folgte als Leiter der Anstalt Dr. Hans Oscar Pfister, ein Mann von ruhigerer Geistesart (später Chefstadtarzt in Zürich). Noch verbindlicher als der Vorgänger gab er seine Einwilligung zu den Besuchen und Bemühungen Carl Seeligs. Aber wie Hinrichsen konstatierte auch er: »Alle schöpferischen Quellen scheinen versiegt zu sein.« Und: »Die Heilungsaussichten halte ich für sehr gering.« Seelig war nun offenbar überzeugt, daß die Entlassung zu riskant wäre. Die Schwester fand sich damit um so eher ab, als ihre Kränklichkeit einen gemeinsamen Haushalt mit dem Bruder zunehmend problematisch erscheinen ließ. Bedenken hatte sie im vornherein gegen die von Seelig erwogene Möglichkeit, ihn in Zürich wohnen zu lassen, und zwar hauptsächlich wegen der Störung, die der dort ansässige Karl befürchtete. So groß ihr Opferwille für Robert war und so wenig sie die Abwendung Karls von ihm verstehen und billigen konnte: nach ihrer mütterlich ausgleichenden Gesinnung war sie stets bemüht, den Wünschen und Sonderlichkeiten auch der gesunden Angehörigen Rechnung zu tragen.

Es waren ihr nur noch wenige, von Kümmernis und Krankheit bedrückte Lebensjahre beschieden. Im Frühling 1940 wurde sie pensioniert. Kurze Zeit wohnte sie mit einer Freundin zusammen in Bern und ließ sich dann in Leubringen oberhalb von Biel nieder. Die Rückkehr der Schwester Fanny und ihres Mannes aus dem von der Sowjetarmee besetzten Lettland verursachte ihr neue Aufregung und Sorge; doch wandte sich das Schicksal der beiden, nachdem sie in Bern ein Heim gefunden hatten, zum Guten. Im Vorfrühling 1943 mußte Lisa Walser wieder um Robert bangen. Er hatte eine Darmlähmung, was er »sehr ruhig hinnahm, fast als ob es einen Dritten anginge« (Dr. Pfister). Lisa und Fanny eilten herbei und redeten ihm zu, sich operieren zu lassen, aber er wollte nicht. Das Leiden verschlimmerte sich, er wurde ins Bezirksspital Herisau gebracht, wo sich die Lähmung ohne Operation beheben ließ. Bald konnte er in die Anstalt zurückkehren.

Eine Zusammenkunft, die Lisa Walser mit Carl Seelig in Zürich hatte, befreite sie von der schwersten Sorge um Roberts Zukunft. Sie war damals, wie Seelig berichtet, eine von tödlicher Krankheit gezeichnete Frau. »Sie brachte mir in einer Kartonschachtel alle Manuskripte ihres Bruders und bat mich, künftig an ihrer Stelle für ihn und sein Werk zu sorgen. Es war ein Vermächtnis, dessen Schwere, Verantwortung und Größe mir voll bewußt war. Ich gab ihr schweigend die Hand und versprach, mich seiner wie ein Bruder anzunehmen.« (Carl Seelig in seiner unvollendeten Walser-Biographie, die nur bis zu Walsers Rückkehr aus Berlin reicht, aber die Lebensläufe Karls und Lisas zusammenhängend *vor* dem Berliner Kapitel darstellt.)

Wegen eines Darmgeschwürs kam Lisa Walser im Sommer 1943 ins Berner Lindenhofspital. Sie erlebte noch, daß Karl ihr im Tode vorausging. Ungeachtet eines schweren Herzleidens hatte der 66jährige Künstler den Auftrag übernommen, das Treppenhaus des Berner Stadttheaters mit Wandgemälden zu schmücken. Bevor das Werk vollendet war, verschied er am 28. September 1943 im Salemspital in Bern.

Auf den Wunsch der todkranken Schwester hin versuchte Carl Seelig, Robert zu einem Spitalbesuch in seiner Begleitung zu bewegen, stieß aber auf Abwehr. Die Weigerungsgründe waren verschiedenartig: Scheu vor einem Wiedersehen mit Bern, wo man ihn, Walser, sozusagen hinausgeschmissen habe; Rücksicht auf die täglichen Pflichten in der Anstalt; Abneigung gegen Sentimentalitäten; das Wissen um die wesentliche Einsamkeit eines sterbenden Menschen. »Wie zwei Oelgötzen würden wir vor der armen Lisa dastehen und sie vielleicht sogar weinen machen. Nein, nein, so gern ich sie hab', solchen Frauen-Finetteleien dürfen wir nicht nachgeben! Uns ist es nun einmal beschieden, spazieren zu gehen ... Lisa tut mir ja leid, natürlich. Sie war mir eine wunderbare Schwester. Aber ihr Familiensinn grenzt fast ans Krankhafte, Unreife.« (»Wanderungen ...«)

Lisa Walser starb im Lindenhofspital am 7. Januar 1944. Zu einem Arzt sagte Robert Walser später trocken, der Tod Karls und Lisas, so bald nacheinander und in der gleichen Stadt, sei ihm merkwürdig vorgekommen, einfach merkwürdig, mehr könne er nicht sagen. »Unmittelbar zur Trauer veranlaßt«, hatte schon Jakob von Gunten gestanden, »entschlüpft mir die Trauer-Empfindung vollständig.« Einen fortdauernden Groll gegen den Bruder hat Robert Walser sicher nicht gehegt, sonst hätte er Carl Seelig auf der Herbstwanderung 1943 nicht gedrängt, ihm von seinem letzten Besuch bei Karl zu erzählen.

Die Briefe Roberts scheint Lisa Walser vor ihrem Tode vernichtet zu haben. Ob sie Wesentliches zur Biographie beigetragen hätten, ist fraglich. Eine Stelle in »Geschwister Tanner«, wo Hedwig ihren Bruder Simon von der Schreibepflicht ausdrücklich entbindet, läßt vermuten, der Briefwechsel mit Lisa sei nicht viel reger gewesen als der mit den anderen Geschwistern. Zu dem Verzicht mochte sie um so lieber bereit sein, als er der Korrespondenz des Bruders mit Frau Mermet zugute kam.

Der in Biel als Redakteur und Schriftsteller tätig gewesene Otto Zinniker hat in seinem Büchlein »Robert Walser der Poet« (Zürich 1947) die Bedeutung Lisas für den Bruder stark, vielleicht allzu stark betont. Da er von ihr selber Informationen erhielt, ist ihm aber wohl Glauben zu schenken, wenn er versichert, es sei »nicht bloße Vermutung, daß sie seinetwegen auf die Ehe verzichtet hat«.

Es war Kriegszeit, und der Gefreite Carl Seelig mußte öfter zum Militärdienst einrücken. Gleichwohl erfüllte er das Versprechen, das er Lisa Walser gegeben hatte, unermüdlich und umsichtig. Bei Sauerländer in Aarau hatte er 1940 eine kleine Walser-Auswahl für die Schule erscheinen lassen. Die Jahrzahl 1944 trugen folgende von ihm betreute Walser-Publikationen: eine neue Ausgabe des »Spaziergangs« im Bühl-Verlag (Herrliberg), mit Federzeichnungen von Eugen Früh, eine solche der »Gedichte« und die Aphorismenfolge »Vom Glück des Unglücks und der Armut« (beides in der Sammlung Klosterberg des Verlages Benno Schwabe in Basel), schließlich ein Bändchen unveröffentlichter Prosastücke, das unter dem Titel »Stille Freuden«, mit einer Zeichnung von Charles Hug, als Weihnachtspublikation der Vereinigung Oltner Bücherfreunde gedruckt wurde.
Wenige Monate nach Lisas Tod übernahm Carl Seelig die Fürsorge für Robert Walser von Amtes wegen. Der mit seiner Frau in Lugano lebende Oscar Walser hatte die Bemühungen um den kranken Bruder bisher der Schwester überlassen, was ihm nicht unbedingt zu verargen war, denn Robert seinerseits hatte sich anscheinend wenig um ihn gekümmert. Jetzt regte sich Oscar, und zwar vorab in der Angelegenheit der ihm mißliebigen Vormundschaft. Gemeinderat Jakob Walser war als Vormund des Kranken im Februar 1941 durch Alfred Hungerbühler, Konsumverwalter in Teufen, abgelöst worden. Beide Männer hatten rechtschaffen ihre Pflicht getan. Allein Oscar Walser fand es ärgerlich, daß die Teufener Behörde sich in Belange der Familie sollte einmischen dürfen. Im Einverständnis mit der Schwester, Fanny Hegi-Walser, ersuchte er um Aufhebung der Vormundschaft. Allenfalls, fügte er bei, würde er der

Umwandlung in eine von Carl Seelig zu übernehmende Beistandschaft zustimmen. Dr. Heinrich Künzler, der im Frühjahr 1944 Anstaltsdirektor geworden war, erklärte gutachtlich, daß die Gründe, die zur Bevormundung geführt hatten, unverändert fortbeständen. Er empfahl, das Amt Carl Seelig zu übertragen. Nach einigen Kniffligkeiten wurde dieser am 26. Mai 1944 zum amtlichen Vormund des sechzehn Jahre älteren Dichters ernannt.

Als Oscar Walser etwas widerstrebend einwilligte, daß Seelig nicht bloß eine Beistandschaft, sondern die Vormundschaft übernahm, dachte er wohl auch an die dankenswerten Gefälligkeiten, die dieser seiner Frau erwiesen hatte. Auf Verwenden Lisa Walsers hin hatte sich Seelig der literarischen Arbeiten Fridolina Walsers angenommen, ihr Möglichkeiten der Publikation gewiesen und ein Gedichtbüchlein von ihr wohlwollend besprochen. Man täte ihm unrecht, wenn man dächte, er habe mit diesen Bemühungen und mit den ähnlichen um Hinrichsen lediglich für den Patienten Gutwetter machen wollen. Seine Empfänglichkeit war so beschaffen, daß er eine ungeheuchelte Anteilnahme auch für Geisteserzeugnisse aufbrachte, die augenscheinlich nicht zum Erfolg bestimmt waren.

Die von Seelig erzielte finanzielle Sanierung hätte allerdings für den ehemaligen Bankbeamten ein zureichender Beweggrund sein können, ihn als Vormund des Bruders ohne Umschweife anzunehmen. Denn Seelig war es, der den Geschwistern eigene Hilfeleistung, zu der sie rechtlich verpflichtet gewesen wären, ersparte. Bereits 1941 hatte er dem damaligen Vormund Jakob Walser von dem durch seine Aktionen zusammengebrachten Geld 4000 Franken überwiesen. Anfang 1944 war das vom Vormund verwaltete Vermögen auf 2000 Franken zusammengeschmolzen, eine Summe, die noch für die Anstaltskosten zweier Jahre gereicht hätte. Inzwischen aber hatte Seelig den Sparheftbetrag wieder so erfolgreich gemehrt, daß er noch *vor* der Ernennung zum Vormund an Oscar Walser hatte schreiben können: »Robert besitzt jetzt auf

Jahre hinaus durch das Heft, das ich für ihn angelegt habe, die Mittel, um in der Anstalt sorgenfrei leben zu können. Ist die Summe aufgebraucht, so werde ich wieder Wege finden, um ihm weiter zu helfen. An eine große Deflation glaube ich nicht.« Die bei der Schweizerischen Kreditanstalt in Zürich angelegte Summe bestand aus den Erträgnissen von Seeligs Walser-Ausgaben, dem Ergebnis seiner Geldsammlung, einer von ihm erwirkten Zuwendung der Stiftung Pro Arte, deren Präsident der mit Walser befreundete Bildhauer Hubacher war, einer Ehrengabe des Kantons Bern, um die sich Lisa bemüht, sowie aus monatlichen Beiträgen, die sie selber seit 1937 bis zu ihrem Tod geleistet hatte. Dazu kamen nun mehrere tausend Franken aus den Hinterlassenschaften Karls und Lisas. Den Ankauf einer Leibrente, den Lisa jahrelang beabsichtigt und noch testamentarisch gewünscht hatte, unterließ Carl Seelig, da er das frei verfügbare Depositenheft für vorteilhafter hielt.
Seeligs Bericht über die Wanderung vom 12. April 1953 läßt vermuten, sein Amt sei dem Mündel erst in jenen Tagen durch einen indiskreten Zeitungsartikel zu dessen 75. Geburtstag bekannt geworden. Er habe, schreibt er, damals befürchtet, der Dichter werde sich nun besonders mißtrauisch gegen ihn betragen, jedoch habe ihn dieser im Gegenteil »strahlend-heiter wie noch selten« empfangen: was ganz mit der Art und Weise übereinstimmt, wie sich Walser auch sonst in Maßnahmen der sozialen Maschinerie zu fügen pflegte.

Die gemeinsamen Wanderungen, gewöhnlich zwei oder drei im Jahr, waren belebende Zwischenspiele in der sonstigen Abgestorbenheit Robert Walsers. Nachgiebig in der Routenwahl, empfänglich für jede Äußerung des Wandergefährten, diskussionsfreudig, doch keineswegs rechthaberisch, zudem in den Wirtschaften, wo sie einkehrten, ein großzügiger Gastgeber: so war Carl Seelig der Kamerad, wie dieser Kranke ihn brauchte. Seinerseits hat er Walser in seinem

Erinnerungsbuch das Zeugnis ausgestellt: »Einen passionierteren Wanderkameraden als ihn werde ich nicht mehr finden.«

Vorübergehende kleine Spannungen ergaben sich daraus, daß Walser, der einst um der Dichtkunst willen bedenkenlos Stellen preisgegeben hatte, nunmehr glaubte, sich das Spazierengehen am Werktag versagen zu müssen. Der Chefarzt hatte die Erlaubnis zu Ausflügen mit Seelig an beliebigen Tagen erteilt, und Werktage paßten dem oft zu Sonntagsarbeit genötigten Journalisten gewöhnlich besser. Das bringe Unordnung in die Anstalt, erklärte der skrupulöse Patient, und als Seelig notgedrungen wieder einmal werktags kam und sich auf die erwähnte Erlaubnis berief, wurde er deutlicher: »Der Chefarzt! Je m'en fiche. Ich kann mich nicht ausschließlich nach den Herren Doktoren richten. Ich muß auch auf die Patienten Rücksicht nehmen. Können Sie denn nicht verstehen, daß ich als Privilegierter vor ihnen eine unzarte Rolle spielen würde?« (»Wanderungen...«)

Eine quasi normale Freundschaft hatte Robert Walser nie gewähren können und konnte es auch jetzt nicht. Deutlich zeigen dies die 42 erhalten gebliebenen Schreiben an Seelig aus den Jahren 1937 bis 1943. Es sind keine gesprächigen, auf Persönliches oder Problemhaftes angelegentlich eingehenden Freundesbriefe, sondern meist knappe, verständig abgefaßte Mitteilungen. Eine gewisse scheue Humorigkeit liegt in dem altmodisch gedrechselten Kontorstil und in ironischen Kleinigkeiten, wie etwa den Unterschriften »Ihr Schriftsteller...« oder »Ihr Belletrist Robert Walser«. Als Muster seien die Brieflein vom 16. August 1940 und vom 27. Mai 1942 wiedergegeben.

»Lieber Herr Seelig.

In Beantwortung Ihres schätzenswerten Briefes, womit Sie mir ein Heft Literatur zusandten, wofür ich Ihnen bestens danke, teile ich Ihnen ergebenst mit, daß es mir ein Vergnügen sein wird, einen der nächsten Sonntage mit Ihnen zu verbringen. Ich freue mich auf Ihren geneigten Besuch sehr und bitte Sie, mir freundlich mitteilen zu wollen, um welchen Zeitpunkt Sie in Herisau anzukommen denken. Herzlich grüßend bin ich Ihr Robert Walser.«

»Lieber Herr Seelig.
Im Besitz Ihres Verdankenswerten von gestern, teile ich Ihnen rasch mit, daß ich gerne bereit bin, vorausgesetzt, daß ich die Erlaubnis vom Herrn Direktor bekomme, Montag, falls es nicht Sonntag sein kann, was mir ja allerdings lieber wäre, früh um 8 Uhr mit Ihnen am Bahnhof Herisau zu einer Fahrt auf den Säntis zusammenzutreffen, und grüße Sie bis dahin, in der Hoffnung, daß nichts dazwischen kommen werde und daß wir einigermaßen annehmbares Wetter haben, herzlich, Ihr Schriftsteller Robert Walser.«

Zaghaft und kurzatmig regt sich zuweilen die früher so einfallsreiche Scherzlaune, etwa in dem Schreiben vom 15. Dezember 1937:

»Lieber Herr Seelig.
Ihre freundliche Mitteilung verdankend, gebe ich Ihnen anbei die mir übermittelten Rezensionen, die mich interessierten, ergebenst zurück. Sollte ich nicht den Zürcher Literaturpreis herausschießen können? So à la Gottfried Keller's Schützenkönig im ›Fähnlein‹? Was Ihre gütige Weihnachtsofferte betrifft, nehme ich gern dankbar etwa ein Kleid samt einer Kravatte als Geschenk stolz und bescheiden entgegen. Mit herzlichem Gruß bin ich Ihr Belletrist Robert Walser.«

(Die Rezensionen, die ihn nur gerade »interessierten«, betrafen offenbar den damals erschienenen Auswahlband »Große kleine Welt«. – Der unbescheidene Weihnachtswunsch ist um so merkwürdiger, als Robert Walser sich gleichzeitig auch von Lisa einen Anzug wünschte. Diese verständigte sich dann mit Seelig über die angemessene Beschenkung.)

Die dreizehn Jahre, die Robert Walser nach dem Tode Lisas noch zu leben hatte, verliefen sozusagen ereignislos, jedenfalls ohne ihm wesentliche Entscheidungen oder Umstellungen abzufordern. Mit wunschlosem Gleichmut betrachtete er fremdes und eigenes Schicksal. Den Ärzten gegenüber blieb er fernerhin verschlossen, vermied auch alle nähere Beziehung zu Pflegern und Mitpatienten. »Man kommt nicht an ihn heran, weil er sich mit einer undurchdringlichen Schicht, welche ihn von allen Menschen isoliert, umgibt, so daß das Verhältnis zu ihm unpersönlich bleibt.« (Dr. Künzler) Der Sekundärarzt Dr. Hans Steiner, der sich viel Mühe gab, den Patienten zu ausgiebigem Gespräch zu bewegen, hatte auch nur geringen Erfolg. Auf Fragen nach dem eigenen Werk antwortete Robert Walser lakonisch und wie unbeteiligt, gab sich sogar als gewöhnlichen Profitmenschen aus. »Das war Berufssache«, sagte er zu Dr. Steiner. »Ans Herz gewachsen kann einem nur etwas sein, das einem etwas einträgt, das angenehme Folgen hat.« (Krankengeschichte) Ob es ihm, fragte der Arzt, nicht Befriedigung verschaffe, der Welt so viel Schönes geschenkt und andere damit erfreut zu haben? »Nein« war die Antwort. (Im »Leben eines Malers« aber hatte der Dichter geschrieben: »Können wir auf dieser engen, armen, mannigfaltig gefesselten Welt seliger sein, als wenn wir durch Fähigkeiten, die wir besitzen, andere selig machen?«) Seine Werke müsse er als ziemlich minderwertig ansehen. Den »Gehülfen« zu lesen, rate er ab; der sei langweilig, die Kritik habe es gesagt. Warum er jeden Versuch der Öffentlichkeit zum Kontaktnehmen ablehne? »Das hat ja keinen realen, praktischen Wert.« Ob ihn Zinnikers Büchlein »Robert Walser der Poet« interessieren würde? »Nein, was hätte das für einen Zweck, das ist für andere berechnet – ich kenne ja mein Leben, da kann mir Zinniker nichts vormachen.« Fast ängstlich sperrte er sich gegen die ihm empfohlene Lektüre von Hesses »Glasperlenspiel«. Als Dr. Steiner fragte, ob er Spitteler persönlich gekannt habe, erwiderte er: »So hohe Personnagen sind nie in meine Kreise getreten.«

Den siebzigsten Geburtstag, so bezeugt eine ärztliche Notiz, habe er in aller Stille begangen. »Er lehnte den ihm angebotenen freien Tag und Taschengeld ab. Um die Zeitungsartikel und die Würdigung am Radio kümmerte er sich kaum.« Dennoch war die Abwendung vom eigenen Werk keine absolute. Auf den Wanderungen mit Carl Seelig erzählte er ausgiebig von seinen Schaffensjahren, allerdings mehr von den Lebensumständen, unter denen er seine Bücher geschrieben hatte, als daß er deren Sinngehalt und Wert erörtert hätte. Höchstens daß er etwa bekannte, »Jakob von Gunten« sei ihm das liebste seiner Bücher. (Dem Arzt hatte er auf die Frage, welches von seinen Werken ihn das wichtigste dünke, zynisch geantwortet: Keines – es habe ja keines Erfolg gehabt.) Die Selbstkritik der Wandergespräche lief hauptsächlich darauf hinaus, daß er zu sonderlingshaft geschrieben, sich zu wenig um die Gesellschaft gekümmert habe. »Wenn ich nochmals von vorn beginnen könnte, würde ich mich bemühen, das Subjektive konsequent auszuschalten und so zu schreiben, daß es dem Volk wohltut. Ich habe mich zu sehr emanzipiert.« (»Wanderungen ...«) Anderseits sprach er ärgerlich davon, wie gewisse Leute ihm einst geraten hätten, sich dieser oder jener en vogue befindlichen Schreibmanier zu bedienen.

Der gelegentlichen Selbstverurteilung ungeachtet hat er wohl auch während der Krankheit ein hintergründiges Bewußtsein vom Wert seiner dichterischen Sonderart gehabt. Die Resignation in bezug auf das Schaffen war aber nicht mehr zu durchbrechen. In dieser gelassen zu verharren, mag ihm die zuweilen im Werk aufleuchtende Hoffnung auf eine künftige Gesellschaft jenseits der traditionellen Kultur geholfen haben.

Zu vordringlicher Bedeutung gelangte das utopische Denken jedoch nicht. Was Robert Walser als Dichter hundertfach zum Ausdruck gebracht hatte, wiederholte er gegenüber Seelig im Hinblick auf das »ewige Nörgeln und Vernütigen« (Für-unwert-Erklären) Gotthelfs: »Mir gefällt die Welt halt so, wie sie ist, mit all ihren Tugenden und Lasterhaftigkeiten.« Das dem Gesunden eigene, von ihm ausdrücklich bezeugte gute Gewissen ist dem Kranken – soweit die ihn tadelnden »Stimmen« nicht als Zeichen des Gegenteils auszulegen sind – erhalten geblieben: »So habe ich mein eigenes Leben gelebt, an der Peripherie der bürgerlichen Existenzen, und war es nicht gut so? Hat meine Welt nicht auch das Recht, zu existieren, obwohl es scheinbar eine ärmere, machtlose Welt ist?«*

Einmal hat der taktvolle Carl Seelig eine Verstimmung des Wandergefährten riskiert: als er ihn fragte, ob es ihm noch nie aufgefallen sei, daß vor allem Unverheiratete einen geistigen Knacks haben; vielleicht wirke die verdrängte Sinnlichkeit ungünstig auf das Gehirn. Walser gab diese Möglichkeit ruhig zu: ohne Liebe sei der Mensch verloren. Auf einer späteren Wanderung sagte er, Nietzsche habe sich dafür gerächt, daß ihn keine Frau geliebt habe. »Er wurde selbst liebelos. Wie viele philosophische Systeme sind nur eine Rache für entgangene Genüsse!« Walser ist in seiner teilweise wirtschaftlich bedingten Ehelosigkeit nicht zum Antifeministen geworden, wenigstens nicht zu einem doktrinären, und er hatte daran einen Grund, sein Junggesellenschicksal für glücklicher zu halten als das Nietzsches. Noch widerwärtiger war ihm der

* Dieser gutheißende Blick auf das eigene Leben ist ein Anzeichen dafür, daß die Krankheit Robert Walsers jedenfalls nicht eine typische Schizophrenie war. In dem Buch »Die weltanschauliche Orientierung der Schizophrenen« (München/Basel 1965) konstatieren Hans und Shulamith Kreitler auf Grund der Befragung von je 40 Schizophrenen und Gesunden: »Alle Schizophrenen äußerten direkt oder indirekt den Wunsch, der beste Mensch der Welt zu sein, wobei aber etwa 90 Prozent sich selbst für den schlechtesten oder zumindest für einen ganz besonders schlechten Menschen hielten oder für einen, der als sehr schlecht gilt. Unter den Antworten der Gesunden hingegen findet sich keine einzige, die direkt oder auch nur indirekt in dieser Art interpretiert werden könnte.« Robert Walser zeigt weder den selbstquälerischen Perfektionismus des typischen Schizophrenen noch die anpasserische Gesellschaftsmoral des »Gesunden«; er hat ein paradoxes, zugleich dichtermäßig-freiheitliches und vernunftgelenktes Ethos.

Frauenhaß August Strindbergs. Er hat das Erotische als Dichter erlebt und bejaht, vielleicht nicht »normal«, jedoch so, daß er es auch in der Krankheit eher freundlich als feindlich betrachten konnte, was gewiß zu deren Milderung beigetragen hat.

Der Eigenwille Robert Walsers äußerte sich in der Anstaltszeit vorwiegend in dem, was er *nicht* wollte. Er wollte nicht mehr auffallen. Angebotene Vergünstigungen wies er beharrlich zurück. Im Frühjahr 1945 suchte ihn Direktor Künzler auf den Wunsch Carl Seeligs hin zu bewegen, sich in die zweite, teurere Patientenklasse versetzen zu lassen. »Er zeigte dabei aber«, mußte Künzler dem Vormund berichten, »eine außerordentlich heftige ablehnende Reaktion, erklärte schroff, davon wolle er unter keinen Umständen etwas wissen, wo doch heute ein so großes Elend auf der Welt sei.« Als ihm Seelig auf dem nächsten Ausflug gestand, das Angebot sei von ihm veranlaßt worden, begründete Walser die Ablehnung persönlicher: »Warum soll ich in eine höhere Abteilung? Sind Sie nicht auch Gefreiter geblieben, ohne Offiziersallüren? Sehen Sie, so eine Art Gefreiter bin auch ich und will es bleiben. Ich habe so wenig Appetit zum Offizier wie Sie. Ich will mit dem Volke leben und mit ihm verschwinden. Das ist das Passendste für mich.« (»Wanderungen...«) (Kontrasthalber sei an Jakob Schaffners »Appetit zum Offizier« erinnert. Schaffner wollte sich für die Offiziersschule anmelden, wurde aber wegen seines Schuhmacherberufes abgewiesen, was er der schweizerischen Demokratie sehr verübelt hat.)

Daß die Solidarität mit dem »Volk« eine unpersönliche, der innere Abstand zu den Mitpatienten unüberwindlich war, bedrückte Walser anscheinend nicht. Die Härte seiner Ungeselligkeit bekamen auch die Verwandten zu spüren. Nach Lisas Tod hatte er kaum noch irgendwelche Verbindung mit ihnen. Fanny Hegi-Walser erhielt auf ihre Sendungen keine Antwort. Sie und der schon immer vernachlässigte Oscar mußten sich mit Nachrichten Carl Seeligs begnügen. Bitter sprach Fridolina Walser-Schmid in einem Brief an Seelig von ihrem »unglücklichen Schwager, der sich seit Jahrzehnten den Besuch derjenigen verbat, die seine Genialität erlitten haben«. Dem Bekanntenkreis verweigerte sich der Kranke ebenfalls. Sogar an Frau Mermet, die 1941 in den Ruhestand getreten und nach Basel gezogen war, schrieb er lange Zeit nicht mehr, so daß sie klagte: »Robert Walser zieht sich auch von mir zurück.« Wenn sie ihn aber besuchte – das letzte Mal im Herbst 1954 – so wurde sie freudig empfangen.

Einen beachtenswerten Beitrag zu Walsers problematischer Krankheitsgeschichte vermitteln die Notizen, die Jochen Greven nach einem Gespräch mit dem 1973 verstorbenen Theodor Spoerri, Professor der Psychiatrie an der Universität Bern, niedergeschrieben hat:

»Prof. Spoerri, der über Trakl gearbeitet hatte und sich für Robert Walser interessierte, hat diesen, nach Verabredung mit der Herisauer Anstaltsleitung, im Frühling 1954 in Herisau besucht. Es blieb bei dem einen Besuch, da Carl Seelig, als er davon hörte, den Anstaltsärzten verbot, Spoerri noch einmal mit seinem Mündel sprechen zu lassen, und ihnen noch wegen der einen Erlaubnis Vorwürfe machte.

Robert Walser wurde damals durch einen Pfleger in das Besprechungszimmer geführt, in dem Spoerri mit einem Arzt, vermutlich Dr. Steiner, wartete. Der erste Eindruck Spoerris sei ein für Schizophrenie oft typischer Habitus gewesen: die maskenhafte Starre der Gesichtszüge (»Holzkopf«), das passive und zugleich etwas zeremonielle Verhalten bei der Vorstellung. Wohl in der Absicht, ihn für eine Unterhaltung aufzuschließen, habe der Herisauer Arzt zu Walser gesagt, Dr. Spoerri – zu jener Zeit Arzt in der Waldau – sei eigens aus Bern gekommen, um ihn, den berühmten Dichter, zu sehen, dessen Werke er kenne, usw. Walser habe auf diese Reden mit keinem Wort und keiner Miene reagiert, sondern sei, bei unterwürfiger Haltung, völlig abweisend geblieben.

Mit Spoerri allein gelassen, habe er auf einem Stuhl irgendwo im Zimmer gesessen und stumm zum Fenster hin geblickt. Spoerri seinerseits habe ebenso stumm auf einem anderen Stuhl gesessen.
Nach einiger Zeit – einer Viertelstunde oder mehr – habe Spoerri, einem spontanen Einfall folgend, in den Raum hinein ungefähr dies gesagt: »Es ist ja auch eigentlich eine Dummheit – kommt da dieser Psychiater aus Bern bloß wegen dieser paar Gedichte her, die doch gar nichts bedeuten.« Daraufhin habe Walser sich ihm plötzlich zugewandt, der Bemerkung zugestimmt und das Gespräch aufgenommen, das Spoerri kaum noch erwartet hatte.
Die Unterhaltung habe dann wohl eine Stunde gedauert. Spoerri kann sich nur an wenige Einzelheiten erinnern und hat sich leider keine Notizen darüber gemacht, weiß aber noch, daß er überhaupt nicht mehr den Eindruck hatte, mit einem Schizophrenen zu sprechen. Walsers Haltung habe sich verändert, seine Ausdrucksweise wie seine Gedanken seien nicht mehr die eines Kranken gewesen, und er habe Dinge geäußert, die ihn, Spoerri, sehr beeindruckten. Unter anderem habe er – wohl im Anschluß an das Für-wertlos-Erklären seines Werkes – gesagt, die Zeit für Poesie sei vorbei, was jetzt zähle, das seien die politischen Schriftsteller. Er habe sich dabei auf die Erinnerungen Winston Churchills bezogen, die er gerade las. Über Carl Seelig und dessen Bemühungen um ihn und sein Werk habe sich Walser, wie Spoerri sich erinnert, nicht unkritisch geäußert. Insbesondere sei er darüber verstimmt gewesen, daß Seelig anläßlich der Neuausgabe von Walsers Gedichten Änderungen an diesen vorgenommen habe.
Am Ende der Unterhaltung sei Walser plötzlich in die Rolle des schizophrenen Patienten zurückgefallen. Er müsse jetzt fort, zu irgendeiner durch die Anstaltsordnung vorgeschriebenen Veranstaltung (Ausflug, resp. gemeinsamer Spaziergang der Patienten). Mit diesem typischen Sicheinpassen in den kollektiven Betrieb, dieser pedantischen Unterwerfung

unter Anordnungen, die für sehr wichtig genommen werden, sei auch das starr-zeremonielle Gehabe wiedergekehrt. Walser sei aber damit einverstanden gewesen, daß Spoerri ihn gelegentlich wieder besuche.

Ich sagte Prof. Spoerri, einer der Anstaltsärzte von Herisau – entweder Dr. Steiner oder Dr. Künzler –, die Walser gekannt hätten, habe vertraulich zu dem Psychiater Prof. Roland Kuhn (Münsterlingen im Thurgau) bemerkt, man dürfe Carl Seeligs »Wanderungen mit Robert Walser« nicht trauen, die darin notierten Gespräche seien bestimmt zum größeren Teil Erfindungen Seeligs – Walser sei in Herisau nicht mehr in der Verfassung gewesen, solche Unterhaltungen zu führen. (Prof. Kuhn, von dem ich dies weiß, hat Walser selber in Herisau gesehen und kennt die Krankenberichte; er sprach von »typischer stuporöser Katatonie« und schweren schizophrenen Defekten. Es sei nicht ausgeschlossen, daß Walser Seelig noch allerlei aus seinem Leben erzählt habe, aber es sei unwahrscheinlich, daß er noch einen breiteren intellektuellen Horizont besessen und sich originell, sinnvoll und logisch über allgemeine geistige Gegenstände geäußert habe. Von einer defekten Persönlichkeit sprach auch Dr. Künzler in seinem Statement in Roy Oppenheims Fernsehfilm über Walser.)

Prof. Spoerri räumte ein, daß die Herisauer Ärzte aus ihrer Sicht und Kenntnis des Patienten wohl keinen anderen Eindruck hätten haben können. In seinem Gespräch mit Walser habe sich dieser aber, wie beschrieben, ganz anders gezeigt. Dazu verwies er darauf, daß defektschizophrene Patienten nicht selten in Ausnahmesituationen, etwa bei einem Brand in der Anstalt, plötzlich wie Gesunde handeln und sich geben können – sobald aber die Ausnahmesituation in den Alltag übergehe, wieder in das Bild der Krankheit und in die Unzugänglichkeit zurückfallen. Möglicherweise wäre eine zweite oder dritte Begegnung mit Walser auch ganz anders verlaufen, d. h. kein so offenes und fruchtbares Gespräch zustande gekommen. Wenn Carl Seelig Walser regelmäßig aufge-

schlossen, interessiert und mitteilsam angetroffen haben wolle, so sei dies allerdings unwahrscheinlich. Ich erwähnte dazu, daß ja auch in Seeligs Berichten von starken Schwankungen in der Stimmung Walsers, von schweigend verbrachten Wanderstunden, Spannungen, krankhaftem Mißtrauen und Ähnlichem die Rede sei. Insgesamt hatte ich den Eindruck, Prof. Spoerris Begegnung mit Walser stelle doch ein sehr positives Zeugnis für die Zuverlässigkeit der Berichte Seeligs dar, zumindest für die *Möglichkeit*, daß die Gespräche in der beschriebenen Art verliefen. Prof. Spoerri, der Seeligs »Wanderungen« nicht ganz gelesen hat, konnte dies nicht ausdrücklich bestätigen, widersprach aber auf meine Darlegungen hin auch nicht.
Er bemerkte dann noch, er habe sich bei Walsers Auftritt in Herisau stark an die Berichte über den alten Hölderlin erinnert gefühlt. Etwas spielerisch deutete er die Möglichkeit einer mehr oder weniger bewußten Hölderlin-Imitatio von seiten Walsers an, indem er auch auf das Hölderlin-Prosastück verwies – also eines Rückzugs in die Krankheit oder in die Rolle des schizophrenen Kranken, einer Einübung in den Habitus der Defektschizophrenen. Er rechnete also durchaus mit Momenten der Verstellung, Maskierung oder gewollter Reduktion und gesuchter Selbststilisierung, ohne andererseits von der Diagnose der Schizophrenie eigentlich abzurükken. Hier verlief sich die Unterhaltung schnell in das weite Feld der schwierigen konkreten Bestimmung, was Schizophrenie eigentlich sei, der Diagnoseprobleme usw.«
Dem Urteil Grevens ist beizustimmen. Jener Arzt, der dafürhielt, die von Seelig notierten Gespräche seien größerenteils erfunden, überschätzte die Erfindungsgabe und unterschätzte die intellektuelle Redlichkeit des Verfassers der »Wanderungen mit Robert Walser«. Noch sträflicher verkannte er Walsers Einmaligkeit, die sich nicht in das Schema einer quasi normalen Schizophrenie fügt. Mögen Einzelheiten der Gespräche ungenau wiedergegeben sein – erfunden ist kaum etwas.

Dem von Seelig bezeugten Geistesvermögen nach hätte Walser die in der Waldau betriebene Schriftstellerei in Herisau wohl fortsetzen können. Vielleicht war die Erkenntnis, daß Kultur »nichts anderes als die Eitelkeit selber« ist (»Das ›Tagebuch‹-Fragment von 1926«), der sorgfältig – sozusagen aus Herzenshöflichkeit – verschwiegene Hauptgrund des Verzichts.

Wahrscheinlich wußte oder ahnte Robert Walser, daß Carl Seelig vorhatte, seine Biographie zu schreiben. Er lieferte ihm mündlich, wie das Wanderbüchlein von Seelig beweist, viel Stoff dazu. Vor einer systematischen Ausfragerei scheute der Freund aber zurück und suchte sich die ergänzenden Angaben bei Verwandten, sonstigen Drittpersonen und Behörden zu verschaffen. Zur Erhellung der Familiengeschichte leistete ihm der in Bäch am oberen Zürichsee amtierende Pfarrer und Schriftsteller Hermann Walser, der Sohn eines Vetters des Dichters, wertvolle Hilfe. Noch eifriger jedoch als um das Sammeln des biographischen Stoffes mühte sich Seelig um die Erhaltung und Verbreitung des Werkes, wofür er nun als Vormund umfassende Vollmacht besaß. Mit seiner Einwilligung erschien 1947 als Tobias-Stimmer-Druck des Verlages Joos, Scherrer & Cie. (Schaffhausen) die Walser-Auswahl »Dichterbildnisse«, 1950 als »Bogen«-Heft des Verlages Tschudy (St. Gallen) »Die Schlacht bei Sempach« und im gleichen Jahr, von Seelig selber betreut, eine Neuausgabe des »Jakob von Gunten« im Steinberg-Verlag (Zürich). Im Sommer 1953 legte er den Grund zum Hauptunternehmen seiner vielfältigen editorischen Tätigkeit, indem er mit dem Holle-Verlag (Genf und Darmstadt) den Vertrag über die Gesamtausgabe von Walsers Prosadichtungen abschloß. In der Folge erwarb dieses Unternehmen, dem der Inhaber, Helmut Kossodo, 1956 den eigenen Namen gab, das alleinige Verlagsrecht der Werke Robert Walsers, soweit die Rechte der früheren Verleger es zuließen. Am Zustandekommen des Vertrags hatte Ulrich Riemerschmidt, Lektor im Holle-Verlag, beträchtlichen Anteil. Der erste Band der »Dichtungen in Prosa« (1953) enthielt die »Aufsätze« von 1913 und einen Teil der »Kleinen Dichtungen« von 1914. Der zweite (1954) brachte bereits eine Auswahl aus den von Seelig gehüteten unveröffentlichten oder noch nicht in Buchform erschienenen Prosastücken, der dritte (1955) den Neudruck des »Gehülfen«.

Durch diese Veröffentlichungen, ferner durch eine zweite und dritte Zuwendung der Stiftung Pro Arte 1946 und 1952, schließlich durch den Preis der Schweizerischen Schillerstiftung 1955 besserte sich die finanzielle Lage wesentlich. Seelig war auch dafür besorgt, daß sein Mündel die Altersrente erhielt.

All das nahm Robert Walser mehr oder weniger gleichgültig zur Kenntnis. Den Vertrag für die Auswahl »Große kleine Welt« (1937) hatte er noch mitunterzeichnet, die späteren Vertragsabschlüsse überließ er ganz Carl Seelig. Am fünfundsiebzigsten Geburtstag war er für Zeitungsartikel und andere öffentliche Ehrungen ebenso unempfänglich wie am siebzigsten. Dr. Steiner, der 1951 nochmals eine explorierende Unterhaltung mit ihm führte, kam zum gleichen Ergebnis wie anderthalb Jahrzehnte früher Dr. Hinrichsen. Er habe, erklärte ihm Robert Walser, keinerlei Wünsche und spüre nie den Drang, die Anstalt zu verlassen. Auf die direkte Frage, ob er also gleichsam wunschlos glücklich sei, antwortete er: »O ja.«

»Hölderlin«, hatte Walser 1928 im »Geburtstags-Prosastück« geschrieben, »hielt es für angezeigt, d. h. für taktvoll, im vierzigsten Lebensjahr seinen gesunden Menschenverstand einzubüßen, wodurch er zahlreichen Leuten Anlaß gab, ihn aufs unterhaltendste, angenehmste zu beklagen.« Der frivol anmutende Satz könnte den Argwohn erwecken, Robert Walsers Krankheit sei nicht so echt gewesen, wie die Ärzte annahmen, und die Brüder hätten mit ihrer anfänglichen Forderung, er solle wieder arbeiten, nicht ganz unrecht gehabt. Doch geht es nicht an, die Aussage über die quälen-

den »Stimmen« und über die Angst vor dem Alleinschlafen der Simulation oder auch nur der Übertreibung zu verdächtigen. Am Willen zur Genesung, zu einer Genesung, die die Rückkehr in die Welt erlaubt und geboten hätte, mag es allerdings gefehlt haben – aus Gründen, die sich einer abschließenden moralischen Beurteilung entziehen. Für das, was an seiner Krankheit Weltflucht war, hat Walser mit dem demütigen Arbeitsleben in Herisau wohl mehr als hinreichend bezahlt. So durfte er guten Gewissens hintergründig an sich selber denken, als er zu seinem Wandergefährten sagte: »Ich bin überzeugt, daß Hölderlin die letzten dreißig Jahre seines Lebens gar nicht so unglücklich war, wie es die Literaturprofessoren ausmalen. In einem bescheidenen Winkel dahinträumen zu können, ohne beständig Ansprüche erfüllen zu müssen, ist bestimmt kein Martyrium.« (»Wanderungen ...«)
An dem Prosastück »Hölderlin« haben wir aber auch ein Zeugnis dafür, wie stark und tief er das der Krankheit vorausgegangene Leiden des deutschen Dichters nachfühlte. Von sich selber sagt er bagatellisierend: »Daß er dann und wann unter sich litt, scheint ziemlich sicher.« (»Bildnis eines Mannes«) Falls eine Spur von Simulation im Gebaren des kranken Robert Walser war, so hat er doch zeitlebens eine viel größere Anstrengung auf die *Dissimulation* seiner inneren Leiden verwendet.

Ende März 1955 meldete Dr. Steiner dem Vormund, Robert Walser habe eine grippeartige Lungenentzündung mit blutigem Auswurf überstanden. Trotz geschwächtem Herzen ließ sich Walser nicht davon abhalten, am Karfreitag mit Seelig einen größeren Spaziergang zu machen. Es lief gut ab, jedoch auf der nächsten Wanderung, im Juli, bekam er in der Gegend von Walzenhausen heftige Beinkrämpfe. »Er will aber weder absitzen noch liegen. Wütend fuchtelt er mit den Armen um sich, als wolle er einen unsichtbaren Feind abwehren, versucht einige Kniebeugen und macht unbeholfene Gehbewegungen nach rechts und links. Helfen darf ich ihm nicht. Gegen Wolfhalden wiederholen sich die Krämpfe heftiger, so daß er selber vorschlägt, auf dem nächsten Weg eine Bahn- oder Autobusstation zu erreichen.«

Noch waren ein paar Wanderungen in gemäßigter Gangart möglich. Ende 1956 verschob Carl Seelig den für Weihnachten vorgesehenen Besuch auf Neujahr, um am Weihnachtsabend seinen kranken Dalmatinerhund nicht allein zu lassen. Da erreichte ihn in der Abenddämmerung des 25. Dezember die telefonische Nachricht vom Tode Robert Walsers. Nach den Darstellungen von Dr. Hans Steiner und Untersuchungsrichter Kurt Giezendanner verlief der letzte Spaziergang des Dichters wie folgt:

Robert Walser verließ die Anstalt, nachdem er das Weihnachtsessen eingenommen hatte, gegen zwölfeinhalb Uhr, um warm angezogen einen Spaziergang in den hellen Wintertag zu unternehmen. Er stieg von Herisau zur Wachtenegg, der westlichen Kuppe des Rosenbergs, empor. Von dort benützte er den ziemlich steil abfallenden Fußweg, der in eine Mulde führt, wo das zur Liegenschaft Manser gehörende Gebäude Burghalden Nr. 1681 steht. Von einem Herzschlag getroffen, sank er am Abhang um, etwa 150 Meter westlich von diesem Gebäude, und starb ohne Todeskampf.

In das Bauerngehöft Manser kam um diese Zeit eine Frau auf Besuch. An der Leine führte sie einen Appenzellerhund, der sich wild bellend losreißen und in der Richtung der Mulde davonstürzen wollte. Auf dieses Signal hin fuhren zwei Bauernbuben auf ihren Schneebrettern dorthin und kehrten mit der Meldung vom Fund des Leichnams zurück. Dr. med. Schweizer und Untersuchungsrichter Kurt Giezendanner nahmen den Augenschein vor. Das Leben schien zwischen eineinhalb und zwei Uhr den Körper verlassen zu haben. Der Tote lag lang ausgestreckt auf dem Rücken, die rechte Hand auf der Brust, den linken Arm gestreckt und die linke Hand etwas verkrallt. Den Kopf leicht zur Seite geneigt und den Mund geöffnet, schien er die klare Winterluft einzusaugen. Zwei Meter oberhalb des Kopfes lag der Hut. Aus den Fuß-

spuren konnte geschlossen werden, daß Robert Walser sich zwar vorsichtig, aber mit sicheren Schritten abwärts bewegt und es sogar verschmäht hatte, sich auf den hölzernen Zaun am Wegrand zu stützen.
Der Leichnam wurde auf einem Hornschlitten zu dem erwähnten nahen Gebäude und dann vom Leichenauto im mittlerweile eingetroffenen Sarg in die Anstalt gebracht. In der Brusttasche fand man Briefe und Karten der Schwester, Frau Fanny Hegi-Walser, von Frieda Mermet, vom Ehepaar Ernst und Sasha Morgenthaler und von Carl Seelig nebst einigen Honorarquittungen, die dieser dem Freund und Mündel zugesandt hatte.

An der Trauerfeier in der Friedhofskapelle zu Herisau sprachen Carl Seelig und Pfarrer Kurt Hänny.
Viele geist- und liebevolle Nekrologe erschienen. Über das Verhältnis der Nachwelt zum liebenswürdigsten und ernstesten der Ironiker hat dieser selber in dem nekrologartigen Schluß des Prosastückes »Schnori« Zutreffendes gesagt:
»Sein spaßhaftes Existierthaben gab ihnen zu mancherlei Betrachtungen nahrhaften Anlaß, und so ungern sie's vielleicht taten, mußen sie sich von Zeit zu Zeit sagen: ›Ja, er war einer, obgleich er bloß den weiter keinerlei Erheblichkeit verratenden Namen Schnori trug.‹ Gern hätte man über ihn wegblikken mögen, aber man brachte es nicht fertig. Noch immer stand er mit der wie im lächelnden Schlafzustand hervorgebrachten gesammelten Sammetheit seines Werkes, die etwas Kostbares blieb, da. Umsonst sprach man: ›Schnori, geh weg.‹ Er unterließ dies.
War das artig von Ihm?«

Verzeichnis der Personen Zeitungen, Zeitschriften und Werke

Ziffern in Klammern bedeuten indirekte Erwähnung

Adonis 184f.
Akeret, Flora 117f., (119), 182
Akeret, Philipp 117, (118, 119)
Am Fenster 55
Amstutz, Alfred 114f.
An einen Poeten 194
Anker, Albert 71
»Annalen« 208, 213ff.
Apollo und Diana 59
Aquarelle 205
Arnet, Edwin 173
Aschenbrödel 63
Auflauf 185
Aufsätze 110, 122, 205, 207, 255
Aufsatz über einen Landaufenthalt 194
Aus dem Bleistiftgebiet 12, 99, 130, 141f.
Aus dem Leben eines Commis 63
Aus meiner Jugend 46f., 182

Ballonfahrt 100
Bänninger, Hans 169f.
Barbusse, Henri 231
»Basler Nachrichten« 147
Beardsley, Aubrey Vincent 163
Beecher-Stowe, Harriet 226
Behmer, Marcus 27, 65, 67, 82
Behrens, Frank 117
Beim Militär 119
Belgische Kunstausstellung 134
Benjamin, Walter 128, 140, 202
»Berliner Tageblatt« 162f., 204, 220
Beschwerde 220
Bie, Oscar 104
Bierbaum, Otto Julius 61, (63), 65
Bildnis eines Mannes 179, 256
Bismarck, Otto Graf v. 163
Blei, Franz 55ff., 61, 64f., 77, 86, 92
Bleistiftskizze 129
Bleistiftsystem 129
Bloch, Regina 61
Bloesch, Hans 154
Bluttropfen sind alle Sterne 54
Bodmer, Hans 140ff.
Böhmer, Gunter 233
Bong (Verlag) 164
Borchardt, Rudolf 63f., 167
Breitbach, Joseph 168, 221
Breitbach, Therese (Resy) 86, 94, 98, 146, 167f., 180, 188f., 191f., 194, 206ff., 209f., 220f.
Brentano, Clemens 56, 199
Brief an die Geduldige 210
Brief an ein Mädchen 203
Brief an ein Mitglied der Gesellschaft 187
Brief eines Dichters an einen Herrn 109
Brief eines Mädchens an ein Mädchen 196
Brief eines Vaters an den Sohn 21
Brod, Max 122, 162, 166, 202, 205, 210, 231
Brune, Therese s. Resy Breitbach
Brunner, Constantin 190
Büchner, Georg 56
Bühl-Verlag 241

Bürgi, Gertrud 128
Bürgi, Markus 52

Caruso, Enrico 107
Cäsar 134
Cassirer, Bruno 83, 89, 92, 100f., 103, 110, 122f., 158f., 165
Cassirer, Paul 81, 83, 93f., 100, 105f., 205
Cervantes, Miguel de 80
Cézanne, Paul 163
Chavanne, Marguerite 134
Churchill, Winston 251
Conrad, Michael Georg 64, 117
Corinth, Lovis 94
Cotta, Johann Friedrich (Verlag) 41
Courths-Mahler, Hedwig 140
Cromwell, Oliver 104
Czarnetzki-Walser, Hedwig Agnes (Frau von Karl Walser) 108f., (110, 120), 182, 212

»Das Basellandschaftliche Volksblatt« 16
Das Bild des Vaters 20, 22f., 195
Das Dokument 111
Das Gasthaus (119), 120f.
Das Gebirge II 203
Das Kind 209f.
Das kleine Genie 186
Das letzte Prosastück 144f.
Das Stellengesuch 36
Dauthendey, Max 64, 66f.
Dehmel, Richard 64
Der andere Junggeselle 181, 186
Der Arbeiter 183, 185, 188
Der Baron 210
Der Beruf 78f.
Der Blumenstrauß 205
»Der Bund« 53, 72, 78, 92, 101, 127f., 140, 147, 156
Der Commis 48, 72, 77
Der Diamant 189
Der Einsame 184
Der Europäer 43
Der Gehülfe 14, 50f., 73f., 75, 100ff., 139, 233, 246, 255
Der gestiefelte Kater 186, 189
Der Greifensee 170
Der Heiratsantrag 134
Der Jesuit 198
Der junge Dichter 33, 37
»Der kleine Bund« 58, 120, 136, 143, 147, 172, 189, 215
Der Knirps 186
Der Kostbare 217
Der Krieg 53
Der Leseabend 140
Der Lyriker 180
Der Maskenball 187
»Der Neue Merkur« 104, 124, 147
Der Philosoph 186
Der Proletarier 201
Der Schriftsteller (II) 180, 186, 188
Der Sektretär 93
Der Soldat 119
Der Spaziergang 116, 122f., 125ff., 176, 241
Der Student 47, 186
Der Teich 18, 34f.
Der verlorene Sohn 211
Der Wald 72, 77
Der Zeitgenosse 183, 217
Dichter 48f., 63, 197
Dichtungen in Prosa 255
Die Brüder 40
»Die Fliegenden Blätter« 226
Die Gedichte (II) 47f., 102, 123, 128, 241
»Die Insel« 61, 63ff., (76), 83
Die Kleinstadt 62
Die Kindheit 201
Die Knaben 61, 63
»Die literarische Schweiz« 197
»Die literarische Welt« 65, 86, 94, 162

»Die Opale« 92
»Die Rheinlande« 101, 104, 121, 144
Die Rose 161f., 212
Die Ruine 121, 195
Die Schlacht bei Sempach 61, 105, 254
Die Stadt und die Geliebte 154
Die Talentprobe 41
Dietiker, Walter 128
»Die Zeit« 166
Diskussion 192f.
Doktor Franz Blei 58
Dostojewski, Fjodor Michailowitsch 103, 140
Dubler, Frieda 75
Dubler-Gräßle, Karl 75
Durieux, Tilla 94, 105

Echte, Bernhard 12, 49, 51, 130, 259
Ediths Anbeter 157, 179
Eindruck einer Stadt 62
Eine Art Erzählung 180
Eine Art Novelle 97
Eine Ohrfeige und Sonstiges 142
Ein Genie (II) 111, 128
Einer, der immer irgend etwas las 37
Ein Flaubert-Prosastück 116f.
Ein ganz klein wenig Watteau 177f.
Ein Geistreicher 147
Ein junger Mensch 47
Ein Lakai 85, 189
Ein Landschäftchen 55
Ein Maler 72, 77, 195
Einstein, Albert 231
Ein Weltmann 178
Erich 185
Escher, Lydia 168
Escher-Wyss (Firma) 43
Essen (II) 89
Es war einmal 213
Etwas über den Soldaten 119
Etwas über Jesus 187, 200f.
Eugster-Walser, Anna Katharina 14
Exposé 154
Eysoldt, Gertrud 40, 143

Faesi, Robert 122
Fankhauser, Alfred 154ff., 160, 191
Fankhauser, Schwester von Alfred 155
Fankhauser, Cousine von Alfred 155
Fanny 27
Felix 130
Ferien (II) 153
Ferienreise 185
Fidelio 179, 186, 188
Fiedler, Kuno 187
Fischer, Samuel (Verlag) 81, 100, 107
Francke (Verlag) 122
»Frankfurter Zeitung« 147, 162
Frau Bähni 93f.
Frau Scheer 111
Freiheitsaufsatz 210
Frenssen, Gustav 110
Fridolin 183
Friedrich, Nikolaus 105
Frisch, Efraim 104, 107, 124
Frisch, Fega 107, 109, 176
Fritz 111
Fritz Kochers Aufsätze 31ff., 36f., 44f., 48, 72, 76ff., 84, 183, 193, 196
Fröhlich, Elio 9, 11, 12
Früh, Eugen 241
Frühlingslied 53f.

Gauzoni-Nadler, Moritz 73
Gautier, Théophile 81, 117

Geburtstags-Prosastück 255
Geilinger, Max 128
Genf 154
Gerstäcker, Friedrich 226
Geschichten 122, 127, 205
Geschwister Tanner (20), 21f., 24ff., 31ff., 38, 43f., (46), 51, 69ff., 83f., 87f., 89, 91ff., 94f. 100, 104, 107, 110, 129, (175), 178, 182, 184f., 187, 195f., 200, 220, 240
Gespenster 210
Gespräche 49, 181, 183
Gfeller, Simon 155
Giezendanner, Kurt 257
Gnädige Frau 195f.
Goethe, Johann Wolfgang von 41, 95, 98, 194
Gotthelf, Jeremias 154, 247
Graf-Walser, Anna 14
Gregor, Hans 81
Grethlein (Verlag) 158, 168, 205
Greven, Jochen 11, 76, 130, 164, 205, 250f., 253
Greyerz, Otto von 101, 127f., 156f.
Große kleine Welt 232f., 245, 255

Häberlein, Ida und Martha 216
Haller, Lilli 168
Haller-Walser, Juliane 39
Hamlet-Essay 204
Hamsun, Knut 152, 191
Hänny, Kurt 258
Hans 118, 126
Harden, Maximilian 104f.
Harmonie 187
Hauff, Wilhelm 80
Hauschild (Konsul) 158f.
Häuselmann, Jacob 25
Heer, J. C. 191
Heimkehr im Schnee 111f.
Hegi, Arnold 28, 239
Hegi-Walser, Fanny (Schwester) 27f., 32, 34, 102, 146, 239, 241f., 249, 258
Heine, Heinrich 40, 165, 194
Helblings Geschichte 180
Helle 55
Herbst 177
Herbst (II) 203f.
Herzog, Rudolf 110
Hesse, Hermann 81, 127, 182, 192f., 235, 246
Hesse, Mia (Maria) (192f.)
Heymel, Alfred Walter 61, 63f., 66, 76
Hiebel, Friedrich 97
Hiltbrunner, Knut 152, 191, 209
Hinnerk: Pseudonym für Otto Hinrichsen
Hinrichsen, Otto 227f., 230, 232, 234, 237f., 242, 244, 255
Hiß, Hugo 114
Hochberg, Graf Konrad von 84
»Hochland« 101
Hodler, Ferdinand 28
Hoffmann, E.T.A. 81
Hofmannsthal, Hugo von 63f., 81, 107
Hofmiller, Josef 101
Hölderlin, Friedrich 215, 253, 255f.
Hölderlin 256
Holle-Verlag 254
Hubacher, Ernst 58, 120, 135f., 143, 189
Hubacher (Frau von Ernst) 143
Hubacher, Hermann 25, 135, 150, 154, 212f., 243
Hubacher, Anna 154, (213)
Huber (Verlag) 122, 205
Hug, Charles 241
Huggenberger, Alfred 101
Hugo, Victor 65
Hundt-Radowsky, Hartwig 15

Hungerbühler, Alfred 241
Hurter-Walser, Juliane (Großmutter) 14, (17)

Ibsen, Henrik 143
Ich bin zur Zeit kränklich 210
Ich habe nichts 170
Immer am Fenster (= *Am Fenster*) 55
Im Wald 135
»Individualität« 97f., 157
Insel-Verlag 63, 73, 76, 84f., 205

Jacobsohn, Siegfried 104
Jakob von Gunten 34ff., 38, 102, 108, 110, 179, 184ff., 198f., 202, 225f., 240, 247, 254
Jegerlehner, Johannes 101
Jesus Christus 187, 190, 200f.
Jesus im Schnee 56
Johanna 49
Johannes (Offenbarung) 15
Joos, Scherrer & Cie (Verlag) 254

Kafka, Franz 102, 162, 199
Kainz, Josef 41
Kalckreuth, Leopold Graf von 94
Kammermusik 205
Katzentheater 89
Katze und Schlange 89
Kein Ausweg 55
Keller, Gottfried 110, 181, 218, 245
Kerr, Katharina 52
Kippenberg, Anton 77
Klaesi, Jakob 223
Klassenkampf und Frühlingstraum 51
Klassischer Brief 148
Kleine Dichtungen 87, 121f., 255
Kleine Komödie 41
Kleine Malerei 205
Kleine Prosa 122
Kleist, Heinrich von 59, 80, 139
Kleist in Thun 59
Komödie 61, 63, 122f.
Korrodi, Eduard 147, 166f., 173, 204
Kossodo, Helmut 254
Kreitler, Hans 248
Kreitler, Shulamith 248
Kuhn, Roland 252
Kunst und Künstler 82, 104
Kunz (Bildhauer; und Frau) 155
Künzler, Heinrich 242, 246, 249, 252
Kurt 181
Kuß 98
Kutsch 184
Kutschera, Alfred 183

Laotse 201
Lawrence, David Herbert 231
Leben eines Dichters 81
Leben eines Malers 81f., 246
Lebenslauf 46
Lebensweg eines Eitlen 190
Lektüre 177
Lenau, Nikolaus 163
Lenz, Jakob Michael Reinhold 56
Liebe kleine Schwalbe 205
Liebermann, Max 81, 92
Lierow (Buchdrucker) 155
Loeffel, Felix 155
Ludwig II. 183
Luise 49
Lüthy, Johanna 49, 51
Lyrische Erstlinge 53

Mann, Thomas 207
Manser (Familie) 257
Marie 117f.
Marlitt, Eugenie 226
Marti, Fanny 18f.
Marti, Johannes 18
Marti, Ulrich (Großvater) 18ff.

Marti-Walser, Elisa (Mutter) 18, 22f., 25, 28f., 32, 35, (69), 175
Marty-Hauenstein, Lina 28ff.
Matkowsky, Adalbert 40
Mäuschen 125, 205
Meier, Andreas 49
Meier-Graefe, Julius 63
Mein Berg 31
Meine Bemühungen 33, 163f.
Meister, Hermann (Verlag) 205
Mendelssohn, Peter 81
Mermet, Frieda 21, 105, 113f., 124, 130ff., 134, 143f., 146, 149f., 150, 153, 167, 172, 174, 177f., 180f., 185, 191, 197, 206, 209, 211, 215f., 219, 222, 227, 240, 250, 258
Mermet, Louis 177
Meyer, Conrad Ferdinand 199, 207, 218
Michels, Volker 12
Moilliet, Louis René 213
Moissi, Alexander 143
Moissi in Biel 143
Molière 190, 218
»Morgen« 104
Morgenstern, Christian 81, 89ff., 97, 99, 103ff., 110, 175ff.
Morgenthaler, Ernst 150ff., 190, 216, 258
Schwager von Morgenthaler 150f.
Morgenthaler, Sasha 153, 258
Morgenthaler, Walter 216
Morlang, Werner 12, 130
Moser, Bernhard 170f.
Mozart, Wolfgang Amadeus 28
Mühlestein, Hans 28, 117, 191f.
Mühlestein (Frau von Hans) 191f.
Müller, Georg (Verlag) 205
Müller, Max 218, 219, 224
Munch, Edvard 214
München 65f.
Muschg, Walter 199, 208f.
Musil, Robert 127

Nachricht Nummer Zwei 185
Nachtgedanken 210
Nagel, Jakob 15
»National-Zeitung« 147
Naturstudie 125
Nauen, Heinrich 94
Neue Gedichte 164
»Neue Rundschau« 92, 101, 104, 122
Neues 154
Neueste Nachrichten 146
»Neue Zürcher Zeitung« 122, 140, 147, 153, 166, 173, 193f.
Nietzsche, Friedrich 202, 248
Nordeck, Hans 101
Notizbuchauszug 59
Novalis 56

Oerlikon (Firma) 43
Olympia 119, 186
Ophelia 169
Oppenheim, Roy 252
Orell Füßli (Verlag) 205, 209
Oskar 189

Pfister, Hans Oscar 238f.
Phantasieren 125
Picard, Max 231
Pick, Otto 161ff., 198, 229
Poellnitz, Rudolf von 76f.
Poetenleben 21, 47, 122f., 127, 142, 193
Polgar, Alfred 231
Poppenberg, Felix 92, 101
Portrait eines Kaufmannes 93
Portrait 183
»Prager Presse« 147, 162, 166, 221, 229
»Prager Tagblatt« 162, 166
Probst, Fritz 70f., 74
»Pro Helvetia« 130, 143, 147
Prosastücke 122

Rascher (Verlag) 82, 122ff., 205, 220
Rathenau, Walter 81, 98ff.
Räuber 130, 182, 189
Reclam (Verlag) 37
Reinhardt, Max 81, 104, 107, 143
Reinhart, Hans 97
Reinhart, Josef 101
Reinhart, Oskar 212
Reisebericht 62, 190
Reiseerlebnis 143
Reise in eine Kleinstadt 162
Rentsch, Eugen (Verlag) 233f.
Rhein-Verlag 205
Riemerschmidt, Ulrich 254
Ries-Imchanitzky, Marie von 222
Rilke, Rainer Maria 35
Rimbaud, Arthur 65, 156, 199
Rosa 51
Rousseau, Jean-Jacques 10, 218
Rowohlt, Ernst (Verlag) 110, 160ff., 164, 205
Rudolf, Alfred 146
Rummel, Johann David 19
Rychner, Max 91, 129, 160, 169, 181, 184, 188, 194, 204

Saite und Sehnsucht 102
Sauerländer 241
Schaer, Adolf 199
Schaer-Ris, Adolf (identisch ?) 170f., 215
Schäfer, Wilhelm 101, 104, 121
Schaetzle-Ehrensperger, Marie 29f.
Schätzle, Rosa 49, 51
Schaffner, Jakob 249
Schaffter, Pauline 28
»Schaubühne« 104
Schaukal, Richard von 64
Scheffler, Karl 82, 104
Scherl (Verlag) 100, 169
Schibli, Emil 128, 136ff., 139f., 147, 155f., 190
Schibli, Frieda 139f., 191
Schiller, Friedrich 98, 194
Schmid-Walser, Fridolina (Frau von Oscar Walser) 24, (194), 241f., 250
Schnaps 34
Schneewittchen 63
Schnori 258
Schreiben an ein Mädchen 127
Schriftstellergeschichte 198
Schröder, Rudolf Alexander 61, 63f., 66
Schürch (Großvater von Elisa Marti-W.) 18
Schürch-Marti, Anna Barbara (Mutter von Elisa Marti-Walser) 18
Schurig, Arthur 117
Schuster-Burckhardt, Johann Jakob 39
Schwabe, Benno 241
Schwarz, Hedwig 115
Schweizer, Dr. med. 257
Schweizer, Louisa 49ff., 165
»Schweizer Bücherfreunde« 233
»Schweizerland« 210
Seeland 62, 82, 123f., 161
»Seeländer Volksstimme« 138
Seelig, Carl 9ff., 27f., 58, 77, 86, 91, 97, 100, 109f., 116, 118f., 128f., 131, 133, 144, 146f., 155, 163, 172, 187, 190, 193f., 199, 202, 204, 210, 217, 219, 224, 228ff., 232–244, 246f., 248–255, 257f.
Seidel, Robert 51f.
Selenwanderung 179
Seltsame Stadt 18, 199f.
Semper, Gottfried 17
Seume, Johann Gottfried 226
Shakespeare, William 65
»Simplicissimus« 104
Slevogt, Max 94
Sombart, Werner 104

Speyr & Co. (Bankhaus) 38f.
Speyr, Wilhelm von 222f.
Spiegel-Verlag 205
Spinoza 190
Spitteler, Carl 55, 202, 246
Spoerri, Theodor 250ff.
»Sport im Bild« 162
Stamm, Karl 142
Stauffer-Bern, Karl 168
Steffen, Albert 95ff.
Steinberg, Salomon David 142
Steinberg (Verlag) 254
Steiner, Hans 234, 246, 250, 252, 255ff.
Steiner, Rudolf 97
Stettler, Gertrud 133
Stimmer, Tobias (Druck) 254
Stille Freuden 241
Storrer, Willy 97, 157
Strindberg, August 249
Studien und Novellen 205
Studie über den Adel 85
Stumpp, Emil 213ff.
»Süddeutsche Monatshefte« 101
Suhrkamp Verlag 12

»Tagebuch« 147
Tagebuchblatt (I) 30f.
Tagebuchblatt (III) 197f.
Tagebuch eines Schülers 34
Tagebuch-Fragment 167, 178, 181, 198, 254
Theodor (Fragment) 51, 107, 150f., 157ff., 205
Tischbein, Joh. Heinrich Wilhelm 41
Tobler, Titus 17
Tobold 84ff., 124, 205, 210
Tobold (Versspiel) 186
Tolstoi, Leo N. 218
Trakl, Georg 250
Treichler, Johann Jakob 16
Trog, Hans 28, 122, 140
Trüber Nachbar 55
Tschudy, Henry 254

Über eine Art Duell 102
Uhland, Ludwig 40
»Union Deutsche Verlagsanstalt« 41
Unruh, Fritz von 192
Unseld, Siegfried 12
»Usterbote« 16

Vater und Tochter 21
Verlaine, Paul 40, 156
Verne, Jules 226
Vollmöller, Karl 84
Vom Glück des Unglücks und der Armut 241
Vor Schlafengehen 55

Wagner, Richard 183
Walker, Anni 149
Walser, Adolf (Vater) 17, 19f., 22, 27ff., 37, 39, 44, 117f., 123, 135, 175, 195, 200
Walser, Adolf (Bruder) 23
Walser, Ernst (Bruder) 24f., 32, 34, 51, 130, 175, 216
Walser, Friedrich (Onkel) 17, 25
Walser, Hermann (Bruder) 23f., 28, 91, 101, 130, 145f., 172, 174, 216, 233
Walser, Hermann (Sohn eines Vetters) 254
Walser, Jakob 229, 241f.
Walser, Johann 14
Walser, Johann Jakob 14
Walser, Johann Ulrich (Großvater) 14ff., 19, 55, (200)
Walser, Karl (Bruder) 25ff., 28f., 40, 65, 68, 76, 78, 80ff., 86, 94, 97, 100, 102, 104ff., 107f., 109, 117, 122f., 143, 182, 184, 212, 223, 233, 236, 238ff., 243, (255)

Walser, Lisa (Schwester) 19, (20), 25, 27ff., 32, 41, 69ff., 74, 91, 114, 131, 134f., 175f., 181, 216, 223, 227, 230ff., 235–239, 241ff., 245f., 249
Walser, Oscar (Bruder) 23f., 91, 194, 223, 236, 241f., 249, (255)
Walser-Hindermann, Friedrich 17, 148
Walser-Hindermann, Catharina Elisabeth 39
Walser-Schefer, Johann Conrad 13
Walser-Zellweger, Gabriel 13
Walser-Zellikofer, Gabriel 13f.
Wanda 38
Wanderungen mit R. W. (C. Seelig) 77, 91, 97, 100, 119, 128, 144, 146, 155, 187, 190, 193, 199, 202, 204, 210, 217, 219, 228, 237, 240, 244, 247, 249, 252f., 256
Warum auch? 52
Weber, Max 201
Wedekind, Frank 64f., 105f.
Wedekind, Tilly 105f.
Weigand, Wilhelm 64
»Weltbühne« 147
Wenger, Lisa 160
Wenzel 37, 39
Widmann, Josef Otto 16, (55)
Widmann, Josef Viktor 16, 53ff., 60f., 72f., 78, 92, 101, 128, 147
Widmann 60
Wie immer (=Keineswegs) 55
»Wiener Freie Presse« 163
»Wiener Rundschau« 59
Wilhelm II., Kaiser 93
»Wissen und Leben« 129, 147, 160, 169
Wladimir 185
Wohnungswechsel 148ff.
Wolf, Klara 133f.
Wolff, Kurt (Verlag) 94, 110, 121f., 205, 207
Würzburg 66

Zahler, Claire 134
Zahn, Ernst 101
»Zeit-Echo« 125
Zigarette 185
Zinniker, Otto 240, 246
Zschokke, Heinrich 16, 226
Zschokke (Sohn von Heinrich) (16)
Zsolnay (Verlag) 205
Zukunft! 52
»Zukunft« (Zeitschrift) 104
»Züricher Arbeiterstimme« 51
Zweig, Stefan 231
Zwei Männer 38, 59, 80, 98

Zeittafel*

1878

15. April: Robert Otto Walser in Biel geboren.

1884-1892

Besuch der dortigen Volksschule und des Progymnasiums.

1892-1895

Lehre bei der Berner Kantonalbank. Ab 1894 Pläne, Schauspieler zu werden. Mitwirkung im Dramatischen Verein, Biel.

1895

April bis August in Basel als Büroangestellter bei von Speyr & Co.; anschließend in Stuttgart bei der »Union« Deutsche Verlags-Anstalt. Vergebliche Versuche, Schauspieler zu werden. Zusammenleben mit dem Bruder.

1896

Ende September: Rückkehr in die Schweiz nach Zürich. Antritt einer Stelle bei der Schweiz. Transport Versicherungsgesellschaft.

1897

Begeisterung für den Sozialismus; erste Versuche, ein Gedicht zu publizieren, scheitern.
Ende November: Kündigung bei der Schweiz. Transport Versicherungsgesellschaft. Reise nach Berlin.
Anfang Dezember: erneut in Zürich. Rückzug in eine Mansarde an der Aemtlerstraße 106. Winter: Vollendung eines ersten Heftes mit ca. 40 Gedichten.

1898

8. Mai: erste Veröffentlichung; Josef Viktor Widmann bringt einige Gedichte im »Sonntagsblatt des Bund«. Hierdurch Bekanntschaft mit Franz Blei.
Winter: Rückzug in eine Mansarde auf dem Zürichberg. Entstehung weiterer Gedichte.

* Mit freundlicher Genehmigung des Rothenhäusler Verlags, Stäfa, und des Verfassers Bernhard Echte übernommen aus dem Band »Die Brüder Karl und Robert Walser« (Stäfa 1990).

1899

Ab Januar in Thun. Verschiedene Anstellungen. Ab März Niederschrift der vier Dramolette »Die Knaben«, »Dichter«, »Aschenbrödel« und »Schneewittchen«.
Mai/Juni: eventuell kurzer Aufenthalt in München. Bis Herbst wahrscheinlich noch in Thun.
Ab Oktober in Solothurn. Erste Veröffentlichung in der Zeitschrift »Die Insel«.

1900

Bis April in Solothurn. Nachheriger Verbleib bis Herbst 1901 ungeklärt. Wahrscheinlich die meiste Zeit in Zürich.

1901

September in München. Kontakt mit den Redakteuren der Zeitschrift »Die Insel« sowie mit Wedekind, Kubin, Behmer und Blei. Besuch bei Max Dauthendey in Würzburg. November wieder in Zürich, Trittligasse 6. Abfassung der ersten Teile von »Fritz Kocher's Aufsätze«.

1902

Januar in Berlin. Vergebliche Publikationsversuche. Februar bis April bei der Schwester Lisa in Täuffelen am Bielersee, anschließend wieder in Zürich, Spiegelgasse 23. Dort meistens ohne Arbeit; Schreibstube für Stellenlose.

1903

Anfang März bis Mitte Mai in Winterthur als Angestellter der Elastiquefabrik Moritz Ganzoni.
15. Mai bis 30. Juni: Rekrutenschule in Bern.
Ende Juli bis Dezember: »Gehülfe« des Ingenieurs Carl Dubler in Wädenswil am Zürichsee.

1904

Ab Januar wieder in Zürich. Angestellter bei der Zürcher Kantonalbank. Zusammenstellung des ersten Buches »Fritz Kocher's Aufsätze«, das im Dezember bei Insel in Leipzig erscheint. Freundschaft mit Alfred Kutschera.
November: erster Militär-Wiederholungskurs in Bern.

1905

Ende Februar Kündigung bei der Zürcher Kantonalbank. Kurzer Aufenthalt in Biel im Hause Flora Akeret.
Ende März: Aufbruch nach Berlin, Wohnung bei seinem Bruder Karl. Im Sommer kurzer Aufenthalt in der Schweiz. Spätsommer/Herbst: Rückkehr nach Berlin. Besuch einer Dienerschule.

Oktober bis Jahresende Diener auf Schloß Dambrau, Kreis Falkenstein, Oberschlesien.

1906

Anfang Januar Rückkehr nach Berlin. Durch Karls Vermittlung Bekanntschaft mit den Verlegern Samuel Fischer und Bruno Cassirer. Auf des letzteren Anregung hin Beginn eines Romans. Niederschrift der »Geschwister Tanner« in etwa sechs Wochen.
September/Oktober: Niederschrift eines zweiten, nicht erhaltenen Romans (des sog. Asien-»Gehülfen«). Intensive Kontakte mit Christian Morgenstern, dem Lektor des Bruno Cassirer Verlages.

1907

Januar: weitere Romanpläne, von deren Ausführung nichts überliefert ist. Beginn der Mitarbeit an Siegfried Jacobsohns Zeitschrift »Die Schaubühne«, die im Laufe des Jahres 25 Walser-Texte publiziert.
Februar: Der Roman »Geschwister Tanner« erscheint im Bruno Cassirer Verlag.
Frühjahr: Sekretär bei der Berliner Sezession. Intensive Bekanntschaft mit Paul Cassirer. Kontakt mit Walther Rathenau.
Mai: erster Beitrag für die »Neue Rundschau«; Gedichte in Franz Bleis Zeitschrift »Die Opale«.
Sommer: Bezug einer eigenen Wohnung an der Wilmersdorferstraße 141 in Charlottenburg. Niederschrift des Romans »Der Gehülfe«.
September: erster Beitrag im »Simplicissimus«.

1908

Januar: erster Text in Maximilian Hardens Zeitschrift »Die Zukunft«.
Frühjahr: Erscheinen des Romans »Der Gehülfe« im Bruno Cassirer Verlag.
April bis September: während Karls Japan-Reise in dessen Atelierwohnung am Schöneberger Ufer 40. Bis Herbst Entstehung des Romans »Jakob von Gunten«.
Jahresende: Erscheinen des bibliophilen Bandes »Gedichte« in 300 numerierten und signierten Exemplaren bei Bruno Cassirer.

1909

Frühjahr in einer eigenen Wohnung am Kaiserdamm 96 in Charlottenburg.
Erscheinen des Romans »Jakob von Gunten« bei Bruno Cassirer.
Starker Rückgang der Veröffentlichungen; insgesamt nur 8 bisher nachgewiesene Texte erscheinen in diesem Jahr.

1910

Frühjahr bis Juni in Karls Wohnung am Kurfürstendamm 29. Danach Rückzug in ein altes entlegenes Haus am Spandauer Berg 1 im Westen Charlottenburgs. Nur 11 nachgewiesene Prosastück-Veröffentlichungen in diesem Jahr. Versuche in den folgenden zwei Jahren, einen weiteren Roman zu beenden, scheitern.

1911

»Mann für alles« bei der Eigentümerin des Hauses Spandauer Berg 1, Frau Anna Scheer, geb. Düring, die ihm freie Kost und Logis gewährt. Geringe schriftstellerische Produktion (neun nachgewiesene Prosastücke).

1912

Neuerliche Belebung des Kontakts mit der »Schaubühne« (10 Texte in diesem Jahr). Erste Veröffentlichungen in der Düsseldorfer Zeitschrift »Die Rheinlande«.

Herbst: nach dem Tod von Frau Scheer Versuche, einen Prosaband herauszubringen; nach der Absage Paul Cassirers Einigung mit dem Ernst Rowohlt, nachmals Kurt Wolff Verlag.

1913

März: Rückkehr in die Schweiz. Bis Mai/Juni bei der Schwester Lisa in Bellelay.

Frühjahr: Publikation des Prosabandes »Aufsätze« bei Kurt Wolff sowie dreier Texte im ebenfalls dort erscheinenden »Jahrbuch Arkadia« (Hg. Max Brod).

Sommer: Nach kurzem Aufenthalt bei seinem Vater im Hause Akeret Bezug einer Mansarde im Hotel Blaues Kreuz in Biel, wo er während der nächsten sieben Jahre bleiben wird. Beginn der Freundschaft mit Frieda Mermet.

1914

Frühling: Vorbereitung des Prosabandes »Kleine Dichtungen«, für den Walser im Sommer einen Preis des »Frauenbundes zur Ehrung rheinländischer Dichter« erhält.

Sommer: Erscheinen der »Geschichten« bei Kurt Wolff.

Anfang August: Ausbruch des 1. Weltkriegs. 5. August bis 4. September (1.) Militärdienst in Erlach; 21. September bis 13. Oktober (2.) Militärdienst in St-Maurice.

Jahresende: Fahrt nach Leipzig zur Signierung der für den »Frauenbund« bestimmten Erstauflage von »Kleine Dichtungen«.

1915

Anfang Januar: kurzer Besuch bei Karl in Berlin. 6. April bis 13. Mai (3.)

Militärdienst in Cudrefin; 6. Oktober bis 3. Dezember (4.) Militärdienst in Wiesen.

1916

Sommer: Anfragen der Verlage Huber und Rascher wegen eventueller Veröffentlichungen. September: Manuskript »Der Spaziergang« abgeschlossen (erscheint April 1917 bei Huber & Co. in Frauenfeld).
Oktober: Zusammenstellung des Bandes »Prosastücke« (erscheint Ende November 1916 mit Druckvermerk »1917« bei Rascher in Zürich).

1917

Frühjahr: Zusammenstellung der Sammlungen »Kleine Prosa« (erscheint im April bei A. Francke in Bern) und »Studien und Novellen« (in dieser Form nicht erschienen).
Mai: Abschluß des Manuskripts »Poetenleben« (erscheint November 1917 mit Druckvermerk »1918« bei Huber & Co. in Frauenfeld).
16. Juli bis 8. September: (5.) Militärdienst im Tessin.

1918

Januar: Abschluß des Manuskripts »Seeland« (erscheint mit Druckvermerk »1919« erst 1920 bei Rascher in Zürich).
18. Februar bis 16. März (6.) Militärdienst in Courroux.
Mai: Abschluß des Manuskripts für den nicht erschienenen Prosaband »Kammermusik«.
Winter: Arbeit am Roman »Tobold«.

1919

März: Fertigstellung des Manuskripts »Tobold«.
Eine zweite Auflage der »Gedichte« und der Band »Komödie« erscheinen bei Bruno Cassirer in Berlin.
November/Dezember: Zusammenstellung einer kleinen, nicht erschienenen Prosasammlung »Mäuschen« (vermutlich identisch mit der in der gleichen Zeit brieflich erwähnten, ebenfalls nicht erschienenen Sammlung »Liebe kleine Schwalbe«).

1920

8. November: Leseabend im Kleinen Tonhallesaal in Zürich.

1921

Januar: Übersiedlung nach Bern. Während einiger Monate zweiter Bibliothekar des Berner Staatsarchivs.
Arbeit am Roman »Theodor«, der im November abgeschlossen wird.

1922

8. März: Vorlesung aus dem Roman »Theodor« im Lesezirkel Hottingen in Zürich, anschließend zu Gast beim Maler Ernst Morgenthaler in Wollishofen.

1923

Juni: Spitalaufenthalt wegen Ischias.
Herbst: Wanderung nach Genf.

1925

Februar: Das letzte Buch, »Die Rose«, erscheint bei E. Rowohlt in Berlin.
April/Mai: Niederschrift der »Felix«-Szenen (nicht erschienen).
Zusammenstellung eines nicht erschienenen Prosabandes und Arbeit am »Räuber«-Roman.
Oktober: Beginn der Korrespondenz mit Therese Breitbach.

1926

Oktober: Entstehung des »Tagebuch«-Fragments (nicht erschienen).

1928

15. April: 50. Geburtstag des Dichters.

1929

25. Januar: Eintritt in die Heilanstalt Waldau, Bern.

1933

Juni: Verbringung nach Herisau, in die dortige Heil- und Pflegeanstalt seines Heimatkantons Appenzell-Außerrhoden, wo er bis zum Lebensende bleibt.
Keine schriftstellerische Arbeit mehr.
Neuauflage der »Geschwister Tanner« bei Rascher in Zürich.

1936

Carl Seelig besucht erstmals den Dichter in Herisau. Beginn gemeinsamer Wanderungen und Gespräche. Neuausgabe »Der Gehülfe« im Verlag der Bücherfreunde, St. Gallen.

1937

Auswahl »Große kleine Welt«, herausgegeben von Carl Seelig.
Von ihm besorgte Auswahlbände und Neuausgaben: »Vom Glück des Unglücks und der Armut«, »Stille Freuden«, »Der Spaziergang« und »Gedichte«.

1944

Carl Seelig übernimmt die Vormundschaft

1947

Auswahl »Dichterbildnisse« und die erste Biographie des Dichters: Otto Zinniker, »Robert Walser, der Poet«.

1950

Neuausgabe »Jakob von Gunten«.

1953

Beginn der von Carl Seelig herausgegebenen »Dichtungen in Prosa«.

1956

Tod Robert Walsers am Weihnachtstag (25. Dezember) auf einem einsamen Spaziergang.

Robert Walser
125. Geburtstag 2003
Das Jubiläumsprogramm

Aus dem Bleistiftgebiet. Mikrogramme 1924–1932. Sechs Bände im Schmuckschuber. Im Auftrag des Robert-Walser-Archivs der Carl-Seelig-Stiftung/Zürich herausgegeben von Bernhard Echte und Werner Morlang. 2276 Seiten. Broschiert

Europas schneeige Pelzboa. Texte zur Schweiz. Herausgegeben von Bernhard Echte. 320 Seiten. Gebunden

Feuer. Unbekannte Texte aus drei Jahrzehnten. Herausgegeben von Bernhard Echte. 120 Seiten. Bütten-Broschur

Als suhrkamp taschenbuch
in Sonderausstattung

Der Gehülfe. Roman. st 3483. 315 Seiten

Geschwister Tanner. Roman. st 3482. 381 Seiten

Jakob von Gunten. Ein Tagebuch. st 3484. 164 Seiten

Der Räuber. Roman. st 3485. 229 Seiten

Zu Robert Walser

Robert Mächler. Das Leben Robert Walsers. Eine dokumentarische Biographie. Mit Abbildungen. st 3486. 274 Seiten

NF 452/1/1.03

Robert Walser
im Suhrkamp und im Insel Verlag

Sämtliche Werke in zwanzig Bänden. Herausgegeben von Jochen Greven. 20 Taschenbücher in Kassette. 5593 Seiten. Die Bände sind auch einzeln lieferbar.

- Band 1: Fritz Kochers Aufsätze. st 1101. 128 Seiten
- Band 2: Geschichten. st 1102. 138 Seiten
- Band 3: Aufsätze. st 1103. 168 Seiten
- Band 4: Kleine Dichtungen. st 1104. 192 Seiten
- Band 5: Der Spaziergang. st 1105. 285 Seiten
- Band 6: Poetenleben. st 1106. 147 Seiten
- Band 7: Seeland. st 1107. 224 Seiten
- Band 8: Die Rose. st 1108. 123 Seiten
- Band 9: Geschwister Tanner. Roman. st 1109. 381 Seiten
- Band 10: Der Gehülfe. Roman. st 1110. 315 Seiten
- Band 11: Jakob von Gunten. Ein Tagebuch. st 1111. 183 Seiten
- Band 12: Der Räuber. Roman. Das Nachwort schrieb Martin Jürgens. st 1112. 229 Seiten
- Band 13: Die Gedichte. st 1113. 323 Seiten
- Band 14: Komödie. Märchenspiele und szenische Dichtungen. st 1114. 266 Seiten
- Band 15: Bedenkliche Geschichten. Prosa aus der Berliner Zeit. 1906–1912. st 1115. 145 Seiten
- Band 16: Träumen. Prosa aus der Bieler Zeit. 1913–1920. st 1116. 452 Seiten
- Band 17: Wenn Schwache sich für stark halten. Prosa aus der Berner Zeit. 1921–1925. st 1117. 534 Seiten
- Band 18: Zarte Zeilen. Prosa aus der Berner Zeit. 1926. st 1118. 359 Seiten
- Band 19: Es war einmal. Prosa aus der Berner Zeit. 1927–1928. st 1119. 489 Seiten
- Band 20: Für die Katz. Prosa aus der Berner Zeit. 1928–1933. st 1120. 518 Seiten

NF 435/1/1.03

Aus dem Bleistiftgebiet. Sechs Bände in Kassette. Im Auftrag des Robert-Walser-Archivs der Carl-Seelig-Stiftung/Zürich herausgegeben von Bernhard Echte und Werner Morlang. Leinen im Schuber. Die Bände sind auch einzeln zu beziehen.

- Band 1 und 2: Mikrogramme aus den Jahren 1924–1925. Zwei Bände. 637 Seiten. Leinen
- Band 3: Der Räuber-Roman, Felix-Scenen. 268 Seiten. Leinen
- Band 4: Mikrogramme aus den Jahren 1926–1927. 531 Seiten. Leinen
- Band 5 und 6: Mikrogramme aus den Jahren 1925–1932. Band 5: Prosa. Band 6: Gedichte und Dramatische Szenen. Zwei Bände im Schuber. 840 Seiten. Leinen

Aus dem Bleistiftgebiet. Mikrogramme 1924–1932. Sechs Bände im Schmuckschuber. Im Auftrag des Robert-Walser-Archivs der Carl-Seelig-Stiftung/Zürich herausgegeben von Bernhard Echte und Werner Morlang. 2276 Seiten. Broschiert

Einzelausgaben

Dichteten diese Dichter richtig? Eine poetische Literaturgeschichte. Herausgegeben von Bernhard Echte. it 2789. 382 Seiten

Europas schneeige Pelzboa. Texte zur Schweiz. Herausgegeben von Bernhard Echte. 320 Seiten. Gebunden

Feuer. Unbekannte Texte aus drei Jahrzehnten. Herausgegeben von Bernhard Echte. 120 Seiten. Bütten-Broschur

Fritz Kochers Aufsätze. Mit Illustrationen von Karl Walser. Mit einem Nachwort von Jochen Greven. IB 1118. 160 Seiten. it 2417. Großdruck. 185 Seiten

NF 435/2/1.03

Der Gehülfe. Roman. st 1110. 315 Seiten
st 3483 *(Jubiläumsausgabe).* 315 Seiten

Geschwister Tanner. Roman. BS 450. 332 Seiten.
st 2724. 380 Seiten. st 3482 *(Jubiläumsausgabe).* 381 Seiten

Jakob von Gunten. Ein Tagebuch.
BS 515. 164 Seiten. st 3484 *(Jubiläumsausgabe).* 164 Seiten

Lektüre für Minuten. Gedanken aus seinen Büchern und Briefen. Auswahl und Nachwort von Volker Michels.
223 Seiten. Gebunden. st 2831. 224 Seiten

Liebesgeschichten. Herausgegeben und mit einem Nachwort versehen von Volker Michels.
st 2318. 298 Seiten. it 2897. 160 Seiten

Märchenspiele. Aschenbrödel. Schneewittchen. Mit einem Essay von Siegfried Unseld und Illustrationen von Albrecht von Bodecker. IB 1191. 114 Seiten

Poetenleben. BS 986. 130 Seiten

Der Räuber. Roman. st 1112. 229 Seiten
st 3485 *(Jubiläumsausgabe).* 229 Seiten

Der Räuber-Roman. Entstanden im Sommer 1925. Faksimile der vierundzwanzig Manuskriptseiten in Robert Walsers Mikrogramm-Schrift. Mit einem Beiheft, das den entzifferten Wortlaut des mikrographierten Manuskriptes enthält. Herausgegeben von Bernhard Echte und Werner Morlang. Limitierte Ausgabe in 1000 Exemplaren. 178 Seiten. Kartoniert in Schmuckkassette

NF 435/3/1.03

Der Roman, woran ich weiter und weiter schreibe. Ich-Buch der Berner Jahre. Zusammengestellt von Jochen Greven. 348 Seiten. Leinen

Saite und Sehnsucht. Faksimile-Ausgabe. Im Auftrag der Carl-Seelig-Stiftung herausgegeben und mit einem Nachwort versehen von Elio Fröhlich. 116 Seiten. Gebunden

Der Spaziergang. BS 593. 85 Seiten

Robert Walser/Walter Schmögner. Das Ende der Welt. Vierfarbendruck. Leporello im Schuber

Zu Robert Walser

Robert Walser und die moderne Poetik. Herausgegeben von Dieter Borchmeyer. es 2107. 251 Seiten

Robert Mächler. Das Leben Robert Walsers. Eine dokumentarische Biographie. Mit Abbildungen. st 3486. 274 Seiten

Carl Seelig. Wanderungen mit Robert Walser. Neu herausgegeben im Auftrag der Carl-Seelig-Stiftung. Mit einem Nachwort von Elio Fröhlich. BS 554. 186 Seiten

Peter Utz. Tanz auf den Rändern. Robert Walsers »Jetztzeitstil«. 528 Seiten. Gebunden

NF 435/4/1.03

NF 266/2/1.03

Uwe Johnson. Jahrestage. Aus dem Leben der Gesine Cresspahl. Einbändige Ausgabe. st 3220. 1728 Seiten

James Joyce. Ulysses. Roman. Übersetzt von Hans Wollschläger. st 2551. 988 Seiten

Franz Kafka. Der Prozeß. Roman. st 2837. 282 Seiten

Bodo Kirchhoff. Infanta. Roman. st 1872. 502 Seiten

Andreas Maier. Wäldchestag. Roman. st 3381. 315 Seiten

Magnus Mills. Die Herren der Zäune. Roman. Übersetzt von Katharina Böhmer. st 3383. 216 Seiten

Cees Nooteboom. Allerseelen. Roman. Übersetzt von Helga van Beuningen. st 3163. 440 Seiten

Juan Carlos Onetti. Das kurze Leben. Roman. Übersetzt von Curt Meyer-Clason. Mit einem Nachwort von Durs Grünbein. st 3017. 380 Seiten

Marcel Proust. In Swanns Welt. Auf der Suche nach der verlorenen Zeit. Übersetzt von Eva Rechel-Mertens. st 2671. 564 Seiten

Hans-Ulrich Treichel. Der Verlorene. Erzählung. st 3061. 175 Seiten

Mario Vargas Llosa. Tante Julia und der Kunstschreiber. Roman. Übersetzt von Heidrun Adler. st 1520. 392 Seiten

Martin Walser. Ein fliehendes Pferd. Novelle. st 600. 151 Seiten

Ernst Weiß. Der arme Verschwender. st 3004. 450 Seiten

NF 266/3/1.03